Arquitetura
sob o olhar
do usuário

programa de necessidades,
projeto e avaliação de edificações

Arquitetura
sob o olhar do usuário

programa de necessidades,
projeto e avaliação de edificações

Theo J. M. van der Voordt | Herman B. R. van Wegen

tradução | Maria Beatriz de Medina

Copyright © 2013 Oficina de Textos
1ª reimpressão 2018

Published by arrangement with THOTH Publishers, Bussum, the Netherlands
© 2004 Theo van der Voordt/Herman van Weegen e THOTH Publishers, Bussum, Holanda

Grafia atualizada conforme o Acordo Ortográfico da Língua Portuguesa de 1990, em vigor no Brasil desde 2009.

Conselho editorial Arthur Pinto Chaves; Cylon Gonçalves da Silva; Doris C. C. K. Kowaltowski;
José Galizia Tundisi; Luis Enrique Sánchez; Paulo Helene;
Rozely Ferreira dos Santos; Teresa Gallotti Florenzano

Capa Bruno Tonelli e Malu Vallim
Diagramação Bruno Tonelli
Preparação de figuras Douglas da Rocha Yoshida
Projeto gráfico Malu Vallim
Revisão Técnica Doris C. C. K. Kowaltowski
Consultoria Técnica Sheila Ornstein
Revisão de Textos Elisa Andrade Buzzo
Tradução Maria Beatriz de Medina
Impressão e acabamento Bartira Gráfica e Editora Eireli

Dados Internacionais de Catalogação na Publicação (CIP)
(Câmara Brasileira do Livro, SP, Brasil)

Voordt, Theo J. M. van der
Arquitetura sob o olhar do usuário / Theo J. M. van der Voordt,
Herman B. R. van Wegen ; tradução Maria Beatriz de Medina. --
São Paulo : Oficina de Textos, 2013.

Título original: Architecture in use : an introduction to the
programming, design and evaluation of buildings.
Bibliografia.
ISBN: 978-85-7975-074-8

1. Arquitetura 2. Arquitetura - Projetos e plantas
3. Arquitetura moderna I. Wegen, Herman B. R. van. II. Título.

12-14657   CDD-721

Índices para catálogo sistemático:
1. Projeto arquitetônico : Arquitetura 721

Todos os direitos reservados à **Editora Oficina de Textos**
Rua Cubatão, 798
CEP 04013-003 São Paulo SP
tel. (11) 3085-7933
www.ofitexto.com.br
atend@ofitexto.com.br

Prefácio

É comum ver a arquitetura como síntese entre forma, função e tecnologia, sujeita a condições específicas como tempo, dinheiro e regulamentação. Essa qualidade tripartite da arquitetura tem mais de dois mil anos; data da época em que Vitrúvio distinguiu três componentes da arquitetura: *utilitas* (valor de utilidade ou funcionalidade: a dimensão social), *firmitas* (força e rigidez: a dimensão tecnológica) e *venustas* (beleza: a dimensão artística ou estética). Portanto, parece haver consenso permanente sobre a importância da qualidade funcional no projeto arquitetônico.

A meta deste livro é mostrar que o conceito de qualidade funcional pode tornar-se mensurável e exprimir-se em termos concretos, principalmente em relação ao projeto de edificações. Após uma breve introdução, que trata das funções de uma edificação e da relação entre qualidade funcional e qualidade arquitetônica, o livro vai adiante e oferece uma visão geral da história da arquitetura. A principal questão é como as várias escolas arquitetônicas tratam da relação entre forma e função. Segue-se uma discussão sobre como exprimir a desejada qualidade funcional num programa de necessidades e pô-la em prática num projeto. O capítulo seguinte trata da avaliação de um projeto ou edificação concluída. Aqui, faz-se distinção entre avaliações voltadas para o processo ou para o produto e *ex ante* (antes da construção da edificação) ou *ex post* (depois da realização). Dá-se atenção específica a aspectos que possam ser importantes e ao modo de examinar o projeto ou edificação para constatar se oferece a qualidade de uso desejada. No último capítulo, é analisado o conceito de qualidade funcional sob nove aspectos diversos. Em cada aspecto, indicam-se suas consequências espaciais e como traduzi-las em necessidades programáticas concretas e em princípios de projeto. O capítulo também discute os critérios disponíveis para examinar a funcionalidade de projetos e de edificações concluídas. Os capítulos encerram-se com um exame da literatura consultada, em parte como reconhecimento, em parte como guia para novas leituras.

O livro se dirige primariamente a alunos de arquitetura em estabelecimentos de ensino superior, embora se espere que também encontre lugar na prática de projetos arquitetônicos.

Nota da edição brasileira

Este livro é uma tradução para o português e uma atualização da publicação holandesa *Architectuur en Gebruikswaarde*. O caráter de um livro sempre é influenciado pelo histórico dos autores. Embora este livro tenha um foco internacional, dá-se muita atenção ao modo como, na Faculdade de Arquitetura de Delft, se pensa sobre a qualidade de uso como componente integrante do projeto arquitetônico. Muitas ilustrações são tiradas da arquitetura holandesa. Mas o pensamento por trás delas é universal e sustentado internacionalmente pela literatura profissional.

Theo J. M. van der Voordt
Herman B. R. van Wegen

Apresentação

POR UMA ARQUITETURA CENTRADA NO USUÁRIO

A arquitetura sempre teve como primeiro paradigma o atendimento às expectativas dos seus usuários, desde os aspectos básicos de habitabilidade até a fruição estética que esse abrigo pode proporcionar ao ser humano. Trata-se de um eterno desafio profissional para os projetistas, que por vezes priorizam valores estético-formais em detrimento do desempenho do ambiente construído e de sua qualidade funcional.

Arquitetura sob o olhar do usuário, de autoria de Voordt e Wegen, pesquisadores seniores da Faculdade de Arquitetura da Universidade Tecnológica de Delft, Holanda, é uma obra que aborda a importância de uma arquitetura centrada no usuário, sob uma perspectiva histórica, e brinda arquitetos, docentes, pesquisadores e estudantes de arquitetura e das relações Ambiente *versus* Comportamento com diversos procedimentos, métodos e técnicas capazes de auxiliar profissionais e estudiosos na busca de uma arquitetura voltada às necessidades do ser humano, mas sem deixar de lado o prazer estético.

O livro, agora traduzido cuidadosamente pela Oficina de Textos, é um trabalho muito didático, bem ilustrado e essencial para aqueles profissionais ou futuros profissionais em busca de rotinas que estabeleçam pontes entre o desempenho em uso sistêmico para qualquer ambiente construído e os elementos subjetivos da criatividade inerentes à prática arquitetônica.

Arquitetura sob o olhar do usuário está dividido em seis capítulos. No primeiro, os autores abordam os conceitos de qualidade funcional e qualidade arquitetônica. No segundo, Voordt e Wegen detalham os conceitos anteriores a partir de algumas reflexões de grande relevância para a arquitetura contemporânea sobre temas tais como forma, função, flexibilidade e multifuncionalidade. No terceiro capítulo, apresentam o papel relevante no processo de produção de ambientes construídos, do programa de necessidades ou arquitetônico (do inglês, *programming* ou *brief*) como etapa pré-projeto essencial na condução a contento das etapas posteriores, do projeto ao uso. Esse terceiro capítulo mostra o passo a passo para desenvolver o programa. No Cap. 4, procuram descrever metodologicamente quais as alternativas mais adequadas para transformar o programa de necessidade ou arquitetônico em projeto ou alternativas de projeto com controle de qualidade. Já no Cap. 5, os autores destacam que projetos arquitetônicos resultantes em ambientes em uso devem ser aferidos permanentemente por especialistas e pelos usuários, o que permite completar o ciclo de vida útil dos ambientes e buscar insumos para realimentar futuros projetos semelhantes (Avaliação Pós-Ocupação). Finalmente, no Cap. 6, os autores dissecam *checklists*, escalas de avaliação e outros métodos e instrumentos para avaliação de ambientes – do pré-projeto à ocupação – avaliação esta cuja aplicação é considerada de grande valia se a intenção é de fato alcançar a qualidade funcional mencionada anteriormente.

Voordt e Wegen há muitos anos pesquisam e fazem consultorias sobre procedimentos metodológicos na prática de projetar e como aliar qualidade no processo de projeto e no produto final com vistas ao bem-estar do usuário. Os trabalhos realizados por esses autores – e particularmente *Arquitetura sob o olhar do usuário* –, sempre complementados com referências bibliográficas pertinentes e atualizadas, são verdadeiros facilitadores no processo e no aprendizado de projeto. Assim é que esta bem-vinda versão para o português deve ser considerada leitura obrigatória para os profissionais da área.

Sheila Walbe Ornstein
Professora titular da Faculdade de Arquitetura e Urbanismo da
Universidade de São Paulo (FAU-USP) e atual diretora do Museu Paulista
da USP. É bolsista do Conselho Nacional de Desenvolvimento Científico
e Tecnológico (CNPq) e especialista em Avaliação Pós-Ocupação (APO).

Sumário

1. A qualidade arquitetônica e funcional de edificações 9

  1.1 Funções de uma edificação 9

  1.2 Qualidade funcional 11

  1.3 Qualidade arquitetônica 12

  1.4 Fases do processo de construção 16

  1.5 Conclusão 18

     Bibliografia 20

2. Forma e função 21

  2.1 A busca da forma 21

  2.2 Eficiência funcional e construtiva 22

  2.3 Desenvolvimento de ideias funcionalistas 28

  2.4 Flexibilidade e multifuncionalidade 38

  2.5 Contexto 42

  2.6 Autonomia da forma 50

  2.7 Conclusão 68

     Bibliografia 69

3. Programa de necessidades 73

  3.1 O papel do programa no processo de construção 75

  3.2 Conteúdo do programa de necessidades 86

  3.3 Passos que levam ao programa de necessidades 99

     Bibliografia 107

4. Do programa ao projeto 109

  4.1 O que é projeto? 110

4.2 Metodologia de projeto   112

4.3 Processos de projeto   118

4.4 Métodos de projeto   124

4.5 Controle de qualidade   133

Bibliografia   136

5. Avaliação de edificações   141

5.1 Produto e processo, *ex ante* e *ex post*   141

5.2 Por que avaliar?   142

5.3 Avaliação da qualidade   148

5.4 Abordagem integrada   161

Bibliografia   165

6. Avaliação de qualidade: métodos de medição   169

6.1 Critérios de qualidade funcional   169

6.2 Métodos de medição   204

6.3 Listas de verificação e escalas de avaliação   207

Bibliografia   218

Índice onomástico 227

Índice remissivo   233

1

A qualidade arquitetônica e funcional de edificações

1.1 Funções de uma edificação

Na Psicologia, a palavra "função" é definida como "capacidade" ou "poder". O dicionário amplia essa definição e acrescenta "tipo especial de atividade" ou "modo de ação". Vários autores fizeram considerações sobre as funções de uma edificação. Na década de 1960, De Bruijn, um dos fundadores da análise funcional como disciplina na Faculdade de Arquitetura de Delft, distinguiu quatro diferentes funções (Zeeman, 1980):

- *Função protetora*: Proteção de pessoas e propriedades contra perigos e influências arriscadas, como vento e chuva, bisbilhoteiros, interferência.
- *Função territorial ou de domínio:* As edificações tornam possível trabalhar em lugar próprio, sem perturbações de outros. As palavras-chave são privacidade e segurança pessoal e patrimonial.
- *Função social:* As edificações criam espaços e lugares nos quais os indivíduos podem cumprir de modo ótimo as suas atividades. Aqui, os elementos primários são saúde, bem-estar, comunicações e qualidade de vida.
- *Função cultural:* A edificação também deve atender a exigências ligadas à forma e ao caráter do ambiente espacial. A função cultural envolve fatores estéticos, arquitetônicos, ambientais e de planejamento e desenho urbano. A cultura também inclui a noção de civilização, e uma das suas consequências é que as edificações e as

atividades que elas abrigam não devem causar incômodo nem prejudicar o meio ambiente.

Hillier e Leaman (1976), críticos de arquitetura, também distinguem quatro funções principais de uma edificação, mas as dividem de forma diferente:

- *Organização espacial das atividades:* A edificação precisa dar apoio otimizado às atividades desejadas com a disposição adequada do espaço disponível; por exemplo, ao situar perto umas das outras as atividades relacionadas e permitir comunicação eficiente entre elas, e ao separar atividades que provavelmente entrarão em conflito.
- *Ajuste ao clima:* A edificação deve oferecer um clima otimizado interno para o usuário e para as suas atividades e propriedades. Isso exige um "filtro" protetor que separe o interior do exterior e uma infraestrutura eficiente. Dentro da edificação, os elementos que ligam e separam e o equipamento dos diversos cômodos devem permitir o ajuste do clima interno de cada cômodo para se adequar ao uso específico.
- *Função simbólica:* Pode-se considerar a edificação como incorporação material de ideias e expectativas específicas não só do projetista como também

do cliente e dos usuários. Isso faz dela um objeto cultural, um objeto com importância e significado social e simbólico.

- *Função econômica:* A edificação exige investimento e confere valor agregado à matéria-prima. A manutenção e o gerenciamento fazem parte do custo de exploração e precisam ser comparados à renda da venda ou do aluguel. Segue-se que a edificação, seja objeto de propriedade, seja de investimento, tem valor econômico e, portanto, função econômica.

As duas primeiras funções citadas na lista podem ser resumidas como *funções de utilidade*; as duas últimas referem-se a *funções culturais*. Essa divisão corresponde muito bem às funções identificadas pelo arquiteto Norberg-Schulz (1965). A edificação cria um clima artificial e protege os indivíduos da influência do tempo, de insetos, animais selvagens, inimigos e outros riscos ambientais. A edificação também constitui uma estrutura funcional na qual podem ser realizadas as atividades humanas. Essas atividades são socialmente determinadas e, portanto, dão às edificações um significado social. A edificação também pode representar algo cultural, talvez religioso ou filosófico. Norberg-Schulz refere-se à combinação de ambiente social e simbolismo cultural da edificação como "ambiente simbólico".

O professor Dirken (1972), chefe do departamento de Ergonomia do Produto da Faculdade de Desenho Industrial da Universidade de Tecnologia de Delft, usa as expressões funcionalidade *primária* e *secundária*. Funcionalidade primária significa o valor de utilidade ou eficácia de um produto. A funcionalidade secundária refere-se à função como portadora de significados, como, por exemplo, a edificação como meio de exprimir *status*, provocar uma sensação de beleza ou representar o tipo de valor vivencial descrito com adjetivos como "agradável", "prazeroso" ou "atraente". EkambiSchmidt (1972) chama-a de "funcionalidade afetiva". Outros chamam de função "estética" a função da forma de provocar uma sensação de beleza.

1.2 Qualidade funcional

Qualidade significa até que ponto um produto atende às exigências que lhe são feitas. "Funcional" refere-se à função ou às funções exercidas por algo – nesse caso, uma edificação. Portanto, a qualidade funcional de uma edificação é a sua capacidade de exercer as funções previstas para ela. O dicionário de holandês de Van Dale define *functioneel* [aparentado com o inglês "*functional*" e o português "funcional"] como "adequado para o seu propósito" e menciona como exemplo o projeto funcional. Aqui, a palavra é usada principalmente em relação à capacidade de possibilitar e dar apoio

espacial ao uso previsto. A definição do *Webster's Dictionary* é semelhante: *functional* é "[...] ligado a, usado para contribuir para o desenvolvimento ou a manutenção de um todo maior, projetado ou desenvolvido principalmente do ponto de vista do uso". Já o *Dicionário Eletrônico Houaiss* define *funcional* como "concebido e executado para ter maior eficácia nas funções que lhe são próprias; que possui eficácia; de uso cômodo; prático, utilitário". Portanto, pode-se definir qualidade funcional como até que ponto a edificação e os meios de construção aplicados permitem o nível adequado de apoio à função de utilidade ou às atividades previstas.

No entanto, a funcionalidade da edificação também depende de até que ponto as suas qualidades espaciais e físicas sustentam as outras três funções listadas por Hillier e Leaman: as funções climática, cultural e econômica. Uma edificação climatologicamente insatisfatória não é agradável para o usuário. Um elevado valor cultural pode aumentar o valor utilitário da edificação. Esta só é funcional quando os recursos (terreno, construção e materiais) são usados com eficiência e a sua disposição é eficaz e eficiente. Portanto, em sentido mais amplo, pode-se definir a qualidade funcional da edificação como em que medida ela oferece um nível adequado de apoio às atividades desejadas, cria um clima interno agradável, tem significado simbólico ou cultural positivo e contribui para o retorno econômico favorável e uma proporção otimizada entre preço e desempenho.

Na prática, porém, é comum que a expressão "qualidade funcional" se concentre na primeira dessas funções. Quando se discute uma edificação como reguladora do clima, é bem mais comum falar da qualidade da tecnologia ou da física da edificação. Em geral, considera-se que o valor simbólico pertença à qualidade arquitetônica ou seja tratado como qualidade estética. O valor vivencial pertence ao mesmo tópico. A relação entre qualidade e custo costuma ser tratada como aspecto funcional (eficiência do projeto) ou como questão econômica.

Em resumo, pode-se concluir que a qualidade funcional se refere primariamente à eficiência, à usabilidade prática ou ao valor de utilidade da edificação, levando em conta os meios financeiros disponíveis. A qualidade funcional exige que a edificação tenha boa acessibilidade ("acesso para todos"), crie espaço suficiente, tenha uma disposição eficiente e compreensível, seja suficientemente flexível e ofereça condições físicas e espaciais que garantam um ambiente seguro, salubre e agradável. Veja mais detalhes no Cap. 6.

1.3 Qualidade arquitetônica

A expressão "qualidade arquitetônica" é usada em sentido estrito e em sentido mais amplo. Em revistas especializadas e discussões sobre arquitetura, em geral a qualidade arquitetônica está ligada primariamente às características visuais e de composição e ao significado simbólico ou cultural, de modo que passa a ser considerada como complementar e, às vezes, até contrastante com a qualidade funcional. Vejamos, por exemplo, uma observação como "Em termos funcionais, a edificação é bem pensada, mas não em termos arquitetônicos". De acordo com o professor Carel Weeber, da Universidade de Tecnologia de Delft, citado por Van Dijk e De Graaf (1990), a edificação pode ser perfeitamente correta mesmo que lhe falte interesse arquitetônico. A qualidade arquitetônica de uma edificação não é determinada pelo profissionalismo com que foi construída, mas pelo papel que desempenha na discussão da arquitetura. A edificação só se torna arquitetura quando discutida, isto é, quando exerce um papel na discussão cultural. Weeber acredita que o fato de uma edificação ser bem pensada em termos profissionais não basta para torná-la arquitetura. Não se sabe se o inverso também é verdadeiro – se é possível falar de qualidade arquitetônica em casos em que as necessidades do usuário não são total ou suficientemente satisfeitas e o acabamento é insatisfatório. Tjeerd Dijkstra, ex-arquiteto do governo, é muito claro nessa questão. Num artigo sobre política de arquitetura intitulado *Archi-*

tectonische Kwaliteit (Qualidade arquitetônica), datado de 1985 e adaptado em 2001, ele vincula explicitamente a qualidade arquitetônica ao valor de utilidade. Na sua opinião, é essencial que a forma da edificação derive das necessidades do usuário e da possibilidade de obter uma construção eficiente com os materiais e técnicas disponíveis, levando com conta o contexto do projeto urbano. E isso deve ser feito de modo a ser, ao mesmo tempo, empolgante e atraente (Boxe 1.1).

A opinião de Van Rossum e De Wildt (1996) é semelhante à de Dijkstra. Esses autores estudaram a relação entre o modo da contratação de um projeto e a qualidade arquitetônica obtida. Com a ajuda de quatro grupos de perguntas, três críticos de arquitetura julgaram a qualidade arquitetônica de 18 edificações. Eles também enfatizam a relação entre forma, função e construção, coerência e contexto (Boxe 1.2).

O artigo *Ruimte voor Architectuur* [Espaço para a arquitetura] (WVC/VROM, 1991), preparado em conjunto pelo Ministério da Cultura e pelo Ministério de Habitação, Planejamento Espacial e Meio Ambiente, usa as

---

Boxe 1.1 Componentes da qualidade arquitetônica, de acordo com um ex-arquiteto do governo.

- Valor de utilidade: o nível em que a edificação é adequada para o uso previsto sugere esse uso e dá a ele uma dimensão a mais.
- Clareza e complexidade: a composição da edificação deve estruturar o modo como é percebida, tornando-a clara, compreensível, reconhecível e, no devido tempo, familiar. Ao mesmo tempo, a edificação deve ser empolgante, o que exige certo grau de complexidade. Esta existe quando uma composição combina vários temas: por exemplo, quando a estrutura da edificação não deriva apenas da sua função, mas também do contexto do projeto urbano.
- Objeto e contexto: internamente, isso se refere a aspectos como o tratamento da transição entre público e privado, entre uso coletivo e individual; externamente, refere-se à contribuição dada pela edificação à qualidade do espaço público urbano e à influência que exerce sobre ele.
- O modo como se faz uso de recursos arquitetônicos como proporção entre volumes, materiais, textura, cor e luz.
- Significados associativos.

Fonte: Dijkstra (1985, 2001).

Boxe 1.2 Componentes da qualidade arquitetônica, de acordo com críticos de arquitetura

1. Edificação, função e contexto

Qual era o contexto no qual o projeto teve de ser levado a cabo? Qual era a natureza do terreno? O terreno tinha características especiais? Impunha exigências especiais, tacitamente ou não? Havia algum conflito entre o programa de necessidades e o terreno? A edificação acrescenta qualidade ao terreno ou prejudicou a sua qualidade original? A edificação realizada cumpre a função prevista? É uma tradução fiel dessa função? Ou é mais do que isso: acrescenta algo com a sua expressividade e qualidade espacial? Eleva as funções exigidas a um nível mais poético, criando assim significados e associações novos?

2. Coerência interna

Como a função da edificação se reflete na sua organização espacial? Ela segue uma tipologia específica ou provoca questões sobre uma tipologia específica? Como se percebe a qualidade espacial da edificação? O visitante é "conduzido" pela edificação por uma configuração espacial coerente? Há uma "história", um "fio condutor" que passe pelo desenvolvimento do espaço interno: introdução, desenvolvimento, tensão, transição gradual, intermediária, contraste, clímax, surpresa? Cômodos importantes cumprem funções importantes?

3. Forma, função e significado

A forma é uma tradução ou expressão da estrutura espacial interna? Pode-se deduzir a estrutura interna a partir do exterior? Ou a forma externa tem vida própria, independente do que acontece lá dentro? A forma diz algo sobre o conteúdo? A edificação como um todo tem uma forma coerente? O vocabulário formal escolhido é elaborado com coerência em todos os seus componentes?

Qual o papel da técnica de construção? Ela determina a forma ou a serve? A forma é enfatizada ou escondida? Usa metáforas baseadas em lógica própria? Em caso afirmativo, evoca algum significado relevante?

A forma dá à edificação um significado legível para todos? A forma exprime o que é: casa, teatro, igreja, fábrica, escritório, prédio do governo? Qual o significado da edificação no seu contexto, principalmente em contexto urbano? Como a edificação se relaciona com as edificações que a cercam? Nessa relação, atua como subordinada ou como coordenadora? Ela se permite dominar ou se encaixa discretamente? Tudo isso combina com o significado da função no contexto dado? A edificação exprime significados diferentes ao mesmo tempo? Consegue uma síntese de conteúdo complexo com forma expressiva clara, uma forma simples na qual, ainda assim, a complexidade é perceptível?

4. Fatores especiais para prédios públicos

Como o governo usa a arquitetura para se apresentar? Como usa as edificações para apresentar-se ou apresentar os seus serviços à população em geral? Deveria ser dominante, neutro ou discreto, altivo, destacado, receptivo ou amistoso, firme, inspirador de confiança ou provisório, efêmero? O que significa, que metáforas permitirão a uma edificação exprimir essas diversas características?

Como a edificação se relaciona com o espaço público? Ela contribui para a determinação, o arranjo ou o caráter do espaço público? A edificação exprime uma visão específica da cultura ou da sociedade? Faz algum enunciado sobre como a sociedade funciona ou deveria funcionar? A edificação tem qualidade poética suficiente ou é suficientemente inovadora para servir de exemplo?

Fonte: Van Rossum e De Wildt (1996).

expressões valor cultural, valor de utilidade e valor futuro. O valor de utilidade refere-se a até que ponto a edificação ou o espaço atendem aos usos potenciais desejados. O valor cultural refere-se a critérios como originalidade, expressividade, relação com o ambiente, valor como peça de história cultural, qualidade de projeto e qualidade vivencial. O valor futuro diz respeito à sustentabilidade da edificação e do seu entorno e também a questões como a adequação a outros propósitos (flexibilidade) e valor no decorrer do tempo (valor como história cultural).

De acordo com Cold (1993), professor de Arquitetura na Suécia, a qualidade não pode ser tratada como conceito estático, objetivo, racional ou lógico. A vivência da qualidade origina-se no confronto entre o indivíduo e o objeto, a edificação ou o lugar. Ela diz respeito às características do indivíduo, do objeto e da situação. A história arquitetônica, com as suas expressões e estilos estéticos variados e mutáveis, não permite responder sem ambiguidade à pergunta "O que é qualidade?". Portanto, devemos nos concentrar mais seriamente na autenticidade do nosso tempo, e não apenas imitar a expressão arquitetônica para resolver o anseio atual de uma arquitetura mais significativa e esteticamente estimulante. Com esse fim, Cold faz três recomendações. Devemos:

- aguçar a nossa percepção e estudar a mensagem do tempo, do lugar e da qualidade na arquitetura, de modo que o entendimento contextual possa nos inspirar a trabalhar com criatividade;
- treinar a sensibilidade e desenvolver o "refinamento dos sentidos", para vivenciar, experimentar e criar uma nova cognição; e
- aprender mais sobre a relação entre as pessoas e o ambiente, de modo a aumentar os conhecimentos e a compreensão do "propósito da arquitetura".

Cold (2001) refere-se a Stokols (1988), que distingue três abordagens fundamentais na arquitetura:

1) *Minimalista*: A edificação como proteção contra o clima, os inimigos etc.
2) *Instrumental*: A arquitetura como instrumento para obter eficiência econômica e comportamental.
3) *Espiritual*: Os ambientes físicos não são vistos como ferramentas, mas como fins em si mesmos, como contextos nos quais se podem cultivar valores humanos importantes. Essa terceira abordagem exige empatia e compreensão das necessida-

des humanas gerais, do conceito de lugar (físico, social e simbólico), das premissas técnicas e econômicas relevantes para a realização do conceito do projeto e da coragem cultural e artística necessária para criar uma arquitetura espiritual.

Todas essas opiniões deixam claro que qualidade arquitetônica é uma expressão-ônibus que abrange vários aspectos da qualidade. É mais do que apenas qualidade estética ou valor cultural. Embora a qualidade de uso possa ser estudada e definida por si só, esse componente é parte inseparável da qualidade arquitetônica em sentido mais amplo.

1.4 Fases do processo de construção

Para assegurar que a edificação realmente suporte as atividades desejadas, é preciso prestar atenção apropriada ao valor de utilidade em todas as fases do processo de construção (Fig. 1.1). As seções subsequentes fazem um breve exame dessas fases.

1.4.1 Fase exploratória

A primeira exploração da tarefa de construir acontece nessa fase. Por que há necessidade de alojamento (ou realojamento)? A tarefa é construir uma nova edificação, reconstruir ou ampliar uma edificação existente? Qual o nível de ambição e até que ponto essa ambição pode se realizar dentro do orça-

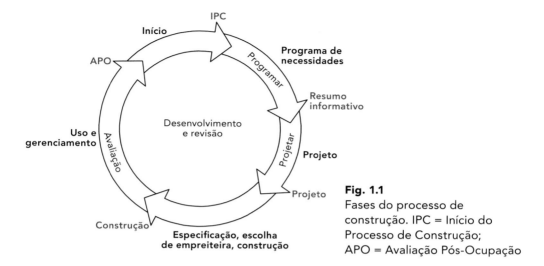

Fig. 1.1
Fases do processo de construção. IPC = Início do Processo de Construção; APO = Avaliação Pós-Ocupação

mento disponível? É comum que as primeiras ideias sejam desenvolvidas nessa fase com base no uso previsto. Por exemplo, um hospital pode sugerir uma estrutura em forma de favo, em razão da flexibilidade (capacidade de ampliação) que esse formato permite. Uma metáfora muito usada para instituições psiquiátricas é a da aldeia, por causa da sua domesticidade e pequena escala. O resultado final dessa fase é um texto que estabelece princípios básicos, como informações sobre organização, as principais necessidades e um estudo de viabilidade.

1.4.2 Programa de necessidades

No programa de necessidades, esse alojamento é elaborado com mais detalhes, na forma de exigências de desempenho do local, da edificação, dos cômodos, dos componentes da edificação e das instalações a serem oferecidas na edificação propriamente dita e no terreno. A lista precisa basear-se numa análise meticulosa da organização, das atividades a serem abrigadas e das condições especiais necessárias e desejáveis – em resumo, uma análise funcional. Esse tema é discutido com mais detalhes no Cap. 3.

1.4.3 Projeto

Se tudo correu bem, a qualidade de uso desejada terá sido meticulosamente definida no programa de necessidades. Mesmo que não haja um programa de necessidades detalhado, a análise funcional terá de ser realizada. Em geral, há uma grande lacuna entre o programa e o projeto. Frequentemente são possíveis todos os tipos de versões diferentes de projetos, cada uma das quais satisfaz o programa de necessidades mas leva a uma qualidade de uso radicalmente diferente. Entre as atividades importantes nessa fase estão o estudo de projetos de referência (precedentes), a análise do contexto urbanístico, a consideração das consequências desse contexto em relação ao projeto e a comparação entre as propostas de projeto e o programa de necessidades e outras medidas de qualidade de uso. Há mais detalhes nos Caps. 4 e 5.

1.4.4 Especificação, escolha de empreiteiras e construção

A concretização e o detalhamento do projeto acontecem principalmente na fase de projeto, e então são finalizados na fase de especificação. É importantíssimo que o efeito da escolha de materiais e o detalhamento da qualidade de uso sejam adequadamente conferidos. As considerações sobre a qualidade de uso têm papel menos enfático na escolha de empreiteiras e na fase de execução. Mesmo assim, é preciso tomar cuidado para evitar que, durante a execução, se cometam erros que possam causar problemas mais tarde no uso da edificação.

1.4.5 Uso e gerenciamento

Depois de realizado o projeto, é importante verificar se a edificação resultante atende às expectativas. Uma análise atenta do funcionamento da edificação é um modo útil de identificar possíveis gargalos. Isso se aplica não só ao período imediatamente após a entrega da edificação, mas também a médio e longo prazos. A avaliação da edificação na fase de uso (Avaliação Pós-Ocupação

ou APO) pode ser usada para fazer ajustes na própria edificação e para auxiliar o processo de outros projetos. Assim se pode chegar a diretrizes bem ponderadas para a elaboração de programas de necessidades e projetos para edificações semelhantes, principalmente quando há várias edificações envolvidas na avaliação. Há uma abordagem mais detalhada nos Caps. 5 e 6.

1.5 Conclusão

Como este capítulo deixa claro, pode-se entender de várias maneiras a qualidade funcional de uma edificação. No sentido mais estrito, ela se refere meramente ao valor de utilidade da edificação: até que ponto a edificação possibilita e sustenta o uso previsto. Em sentido mais amplo, envolve a capacidade da edificação de cumprir funções de vários tipos: utilitária, climatológica, cultural, simbólica, estética, econômica, e assim por diante. O mesmo acontece com o conceito de qualidade arquitetônica. No sentido mais estrito, refere-se primariamente à qualidade perceptiva, aos valores culturais e aos significados simbólicos. Em sentido mais amplo, é até que ponto forma, função e técnica permitem uma síntese original, empolgante, eficiente e com uso eficaz dos recursos (Fig. 1.2). Em consequência, a qualidade arquitetônica de uma edificação, em sentido mais amplo, inclui as seguintes subqualidades (Van der Voordt; Vrielink, 1987):

1 A qualidade arquitetônica e funcional das edificações

- *Qualidade funcional ou valor de utilidade*: A usabilidade da edificação na prática – até que ponto a edificação é adequada para as atividades que devem poder acontecer no seu interior.
- *Qualidade estética*: Até que ponto a edificação é considerada bonita, empolgante ou original; o modo como é vivenciada como agradável, aconchegante, espaçosa, caseira ou simplesmente comercial; até que ponto é vista como obra cultural, isto é, se representa um estilo específico ou período de construção; e até que ponto evoca significados diferentes.
- *Qualidade técnica*: Até que ponto os alicerces, a estrutura de sustentação, o invólucro, o preenchimento e os serviços técnicos satisfazem às exigências técnicas relativas a questões como força, rigidez, estabilidade, sustentabilidade e necessidade limitada de manutenção. Um componente importante é a qualidade física, ou a capacidade da edificação de criar um clima interno atraente, seguro e salubre, medido em termos de temperatura, umidade, acústica e iluminação artificial e natural de maneira favorável ao meio ambiente e que economize energia.
- *Qualidade econômica*: Até que ponto os recursos financeiros são aplicados com eficácia e eficiência, isto é, a razão entre preço e desempenho. Se a edificação é considerada objeto de investimento, a sua qualidade econômica também depende do nível de retorno obtido.

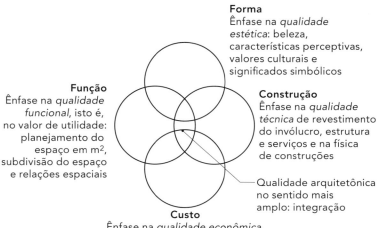

Fig. 1.2 A qualidade arquitetônica como integração de questões funcionais, formais, técnicas e econômicas

20 ARQUITETURA SOB O OLHAR DO USUÁRIO

O capítulo também fez um exame preliminar do papel desempenhado pela qualidade funcional nas diversas fases do processo de construção. Deixou claro que a atenção à qualidade funcional é parte importante de todas essas fases. Por ser tão importante, o cuidado na elaboração do programa de necessidades, no projeto e na avaliação será tratado com detalhes em capítulos separados. A meta é auxiliar o leitor a trabalhar de forma metódica, sistemática e adequadamente bem pensada, com instrumentos próprios à tarefa, isto é, diretrizes de projeto derivadas da experiência com edificações existentes, listas de verificação, procedimentos detalhados e padrões de qualidade.

Bibliografia

Cold, B. (1993), Quality in architecture. In: B. Farmer and H. Louw (Eds.), *Companion to contemporary architectural thought*. Routledge, London.

Cold, B. (Ed.) (2001), *Aesthetics, well-being and health*. Essays within architecture and environmental aesthetics. Ashgate, Aldershot.

Dijk, H. van; R. de Graaf (1990), *Vormgeving is amoreel. Een gesprek met Carel Weeber* [Design is amoral. A conversation with Carel Weeber]. Archis No. 1, 28-31.

Dijkstra (1985; 2001), *Architectonische kwaliteit* [Architectonic quality]. Policy note prepared by the government architect. The Hague.

Dirken, J.M. (1972), *Overeenkomst tussen ontwerpen, produkt en konsument* [Correspondence between designs, product and consumer]. Delft University of Technology.

Ekambi-Schmidt, J. (1972), *La perception de l'habitat*. Editions Universitaire, Paris.

Hillier, B.; A. Leaman (1976), Architecture as a discipline. *Journal of Architectural Research*, Vol. 5, No. 1.

Ministerie van WVC [Ministry of Welfare, Health and Cultural Affairs] (1991), *Ruimte voor architectuur* [Space for architecture]. Rijswijk.

Norberg-Schulz, C. (1965), *Intentions in architecture*. MIT Press, Cambridge, Mass.

Rossum, H. van; R. de Wildt (1996), *Rijkshuisvesting in ontwikkeling* [Governmental building in progress]. NAi Publishers, Rotterdam.

Semper, G. (1989), *The four elements of architecture and other writings*. Cambridge University Press.

Voordt, D.J.M. van der; D. Vrielink (1987), *Kosten-kwaliteit van wijkwelzijnsaccommodaties* [Cost-quality ratio for local welfare premises]. Publications office, Faculty of Architecture, Delft University of Technology.

Zeeman, J. (1980), *Funktionele analyse. Voorbereiding en methodiek bij het ontwerpen van gebouwen* [Functional analysis. Preparation and methodology for the design of buildings]. Lectures by W.N. de Bruijn. Faculty of Architecture, Delft University of Technology.

2

Forma e função

2.1 A busca da forma

Como o projetista chega à escolha da forma? Quais os fatores que influenciam a imagem espacial, o tamanho, a escala e o ritmo da massa da edificação, a disposição espacial, a escolha da cor e dos materiais? E, principalmente, no contexto do tema deste livro, até que ponto a forma nasce das necessidades impostas pelo uso previsto? Essa pergunta recebeu muitas respostas diferentes no decorrer do tempo, algumas baseadas em considerações teóricas e, muitas vezes, baseadas também em atitudes pessoais e influenciadas pelo espírito da época. Este capítulo examina várias ideias sobre a relação entre forma e função, com referência a diversos movimentos da arquitetura. Faz uma rápida viagem pela história e apresenta os pontos de vista de alguns arquitetos. Veremos que a forma final de uma edificação resulta de um processo complexo de tomada de decisões no qual muitos fatores têm o seu papel. Há concordância quase universal de que a forma da edificação deve adequar-se suficientemente bem ao uso previsto. Seria horrível morar num cômodo com 2 m de largura e 20 m de comprimento, e muito desagradável ter de trabalhar numa edificação sem luz natural. Há até quem defenda que a forma é completamente determinada pela função: isto é, *a forma segue a função*. No entanto, o contexto em que ocorre a edificação também tem papel importante na escolha da forma. As características do local, o tempo de construção, as condições sociais, a moda, as restrições jurídicas e econômicas etc., tudo isso influencia o projeto.

A edificação construída numa cidade será diferente daquela construída numa aldeia; uma edificação na China será diferente de outra na Bélgica; o século XXI produz arquitetura diferente da arquitetura da Idade Média. Além disso, a edificação deve cumprir mais do que as funções exigidas pelo uso; há funções climatológicas, culturais e econômicas. Tudo isso aumenta a complexidade da relação entre forma e função.

O valor vivencial, a transmissão de significado, a qualidade visual, a estética e o simbolismo também são igualmente importantes. Às vezes, fala-se do grau de autonomia da forma, distinta da sua função de utilidade. Van den Broek (1898-1978) e Bakema (1914-1981), ex-professores de Arquitetura de Delft, falaram da "função da forma" (lbelings, 1999). Finalmente, edificar é uma atividade humana. As opiniões, preferências e características pessoais do cliente, do projetista e de todos os envolvidos também têm influência. Muitos clientes priorizam o valor de utilidade. Os orçamentistas costumam se preocupar principalmente com o respeito do projetista ao prazo e ao orçamento. Os projetistas costumam dar muito valor à expressividade e à originalidade; querem que a "sua" edificação lhes dê destaque. Alguns chegam a ponto de escolher a forma com base, primariamente, em considerações artísticas, em metáforas ou no desejo de propagar ideais ou significados específicos. Só depois fazem o melhor possível para encaixar as funções exigidas na forma escolhida: para eles, *a função segue a forma*. Quando, porém, a função se subordina demasiadamente à forma, o valor de utilidade sofre. A arquitetura é uma arte regulamentada. A forma nunca é totalmente livre. Um projeto atraente e empolgante é apenas uma das rochas sobre as quais se eleva a boa arquitetura; as outras são a eficiência funcional, a qualidade técnica e a adequação dos custos. Em geral – o que não surpreende –, forma e função interagem: por um lado, busca-se uma forma adequada com base na função; por outro, busca-se uma forma atraente à luz de considerações além daquelas derivadas diretamente da função, e examina-se a forma depois para ver se permitirá e suportará o uso previsto. A encomenda e o programa de necessidades (lado da procura), a qualidade do projetista, os assessores e construtores que farão a obra (lado da oferta) e os meios disponíveis determinam, em última análise, se a edificação resultará numa síntese bem-sucedida de forma, função, custo e tecnologia.

2.2 Eficiência funcional e construtiva

Para muitos arquitetos, o projeto é determinado, em boa medida, pelo esforço de se obter *eficiência funcional*. A forma e a disposição da edificação têm de dar apoio eficaz e eficiente às atividades que ela abriga. A palavra mais usada quando o motivo primário do projeto é a eficiência funcional é *funcionalismo* (Whittick, 1953; Leuthäuser; Gössel, 1990). É claro que os projetistas funcionalistas conhecem bem a importância da estética e do significado, mas consideram que essas características derivam mais ou menos do propósito e da conveniência. De acordo com o arquiteto americano Louis Henry Sullivan (1856-1924), toda função tem uma única forma mais apropriada: basta ver o projeto eficiente de máquinas e ferramentas. Isso o levou a cunhar, no início do século XX, o conhecido lema *a forma segue a função* (Sullivan, 1924). Ao mesmo tempo, Sullivan descobriu que a beleza não era o principal resultado da forma derivada da função (Fig. 2.1).

Portanto, a forma também é influenciada pela necessidade de vivenciar a beleza. Entre as edificações famosas dos Países Baixos que datam do início da época do funcionalismo, estão o sanatório De Zonnestraal, em Hilversum, de Duiker e Bijvoet (Fig. 2.2) e a fábrica Van Nelle, em Roterdã, de Brinkman e Van der Vlugt (Molema; Casciato, 1996; Barbieri et al., 1999; Van Dijk, 1999). Um exemplo brasileiro de funcionalismo é o edifício Banco Sul-Americano do Brasil (Fig. 2.3). Até hoje, o funcionalismo continua a ser uma força importante na arquitetura (Figs. 2.4 e 2.5).

O esforço para obter *eficiência construtiva* exige que se trate com eficiência os elementos e materiais de construção – por exemplo, não usando

Fig. 2.1
(a) Visão geral e (b) fachada da loja de departamentos Carson Pirie Scott, em Chicago. Projeto de Louis Sullivan (1899-1906). Essa edificação marcou o ponto alto da tradição funcional da Escola de Chicago e é um exemplo notável da transformação de utilidade e estrutura em arquitetura vigorosa. A maravilhosa repetição de aberturas ao longo das ruas deriva diretamente da estrutura de aço por trás dela
Fonte: cortesia da Chicago Historical Society.

24 ARQUITETURA SOB O OLHAR DO USUÁRIO

Fig. 2.2
De Zonnestraal, em Hilversum. Projeto de Duiker e Bijvoet (1926-1931). Jan Duiker foi integrante do De 8, um grupo de arquitetos contrário à preocupação excessivamente enfática com o projeto, típica, por exemplo, do expressionismo da Escola de Amsterdã e da arquitetura do De Stijl. A maior preocupação do grupo era a eficiência funcional e construtiva

Fig. 2.3
Edifício Banco Sul-Americano do Brasil, em São Paulo, projeto de Rino Levi (1960-1963), apresenta um exemplo brasileiro da preocupação com a eficiência funcional e construtiva

Fig. 2.4
Edifício da Nationale Nederlanden, em Roterdã. Projeto de A. Bonnema (1987). Esse projeto foi escolhido entre cinco concorrentes, não tanto por ser atraente, mas com base em considerações programáticas. Os fatores decisivos foram as vantagens oferecidas em termos das disposições possíveis do espaço para escritórios, uma proporção alta entre área bruta e área líquida, um ambiente de trabalho eficiente e outras características de usabilidade. De acordo com Bonnema, a forma da edificação derivava da função. No seu ponto de vista, quaisquer que sejam os movimentos arquitetônicos que surjam no futuro, o funcionalismo ficará para sempre

Fig. 2.5
Edifício Birmann 21, sede da Editora Abril em São Paulo, projeto do escritório SOM – Skidmore, Owings & Merrill LLP (1996), outro exemplo atual de funcionalismo

mais que o necessário. Sempre que possível, o material é usado de modo a levar em conta as suas propriedades. O impulso de obter eficiência construtiva faz com que a forma seja, em boa medida, determinada pela maneira lógica como se combinam os elementos construtivos, e costuma ser acompanhado pelo impulso de obter "sinceridade construtiva". A construção e o detalhamento não devem se contradizer. De acordo com esse ponto de vista, as construções acrescentadas puramente pela aparência, como uma coluna a mais só por simetria, sem função estrutural, deveriam ser evitadas. A "verdade" é considerada de importância vital. Os elementos construtivos e os tubos da infraestrutura costumam ficar à mostra. Essa abordagem já era evidente no trabalho dos construtivistas russos, no início da década de 1900, como o projeto de Vladimir Tatlin para um monumento à Terceira Internacional (1919). O pintor Tatlin foi um dos representantes mais importantes do construtivismo. O seu projeto de monumento e sede da Terceira Internacional costuma ser considerado o primeiro projeto arquitetônico a romper completamente com a tradição. Há dúvidas de que o projeto de Tatlin seja arquitetura de verdade: "É muito mais um monumento do que a sede com escritórios e salas de reunião que pretende ser" (Kopp, 1985). Outros exemplos de construtivismo russo são o prédio do Leningrad-Pravda, de Alexander e Victor Vesnin (1924), e os "Wolkenbügels" de El Lissitzky (1924), em Moscou (Van Heuvel; Verbrugge, 1996). O arranjo preferido de projeto eram elevadores subindo e descendo pelo lado de fora da edificação. Na década de 1960, na Inglaterra, o *Archigram*, um grupo de arquitetos jovens, deu novamente um lugar de destaque à tecnologia como ponto de partida da arquitetura. O grupo preferia, em grande escala, sistemas estruturais nos quais elementos pré-fabricados pudessem depois ser inseridos para produzir as moradias ou acomodações comerciais necessárias. Essas edificações costumavam ser chamadas de *high-tech* por causa da ênfase na tecnologia. Entre os exemplos mais conhecidos, estão o Centro Pompidou, de Renzo Piano e Richard Rogers, em Paris (Fig. 2.6); o Sainsbury Centre for Visual Arts, de Norman Foster, em Norwich (Fig. 2.8) e a sede da Lloyd's de Londres, de Richard Rogers (Fig. 2.9). Nos Países Baixos, Jan Benthem e Mels Crouwel são representantes famosos do *high-tech* (Fig. 2.7).

É claro que, quando a busca pela forma é conduzida primariamente pela eficiência construtiva, a função e a arte também têm papel importante. O trabalho em equipe de Helmut Jahn

Fig. 2.6
O Centro Pompidou, em Paris. Projeto de Piano e Rogers (1972-1977). As instalações e elementos construtivos visíveis dominam a forma. As diversas funções são enfatizadas por cores: azul representa água; vermelho, tráfego e verde, eletricidade

(arquiteto) e Werner Sobek (engenheiro) é um exemplo de método de projeto integrado. Eles estão convencidos de que é necessário "o engenheiro pensar como arquiteto e o arquiteto, por sua vez, pensar como engenheiro" para haver uma boa cooperação. Dessa forma, o resultado pode se chamar "Archi-Neering", ou "arquinharia" (Anna, 1999). No início do processo, Jahn e Sobek se reúnem em volta da mesa para obter o melhor resultado.

Santiago Calatrava considera a engenharia a arte do possível. Por mais compulsórias que sejam as exigências técnicas, ainda há uma margem de liberdade suficiente para mostrar a personalidade do criador da obra. Isso permite que a criação, mesmo com

Fig. 2.7
Malietoren, Haia. Projeto de Benthem Crouwel Architects (1996). Por causa de sua situação especial – sobre um túnel –, esse prédio alto de escritórios foi construído na forma de uma ponte de aço e concreto.
O contraventamento em três níveis mostra como as forças são transferidas para as duas elevações laterais

Fig. 2.8
(a) Exterior e (b) interior do Sainsbury Centre for Visual Arts, em Norwich, na Inglaterra. Projeto de Norman Foster (1974-1978). As diversas funções são agrupadas numa única estrutura de vão livre, envidraçada nos dois lados e iluminada de cima. O espaço interno é coberto por uma camada dupla de paredes e teto, que abriga serviços e instalações auxiliares e também dão acesso a instalações e iluminação
Fonte: cortesia do Sainsbury Centre for Visual Arts.

Fig. 2.9
(a) Exterior e (b) interior do Lloyd's of London, em Londres. Projeto de Richard Rogers (1978-1986). Todas as obstruções fixas normais, isto é, banheiros, escadas, entradas, elevadores e colunas, estão colocadas fora da edificação, em seis torres verticais revestidas de aço inoxidável. Outro aspecto importante é a flexibilidade da edificação
Fonte: cortesia de Richard Bryant.

estrita obediência técnica, se torne uma obra de arte real e verdadeira, como se pode ver no trabalho de Calatrava (Fig. 2.10) ou nos projetos das novas estações de metrô de São Paulo (Fig. 2.11).

2.3 Desenvolvimento de ideias funcionalistas

O esforço para obter eficiência funcional e construtiva é tão antigo quanto a humanidade. Até a cabana mais primitiva tem uma base funcional e construtiva. Ainda assim, a concentração no programa de necessidades e na construção leva a romper com o passado, quando era muito maior a ênfase nos princípios de forma que remontavam à Antiguidade clássica. O esforço de obter eficiência funcional e construtiva tem as suas raízes filosóficas no racionalismo. Em 1637, René Descartes escreveu o *Discurso do método*, no qual formulou regras para o pensamento científico que tratavam, em essência, de seguir um sistema específico de raciocínio e entender características como beleza, verdade e bondade. Adquirir e aplicar o conhecimento exige pensamento racional e comprovação empírica. O racionalismo floresceu por completo durante o Iluminismo (século XVIII). Cada vez mais, a visão de mundo metafísica deu lugar à razão. Esse conjunto de ideias teve grande influência sobre o pensamento acerca da arquitetura.

2.3.1 Os primeiros funcionalistas

Um dos primeiros funcionalistas foi Auguste Durand (1760-1834), professor da École Polytechnique de Paris no início do século XIX. Na sua opinião, a

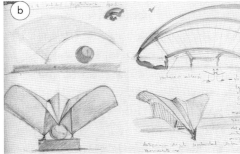
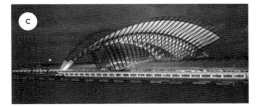

Fig. 2.10
(a-c) Estação do trem de alta velocidade (TGV) de Lyon-Satolas, Lyon, França. Projeto de Santiago Calatrava (1989-1994). A ponte liga a estação ao terminal do aeroporto. A forma da estrutura do salão central deriva de uma das esculturas de Calatrava: uma forma equilibrada que lembra um pássaro ao levantar voo
Fonte: cortesia de Hisao Suzuki.

Fig. 2.11
Estações de metrô (a) Alto do Ipiranga, projeto de Ílvio Silva Artioli (2004-2007), e (b) Butantã, projeto do escritório Tetra Arquitetura (2004-2010), exemplos de projetos com exigências técnicas rígidas, mas que ainda assim permitem uma expressão de personalidade própria

ciência e a tecnologia são mais importantes que a ambição artística. Em *Leçons d'Architecture* [Lições de arquitetura] (1809), Durand reiterou a importância da conveniência (*convenance*) e da eficiência (*économie*). A edificação deve suportar o uso previsto e contribuir para a saúde e o bem-estar, fazendo uso ótimo de capital, mão de obra e material. Para ele, a eficiência funcional e construtiva determina o projeto. Outro dos primeiros partidários da eficiência funcional e construtiva foi Viollet-le-Duc (1814-1879), professor de História da Arte na École des Beaux Arts, em Paris, famoso, por exemplo, pelo livro *Entretiens sur l'architecture* (1863). Nos seus livros, Viollet-le-Duc preconizou enfaticamente o uso sincero de materiais e decorações com base na teoria racionalista. Embora conhecido principalmente pela restauração de igrejas medievais e outros monumentos, já em 1864 ele projetou um salão com o telhado construído em aço (Van Heuvel; Verbrugge, 1996). Horatio Greenhough, contemporâneo seu, ressaltou a correspondência entre a forma e a função construtiva no esqueleto dos animais, em que forma e função praticamente coincidem (Mees, 1984).

2.3.2 A beleza por meio da funcionalidade

O austríaco Adolf Loos (1870-1933) foi outro arquiteto a considerar a facilidade de uso um critério importante para a arquitetura, insistindo na arquitetura pura e em formas simples adequadas ao uso prático. Em *Ornament und Verbrechen* [Ornamento e delito], escrito em 1908, ele rejeitou com veemência o uso de ornamentação com propósitos puramente decorativos. Considerava a decoração uma "arquitetura tatuada" e achava impossível que algo sem uso prático fosse belo. Isso soa muito parecido com as palavras do filósofo David Hume quase 200 anos antes, no *Tratado da natureza humana* (1739), no qual igualava beleza a utilidade. A eficiência gera a beleza. A verdadeira beleza de uma casa está na sua conveniência, opinião compartilhada por Frank Lloyd Wright (1869-1959). Se o interior de uma casa é conveniente e organizado de forma apropriada para se adequar às necessidades dos ocupantes, o exterior também será atraente. Foi por isso que Wright omitiu as frisas e cornijas, comuns na época, e baseou os seus projetos de casas na função para a qual seriam usadas. Ele queria obter uma "arquitetura orgânica": a casa, como um organismo vivo, deveria brotar das necessidades dos indivíduos e do caráter do terreno. Então, "forma e função são uma só", como na natureza.

2.3.3 O movimento modernista

Na primeira metade do século XX, o funcionalismo transformou-se num dos mais importantes movimentos da arquitetura. Numa analogia com as análises de processos de trabalho de Frederick Taylor, os arquitetos do movimento modernista analisaram as atividades sociais para criar plantas baixas o mais eficientes possível. Na década de 1920, vários arquitetos dos Países Baixos se agruparam na associação "De 8" [Os oito], em Amsterdã, e no grupo "De Opbouw" [A construção], em Roterdã (Mattie; Derwig, 1995). De acordo com o De 8, "não se descarta a construção de edificações belas, mas é melhor construir edificações feias e funcionais do que erigir arquitetura de exposição com plantas baixas ruins". Representantes conhecidos do movimento modernista holandês são J. A. Brinkman (1902-1949), L. C. van der Vlugt (1894-1936), J. Duiker (1890-1935), J. J. P. Oud (1890-1963), G. Rietveld (1888-1964), J. B. van Loghum (1881-1941), M. Stam (1899-1986) e W. van Tijen (1894-1974). Esses arquitetos usaram principalmente aço, vidro e concreto, mas também tijolos. A estrutura era formada por um esqueleto de aço, como nos prédios de apartamentos de Bergpolder, em Roterdã, projetados por W. van Tijen em 1932, ou por um esqueleto de concreto que compreendia lajes e colunas, como na fábrica Van Nelle, de Brinkman e Van der Vlugt. Os esqueletos eram estruturas abertas. As paredes estruturais não eram necessárias, de modo que a planta baixa podia ser organizada livremente ou ser projetada como espaço transformável com portas de correr. Na Alemanha, Hugo Häring (1882-1958) falava de *Formfindung*, com base numa análise de ativida-

des. Segundo ele, o projeto não é uma questão separada. A conformidade entre forma e função é essencial. O projeto deve oferecer a cada atividade um espaço próprio e separado. Os arquitetos deveriam exprimir na forma a função essencial da edificação. A forma total, a *Gestalt*, deve ser uma resposta à função. Häring acreditava que o modo como a forma exprime algo está ligado a um grupo de indivíduos, um lugar e uma época específicos. Em 1926, no programa da Bauhaus, o então diretor Walter Gropius (1893-1969) usou um pressuposto básico semelhante. Dois anos depois, o seu sucessor, Hannes Meyer, exprimiu a opinião de que a edificação adequada ao seu propósito é boa, seja qual for a forma (Mumford, 1952 apud Arnheim, 1966). De acordo com Meyer, todo problema arquitetônico pode ser resolvido pela análise científica. É significativo que a palavra "arquitetura", com a sua carga artística, tenha sido substituída por "edificação", palavra muito mais comercial. (A esse respeito, é espantoso que, em 1997, o então decano Cees Dam tentasse mudar o nome da Faculteit Bouwkunde [literalmente, "Faculdade de Ciência da Edificação"] para Faculteit Architectuur [Faculdade de Arquitetura]!) Muitos projetistas acharam que isso ia longe demais. Estavam dispostos a aceitar a funcionalidade como base importante da arquitetura, mas não como a única nem a mais importante base da forma. Ainda assim, com o passar do tempo, a abordagem racional teve grande expansão, tornando-se a base da produção em massa, da pré-fabricação, da padronização e da normalização. A arquitetura começou a ser cada vez mais influenciada pelos processos de produção e pela facilidade de montagem. Personagens internacionais importantes no movimento modernista, como Walter Gropius (1883-1971) e Le Corbusier (1887-1965), deixaram-se inspirar expressamente pelo que viam como a grande beleza da perfeição técnica. É importante que a metáfora usada por Le Corbusier para os seus projetos residenciais fosse "máquinas de morar". Mies van der Rohe (1886-1969) também era um perfeccionista técnico. Para ele, a verdadeira beleza brotava do minimalismo. Os seus projetos de prédios de escritórios baseiam-se em conceitos como "menos é mais", "Deus está nos detalhes" e "a edificação é quase nada". De acordo com Mies van der Rohe, a tecnologia é muito mais que um método. É um mundo em si mesma. Sempre que a tecnologia chega à sua verdadeira realização, transcende-se em arquitetura. É verdade que a arquitetura depende de fatos, mas o seu verdadeiro campo de atividade é o terreno do significado. As edificações de Mies parecem caixas de vidro e aço e são muito características da arquitetura moderna (Fig. 2.12).

Os arquitetos do movimento modernista encontravam-se regularmente em congressos internacionais realizados a partir de 1928 com o nome *Congrès Internationale d'Architecture Moderne* (CIAM). No encerramento do

Fig. 2.12
Edifício Seagram, Nova York. Projeto de Mies van der Rohe (1954-1958). Essa edificação foi considerada a suprema expressão do estilo internacional. O projeto baseia-se na produção de componentes e, como tal, está enraizado no processo industrial. Foram usadas vigas em I com diversos comprimentos e funções, tanto estrutural quanto de representação. As vigas formam o esqueleto da edificação, mas também articulam a fachada em segmentos

primeiro deles, em Sarraz, na Suíça, foi apresentada uma declaração conjunta afirmando que os arquitetos deveriam mostrar que eram filhos do seu tempo e não utilizar elementos de épocas anteriores. Deveriam concentrar-se em novos materiais, em técnicas de construção e produção, na padronização e na internacionalização. Em relação ao urbanismo, a declaração afirmava que o planejamento das cidades não é determinado pela estética, mas pela função. As funções urbanas deveriam ser agrupadas em habitação, trabalho, transporte e recreação. O povo deveria ser criado com boa arquitetura e imbuir-se dos salutares ideais de luz, ar, sol e higiene. Em 1933, o CIAM proclamou a "Carta de Atenas", na qual os autores declaravam que, no interesse da higiene e da saúde, o urbanismo moderno deveria prover a separação das funções. Os congressos foram realizados até o início da década de 1950.

2.3.4 Funcionalismo visual e adequação às dimensões humanas

Muitos arquitetos criticam a abordagem funcionalista unilateral. No final da década de 1960, o arquiteto holandês Jaap Bakema usou a expressão *funcionalismo visual* para deixar claro que a função não é o único fator determinante da forma. A arquitetura também deve falar à imaginação (Fig. 2.13). Outro exemplo é o projeto de Artigas para o edifício da Faculdade de Arquitetura e Urbanismo da USP (Fig. 2.14). J. J. Oud (1890-1963) exprimira a mesma ideia algumas décadas antes. Apesar da ligação com as ideias do De Stijl (ver a seção 2.6), esse arquiteto de Roterdã buscava constantemente uma síntese entre racionalismo e estética. Um exemplo de equilíbrio bem-sucedido entre tecnologia e arte foi o projeto de uma série de casas populares na Scheepvaartstraat, em Hoek van Holland, construído em 1926.

Fig. 2.13
O Grande Salão, Universidade de Tecnologia de Delft. Projeto de Van den Broek e Bakema (1962-1965). O contorno básico do auditório é claramente reconhecível no exterior. O fato de o andar térreo ser aberto no lado que contém a entrada faz com que a entrada principal fique na mesma linha das edificações vizinhas. Os balanços imensos, as escadarias expressivas e os andares em vários níveis contribuem para a fascinante qualidade visual da edificação

Fig. 2.14
Vista (a) externa e (b) interna do edifício da Faculdade de Arquitetura e Urbanismo da Universidade de São Paulo (FAU-USP), projeto de João Batista Vilanova Artigas (1962-1969)

O próprio Oud usou a expressão *funcionalismo poético* (Fig. 2.15). As casas em questão eram especialmente espaçosas e confortáveis para a época e, com as fachadas disciplinadas e os cantos arredondados, tornaram-se um monumento famoso ao chamado movimento "Nieuwe Bouwen". O complexo foi totalmente reformado em 1984. Em parte, o projeto inspirou-se no local. De acordo com Oud, Hoek van Holland não é vila nem cidade. As linhas horizontais e as janelas largas referiam-se à natureza ampla e ilimi-

Fig. 2.15
Casas na Scheepmakerstraat, em Hoek van Holland. Projeto de J. J. P. Oud, 1924. Em 1984, esse marco do movimento modernista foi declarado monumento nacional. O complexo caracteriza-se por plantas inteligentes e um exterior moderno e disciplinado. A intenção era obter o equilíbrio entre tradição e experimentação

tada do campo. O exterior disciplinado e a perfeição dos detalhes referiam-se ao refinamento a mais que distingue a cidade da vila. O tom dourado claro inspirou-se nas dunas de areia próximas.

Em 1959, a revista *Forum*, editada por Aldo van Eyck, Herman Hertzberger, Jaap Bakema e Joop Hardy, publicou a "história de outra ideia" (Van Eyck, 1959). O chamado grupo Forum criticava a grandeza de escala e a monotonia das edificações do pós-guerra e a separação de funções exigida pelo CIAM. O que se queria era enriquecer o funcionalismo adequando os ambientes residencial e profissional a necessidades humanas específicas. O grupo acreditava sinceramente na possibilidade de mudar a natureza da sociedade e tentou inventar uma linguagem arquitetônica que tivesse algo a dizer sobre o comportamento humano e que apresentasse estruturas significativas com abundância de transições, inclusive, com mais importância, as transições entre interior e exterior. A grandeza de escala não era considerada um erro em si; a principal coisa contra a qual reagiam era a ausência de escala. Nas palavras de Hertzberger, "as coisas só devem ser grandes quando consistem de múltiplas unidades que, em si, são pequenas; o tamanho excessivo leva facilmente à dissociação. Grande no sentido de múltiplo indica um aumento de complexidade e, assim, um enriquecimento de inter-

pretações possíveis". A mesma crítica também foi feita no congresso do CIAM em Otterloo (1959), no qual Van Eyck, Hertzberger e Bakema representaram os Países Baixos. É significativo que o Team X tenha feito a proposta de mudar o nome do CIAM para *Groupe de Recherches des Interrelations Sociales et Plastiques*. No entanto, dar ênfase demasiada ao valor de utilidade não leva, de imediato, a um estilo específico. Como disse Hertzberger, arquitetura humanista não existe, a menos que se queira dizer uma atitude fundamental baseada no respeito aos indivíduos, seus valores e sua dignidade.

De acordo com o arquiteto Carel Weeber, a arquitetura não é um meio de melhorar a sociedade. Na sua opinião, o impulso das décadas de 1960 e 1970 para obter habitabilidade e estimular os contatos sociais levou à fixação excessiva na pequenez da escala (Fig. 2.16). Ele classificou a arquitetura da época como "o novo desmazelo" e falou com desdém dos "acidentes ferroviários", referência ao uso pródigo de dormentes de madeira nas propriedades modernas recém-construídas. O que faltava era alguma organização em grande escala. Segundo Herman de Kovel, isso explica o renascimento do movimento modernista e por que há tanto interesse pela obra de Duiker, Le Corbusier e dos construtivistas russos. De Kovel rejeitava o funcionalismo por lhe faltarem princípios formais básicos e por ser muito pouco discutido, argumentando que hoje as características visuais da arquitetura têm prioridade. Os arquitetos querem voltar a projetar: basta ver o trabalho de Rem Koolhaas e Daniel Libeskind.

Em vez de se concentrar em forma e fachada, Franck e Lepori (2000) defendem que a arquitetura deveria tirar o seu caráter do corpo humano, que é uma estrutura animada e em movimento que se baseia na geografia íntima para uma vivência ótima. Quando projetadas de dentro para fora, as edificações permitem sensações espaciais que se ligam aos indivíduos e inspiram um clima confortador, um espírito alegre e sensações de apoio. Com o interesse contemporâneo na arquitetura como ideia e imagem e a grande ênfase dos clientes em produtos financeiramente lucrativos, perde-se a atenção ao conteúdo e ao processo. Como psicólogo ambiental e arquiteto praticante, respectivamente, Franck e Lepori postulam uma abordagem alternativa que deixe no centro do projeto a vida e a experiência humanas, assim como a materialidade. O projeto deveria ser considerado um processo que evolui de dentro para fora: a partir dos desejos e das atividades dos indivíduos, a partir do terreno e do contexto, a par-

Fig. 2.16
(a) Conjunto habitacional De Tanthof, em Delft. (b) Prédio de apartamentos Zwarte Madonna (Madona Negra), em Haia. Carel Weeber caracterizou a pequenez de escala e o grande número de estilos diferentes de telhado nos bairros recém-construídos nas décadas de 1970 e 1980 como "novo desmazelo". Seus projetos caracterizavam-se por um forte traço racionalista. A forma do Zwarte Madonna representa o anseio de purificar os elementos decorativos arquitetônicos e ideológicos

tir do diálogo entre arquiteto e cliente. Isso exige uma atitude perante a arquitetura que reconheça o valor dos indivíduos e da matéria como razões propriamente ditas para a sua existência.

2.3.5 Funcionalismo sem dogma

Embora hoje o funcionalismo tenha sido superado por muitas outras ideias sobre arquitetura, a meta de obter eficiência funcional e construtiva continua, até hoje, a ser um tema importante na produção da "boa" arquitetura. Em *Hoe modern is de Nederlandse architectuur* [Até que ponto a arquitetura holandesa é moderna] (Leupen et al., 1990), Mels Crouwel escreve que a obtenção da usabilidade ótima deve ser a meta mais importante de toda edificação. Os materiais e construções usados devem ser escolhidos puramente pela adequação a essa meta. A beleza é produto da relação direta entre edificação e propósito e procede de características naturais. Ao mesmo tempo, observa-se que a abordagem funcionalista pode constituir um bom acompanhamento do projeto expressivo, como, por exemplo, na biblioteca da Universidade de Tecnologia de Delft (Fig. 2.17).

Leen van Duin, atual professor de Forma e Função na Faculdade de Arquitetura da Universidade de Tecnologia de Delft, defende a combinação da abordagem da engenharia (com ênfase na análise quantitativa de funções e exigências construtivas) com outra mais arquitetônica. Em outras palavras, o que ele gostaria de ver é uma síntese entre arte e ciência. A publicação *Architectonische studies*, produzida sob sua direção, descreve, classifica e reelabora edificações existentes – "precedentes" –, possibilitando a reconstrução de abordagens arquitetônicas. O conhecimento assim obtido pode, depois, ser aplicado a novos projetos. Van Duin define o projeto funcional como geração de projetos que satisfaçam a um conjunto de normas aceitas. Obter uma edificação com eficiência funcional exige a análise meticulosa do programa de necessidades. De acordo com Van Duin, a análise funcional das edificações tem de envolver três elementos:

- descrição e identificação de necessidades sociais, atividades e dependências e as suas relações entre si;
- explicação do modo como a forma influencia a função;
- análise da relação entre forma, função e norma.

Tudo isso deve ser feito em conjunto com um estudo de métodos de construção e considerações comerciais e gerenciais. A análise do uso desejado permite deduzir a quantidade de espaço necessária para uma combinação específica de atividades e como essa quantidade de espaço pode se distribuir na edificação. Mas quantidade não determina qualida-

Fig. 2.17
Biblioteca da Universidade de Tecnologia de Delft. Projeto de Mecanoo Architects (1995).
Funcionalismo sem dogma: o esforço de obter clareza conceitual e eficiência funcional é acompanhado pelo prazer imenso do projeto e por um resultado final atraente

de. Determinar a forma da edificação exige a consulta a soluções anteriores para problemas semelhantes. De acordo com Van Duin (1996), o conhecimento da tipologia e o poder da imaginação têm papel importante nisso tudo. Portanto, a relação entre forma e função tem certa ambiguidade. Há uma tensão constante entre forma e função que não pode ser resolvida com procedimentos lógicos.

2.4 Flexibilidade e multifuncionalidade

Assim como um terno sob medida só cabe numa pessoa, o espaço projetado para cumprir apenas uma função geralmente é muito pouco adequado a outras funções. No entanto, o uso e os usuários mudam com o tempo. É por isso que muitos arquitetos tentam produzir estruturas adequadas a usos múltiplos, permitindo interpretações e intervenções individuais. Num artigo de 1963 sobre a natureza recíproca de forma e necessidades, Hertzberger escreveu:

> Para estar à altura das mudanças, as formas têm de ser construídas para permitir uma miríade de interpretações. Têm de poder assumir vários significados e depois abandoná-los novamente sem prejudicar a sua identidade. Isso significa buscar formas primárias que, além de aceitar um programa de necessidades, possam também libertar-se dele. A forma e as necessidades se inspiram uma na outra. A impossibilidade de criar um ambiente individual que se ajuste a todos torna necessário permitir

interpretações individuais ao se projetar as coisas de modo a serem realmente capazes de interpretação.

Uma característica típica de muitos projetos de Hertzberger é que o interior fica deliberadamente inacabado, desafiando assim os usuários a tornarem seu aquele espaço ("apropriação do espaço"). É necessário um certo sobredimensionamento para que o espaço seja usado de forma multifuncional. Essa mesma ideia encontra-se na obra de Mies van der Rohe, cujos projetos foram fortemente influenciados pela tentativa de obter certo grau de independência de função, local e clima (Mees, 1984). Mies acreditava que a boa arquitetura pode acomodar várias funções, como se vê pelo modo como os seus projetos criam espaços simples e generosos que podem ser equipados e usados para se ajustar às necessidades da maneira que os usuários acharem adequado.

2.4.1 Estruturalismo

O estruturalismo, movimento da arquitetura que dá muita atenção à mudança das funções do usuário, surgiu como reação ao funcionalismo da arquitetura holandesa do pós-guerra (Van Heuvel, 1992). O movimento caracterizava-se pelo uso de módulos como componentes num todo maior e coerente capaz de acomodar a mudança de funções. Outras características eram a aplicação de métodos de construção que estruturavam

o espaço (uso "sincero" dos materiais, um esqueleto visível), a atenção especial às transições entre dentro e fora, grande ênfase nos encontros, identidade (capacidade de reconhecimento individual do espaço de moradia ou trabalho de cada um), habitabilidade, flexibilidade e possibilidade de expansão. A configuração espacial compunha-se de grande número de elementos básicos que podiam ser deslocados em relação uns aos outros para criar alto nível de riqueza espacial. Um plano construtivo usado com frequência incluía um esqueleto de colunas, vigas, parapeitos e paredes, todos visíveis em toda a edificação. Nos Países Baixos, são exemplos o prédio da biblioteca da Universidade de Leiden (projetado por Joop van Stigt e Bart van Kasteel); o Burgerweeshuis (Orfanato) em Amsterdã, projetado por Aldo van Eyck (Fig. 2.18); o Lar de Idosos Drie Hoven, em Amsterdã, projetado por Herman Hertzberger (Fig. 2.19); e os ministérios do Exterior (Dick Apon, 1984), Educação e Ciências (Philip Rosdorff, 1985, Fig. 2.20) e Emprego e Ação Social (Herman Hertzberger, 1990). Fora dos Países Baixos, são exemplos conhecidos o Medical Research Building, de Louis Kahn, em Filadélfia (1957); e os projetos residenciais de 1976 de Ottokar Uhl e Jos Weber. Os princípios estruturalistas também podem ser aplicados ao urbanismo; entre os exemplos, um estudo de plano de grade urbana em Apeldoorn (De Boer, Mol, Parvin,

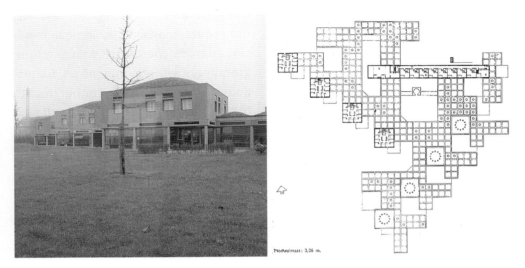

Fig. 2.18
Burgerweeshuis, em Amsterdã. Projeto de Aldo van Eyck (1960). De acordo com o arquiteto, conceitos como aberto/fechado, pequeno/grande, dentro/fora são completamente neutralizados pelo estilo rígido de edificação produzido pelo movimento modernista. As grandes paredes de vidro permitem continuidade do espaço, mas destroem o equilíbrio entre aberto e fechado e, assim, neutralizam o espaço. O projeto do Burgerweeshuis (um orfanato) tenta conciliar opostos como movimento/repouso e dentro/fora e criar lugares para as pessoas ficarem

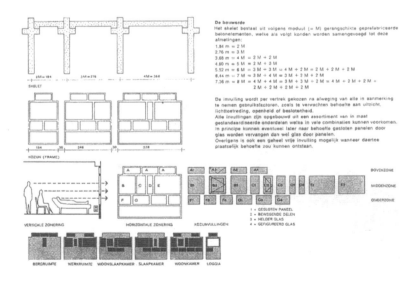

Fig. 2.19
De Drie Hoven, em Amsterdã. Projeto de Herman Hertzberger (1975). A aplicação coerente de elementos pré-fabricados de concreto dispostos em módulos permite uma grande variedade de interpretações, acomodando usos diferentes sem perder a coerência do todo. A escolha de uma estrutura de sustentação deveria simplificar reconstruções posteriores

Reijenga, 1968) e um esboço de projeto urbano para Nova York de Yona Friedman (1964).

O estruturalismo da arquitetura tem relação com o estruturalismo das ciências sociais, inspirado, em parte, pela obra do antropólogo social Lévi-Strauss. Assim como os sons e as regras da linguagem assumem significado numa estrutura, os elementos construtivos também fazem parte de uma estrutura maior. Na verdade, os indivíduos constroem estruturas dentro das quais tudo é possível. O mesmo princípio encontra-se no livro *De drager en de mensen* [Elementos de sustentação

Fig. 2.20
Ministério da Educação e das Ciências, em Zoetemeer. Projeto de Philip Rosdorff (1976-1985). O modo de disposição das salas foi determinado pelo desejo de criar unidades individualmente reconhecíveis para partes diferentes do órgão, com linhas de comunicação curtas entre funções que precisam de muito contato entre si. As plantas de construção basearam-se na metáfora da cidade e contêm um centro da cidade (ministros e secretários, funcionários públicos em cargo de chefia, grandes salas de reunião etc.), um centro comunitário de bairro (diretorias, pequenas salas de reunião etc.), centros comunitários locais (elevadores, banheiros, copas) e habitações (escritórios para o pessoal). A ideia original de uma forma de edificação voltada para dentro, com nove quadriláteros idênticos, foi abandonada a favor de blocos em forma de L para que todos tivessem vista para fora. As diferenças de cor e material reforçam a facilidade de reconhecimento dos componentes separados

e pessoas] (1961), de Nico Habraken. Nele, o autor adverte contra o desenvolvimento excessivo de habitações produzidas em massa com interesse apenas em tecnologia, organização e economia. Todos devem ser capazes de assumir a responsabilidade pelo seu próprio ambiente. Portanto, Habraken defendia a distinção entre unidades estruturais e unidades internas e entre as funções estruturais e de divisão do espaço. Os elementos estruturais deveriam ser projetados com habilidade para permitir uma variedade infinita de formas, das quais os moradores pudessem escolher as mais adequadas (ver também Bosma et al., 2000).

2.4.2 Edificações neutras em relação à função

Nas suas palestras, Carel Weeber, ex-professor de Projeto Arquitetônico na Universidade de Tecnologia de Delft, ressalta sempre que a análise funcional não define o projeto. A forma da edificação tem vários usos potenciais e deve ser capaz de acomodar atividades que mudam constantemente. Sempre há espaço para negociação entre o ajuste preciso e imutável típico de uma única atividade específica e o ajuste flexível que permita uma série de atividades diferentes. As atividades deveriam ser agrupadas de modo a criar equilíbrio entre o espaço específico para uma atividade única e o espaço que pode ser usado para todas as atividades concebíveis. A frequência cada vez maior com que os projetos

são preparados para usuários desconhecidos leva à redução rápida da procura de edificações a serem usadas de maneira única e específica. As formas neutras, menos diretamente ligadas a uma dada função, podem superar essa objeção. Na visão de Weeber, há procura por edificações neutras em relação à função. Essa opinião parece fechar o círculo. Antes, a eficiência funcional era rejeitada como justificativa primária para a forma da edificação. Depois, o avanço da especialização funcional levou ao desenvolvimento de tipos específicos de edificação. Agora que as funções mudam mais e com mais rapidez, cada vez é mais necessário projetar edificações que possam acomodar várias funções bem diferentes.

2.5 Contexto

Além da eficiência funcional e construtiva, o contexto também tem papel importante na escolha da forma, e em vários níveis. Muitos arquitetos se dispõem a fazer ajustes de tamanho, escala, ritmo, massa, uso de cor e materiais nas paredes etc. para combinar com as edificações circundantes e assegurar o grau de harmonia e continuidade muitas vezes exigido pelo comitê local de aprovação de projetos. Às vezes, faz-se uma escolha deliberada a favor do contraste, para aumentar a possibilidade de reconhecimento ou pela necessidade de marcar o rompimento com o passado. Entre os movimentos da arquitetura que enfatizam o vínculo entre o projeto e o contexto sociocultural, histórico e espacial, temos o tradicionalismo, o regionalismo crítico e o neorracionalismo.

Os arquitetos de orientação tradicional dão grande valor às tradições locais e à preservação de uma cultura de perfeição artesanal. Preferem disposições consagradas, segurança e calma, e rejeitam a pretensão e a artificialidade. As suas edificações adotam características herdadas do passado; eles avançam olhando para trás, por assim dizer (Barbieri et al., 1999). Na primeira metade do século XX, um conhecido representante holandês foi Grandpré Molière (1883--1972). Durante anos, foi professor da Faculdade de Arquitetura da Universidade de Tecnologia de Delft. Molière labutava sobre bases filosóficas e teológicas para obter uma unidade harmoniosa entre a inspiração espontânea do artista, a tradição e as leis da natureza, isto é, as verdades imortais dispostas pelo Criador. Entre as características da sua arquitetura e da *Escola de Delft*, estavam a forte preferência por telhados inclinados, a construção com tijolos, as formas geométricas simples e as janelas pequenas, criando um clima fechado e doméstico. As edificações rurais costumavam inspirar os projetos residenciais (Fig. 2.21). Isso não é dizer que a eficiência funcional e construtiva nada significasse para os tradicionalistas, mas as suas formas eram baseadas primariamente num vocabulário tradicional. Havia

Fig. 2.21 Vreewijk, em Roterdã. Projeto de Grandpré Molière et al. (1916). Exemplo de arquitetura tradicionalista, projetado para combinar com o ambiente imediato

pouco apreço pelo vocabulário visual abstrato dos funcionalistas.

O *regionalismo crítico* também tentou encontrar projetos que se adequassem à identidade e ao potencial do terreno, o *genius loci*, mas não se dispunha a recorrer à preferência nostálgica pela arquitetura tradicional (Lefaivre; Tzonis, 2003). A maior preocupação dos integrantes do movimento era oporem-se ao universalismo e à arquitetura inumana e tecnocrática (Speaks, 1996). A meta era produzir uma forma que ressaltasse tudo o que tornasse o terreno diferente de todos os outros. Os elementos da arquitetura local eram analisados e esquematizados e, depois, aplicados numa forma atualizada. Kelbaugh (1997) resumiu da seguinte maneira as principais características do movimento:

- Preferência por materiais e métodos de construção locais e uso da vegetação local ("senso de lugar") (Fig. 2.22).
- Concentração na edificação ecológica e sustentável ("senso de natureza").
- Análise, transformação e aplicação de princípios da forma derivados de tipos históricos, como a basílica, o campanário, o *pallazzo* e a galeria ("senso de história").
- Uso de conhecimentos e habilidades tradicionais locais ("senso de artesanato"). O movimento lamentava o desaparecimento de artesãos especializados cau-

Fig. 2.22
Projeto de Álvaro Siza em Schilderswijk, Haia. A obra do arquiteto português Álvaro Siza Vieira demonstra vários elementos de regionalismo crítico. Siza utiliza materiais locais, como tijolo e estuque, e princípios de acesso como o portal, típicos de Haia, tudo num estilo só seu

sado pelos métodos de produção cada vez mais industrializados, embora percebesse que, provavelmente, isso seria inevitável por razões econômicas.
- Formas e limites reconhecíveis ("senso de limite"). Enquanto os modernistas consideravam o espaço abstrato, neutro e contínuo, os regionalistas críticos visavam à escala humana e à demarcação psicológica.

Por sua ênfase no caráter individual, o regionalismo passou a ser associado a conservadorismo, chauvinismo, predileção pelo folclore e, às vezes, até com *Blut und Boden* [sangue e solo] (Jongert et al., 1995). No entanto, a característica marcante é a tentativa de aplicar elementos locais de maneira nova e diferente, sem associações sentimentais. Isso explica a adição posterior do adjetivo "crítico".

Os representantes do *neorracionalismo* italiano, alguns dos quais se uniram para formar o movimento *Tendenza*, dão muito valor a referências históricas e ao uso de elementos arquitetônicos históricos. Um exemplo é a biblioteca pública de Groningen, projetada por Giorgio Grassi (1992) (Fig. 2.23). Outra boa ilustração são as ideias de Aldo Rossi para o

Fig. 2.23
Biblioteca pública em Groningen. Projeto de Giorgio Grassi (1990--1992). Aqui a fachada com padrões de tijolos, composta de elementos padronizados e típica do trabalho de Grassi, é ajustada para se adequar às condições da área central degradada da cidade

Kop van Zuid, em Roterdã (Fig. 2.24). Rossi argumenta que, ao analisar as cidades no decorrer do tempo, podemos entender os elementos que sustentam ou obstruem os interesses da "vontade coletiva" (Rossi, 1982). No bairro Kop van Zuid, a estrutura original consistia de grandes portos separados por bairros urbanos isolados. As características principais do porto – atracadouros, ruas, armazéns e edificações industriais – determinavam a disposição desses bairros. As casas são uma combinação de tipos de habitação tradicionais holandeses: pequenas casas de tijolos, muitas vezes geminadas. Rossi verificou que, até hoje, a continuidade histórica e o uso de materiais duráveis dão a essas casas uma beleza especial que precisa ser readquirida nos novos planos.

2.5.1 Contexto econômico e sociocultural

Além do contexto histórico e espacial, a relação entre forma e função é muito influenciada por fatores econômicos e socioculturais. Rogers (1991) diz que "a forma segue o lucro" é o verdadeiro princípio estético do nosso tempo. Portanto, hoje o talento de projetar é mensurado pela capacidade

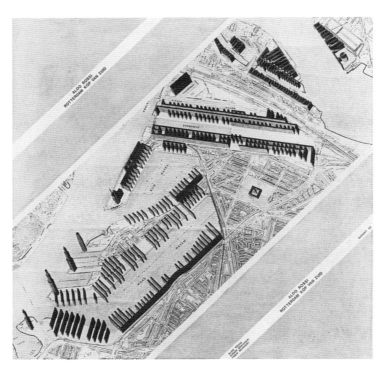

Fig. 2.24
Planta de Aldo Rossi para o Kop van Zuid, em Roterdã. Rossi baseia os seus projetos em análises morfológicas e pesquisa tipológica. Sente-se muito atraído pela arquitetura formal, que demonstra respeito por referências históricas

do arquiteto de construir a maior área construída possível pelo menor investimento possível, no tempo mais curto possível. A forte influência das políticas de investimento levou o famoso arquiteto holandês Rem Koolhaas a abrir, além do OMA, um segundo escritório chamado AMO. O objetivo principal é pensar acerca da interação entre arquitetura, política e empreendimentos culturais e econômicos. Além de fatores econômicos, muitos outros fatores contextuais afetam a forma final de uma edificação, como demonstrou Juriaan van Meel (2000). A sua atenção foi atraída pelo fato de que entidades com funções administrativas comparáveis abrigam-se em prédios de escritórios extremamente diferentes, mas o lema "a forma segue a função" levaria a esperar muito menos variação. Na sua tese de Ph.D., Van Meel buscou explicar as diferenças internacionais que ocorrem em volume, planta baixa e disposição de espaços de trabalho. Assim, estudou projetos de escritórios na Grã-Bretanha, Alemanha, Suécia, Itália e nos Países Baixos. As diferenças típicas são relativas ao contexto no qual ocorrem o projeto e a sua construção, tais como:

- O contexto do projeto urbano: a estrutura urbana e os princípios do planejamento.
- Condições de mercado: relações de mercado e valor dos aluguéis.
- Relações de trabalho, especificamente o papel dos funcionários na tomada de decisões.
- Cultura: normas e valores relativos a hierarquia, privacidade, espaço pessoal e interação.
- Legislação e normas que afetam as condições de trabalho.

Van Meel explicou o fato de nenhum desses países ter uma verdadeira tradição de construir prédios de escritórios com muitos andares fazendo referência às estruturas de projeto urbano predominantes e aos aluguéis muito mais baixos do que em cidades como Nova York e Hong Kong. Londres, Frankfurt e Roterdã são exceções. O papel metropolitano de Londres faz o aluguel comercial ser bastante alto. Frankfurt quer apresentar-se como centro financeiro de classe internacional. E é claro que, em Frankfurt, assim como em Roterdã, a estrutura urbana original foi destruída durante a Segunda Guerra Mundial, criando a oportunidade de romper com o passado. As plantas baixas da Grã--Bretanha são muito diferentes das da Europa continental. Na Grã-Bretanha, os escritórios costumam ser compridos, de planta aberta e alta densidade, com locais de trabalho que podem ficar a 14 ou 16 metros de uma parede externa. Nos outros países estudados, a maioria dos locais de trabalho situava-se junto a uma parede externa. Van Meel acreditava que isso pode ser atribuído a diferenças no equilíbrio de poder dentro das organizações e no mercado de escritórios. Na Europa continental, os funcionários têm bem mais poder do que na Grã-Bretanha, o que faz levar-se mais em conta o seu desejo de vista para o exterior e luz e ventilação naturais. Esses desejos também se refletem na legislação e nas normas locais. Além disso, os incorporadores e investidores, que, de acordo com Van Meel, estão por natureza mais interessados em eficiência e flexibilidade, dominam o mercado britânico. Os Países Baixos têm a Lei de Saúde e Segurança Ocupacional (Arbeidsomstandighedenwet, ou ARBO), que impõe regras para implantar uma política de segurança, saúde e bem-estar máximos no local de trabalho.

Em consequência da globalização em andamento, pode-se perguntar qual será a influência do contexto cultural ou histórico no futuro. De acordo com muitos sociólogos e arquitetos, a globalização levará à homogeneização. Um exemplo são as cadeias de lanchonetes com edificações e projetos de interiores muito similares no mundo inteiro. Em consequência da mobilidade crescente, o mundo está se caracterizando por experiências breves e rápidas, de modo que, cada vez mais, a percepção dos indivíduos é influenciada pelas informações dos meios de comunicação (Ibelings, 2002). O aeroporto é um bom modelo do tipo de existência, hoje, associado à globalização. Porém, ao mesmo tempo que se podem novamente observar estilos internacionais, as circunstâncias locais ainda afetam grandemente a busca da forma. Um exemplo é o projeto das Torres Petronas, em Kuala Lumpur (Fig. 2.25), que atende à cultura islâmica dominante na Malásia

Fig. 2.25 Torres Petronas, em Kuala Lumpur, na Malásia. Projeto de Cesar Pelli (1998). As torres foram na época a edificação mais alta do mundo, com uma altura de 452 m. Trata-se de um símbolo da modernização da Malásia e do seu perfil ascendente no cenário internacional. Elas rompem com a ortodoxia modernista por serem simetricamente dispostas no terreno, com desenho figurativo. O projeto das torres atende a características formais da cultura islâmica dominante. Ao estudar a arquitetura islâmica, Pelli descobriu que a geometria repetitiva é fundamental para entender as edificações dos países predominantemente muçulmanos. As torres representam um marco e um portal para uma evolução nova e importante
Fonte: cortesia de Jeff Goldberg/Esto.

2 Função e forma   49

(Pearson Clifford, 1999). Outro exemplo extraordinário é o Marco Zero, em Nova York (Fig. 2.26). O modo como Libeskind incluiu referências a morte e vida no projeto de substituto das torres gêmeas do World Trade Center foi uma das razões para ganhar o concurso de projetos para esse local muito específico (Boxe 2.1).

Boxe 2.1 Memorial do Marco Zero

Na competição de projetos para o monumento no local do World Trade Center, a Memory Foundation projetada pelo estúdio Daniel Libeskind foi a escolhida para o Marco Zero. A meta era elaborar um projeto para um monumento único que recordasse e homenageasse todas as vidas perdidas em 11 de setembro de 2001. Portanto, o projeto de Libeskind é cheio de simbo-

Fig. 2.26 (a e b) Destruição do World Trade Center, em Nova York. (c) A Wedge of Light, o Marco Zero, a Memory Foundation
Fonte: cortesia de <www.arcadata.com>; <www.earthcam.com>; <www.daniellibeskind.com>.

lismo. Ele viu a grande parede de cimento como o elemento mais dramático a sobreviver ao ataque. O projeto da Memory Foundation deixa expostas partes da parede como símbolo da força e da resistência da democracia americana, e reserva um ambiente majestoso para o monumento e o museu na área conhecida como "banheira". O terreno do monumento fica 9 m afundado e é um espaço tranquilo, meditativo e espiritual. Esse local representa a história da tragédia, mas também revela as dimensões da vida. O museu do evento, como memória e esperança, é o epicentro do Marco Zero. Para recordar o 11 de Setembro, Libeskind criou a Wedge of Light – a cunha da luz. É um grande local público no nível do solo onde o sol brilhará sem sombras, em tributo perpétuo ao altruísmo e à coragem exibidas naquele dia entre as 8h46min, quando o primeiro avião bateu, e as 10h28min, quando a segunda torre desmoronou. O júri dos projetos gostou da manutenção da linha do horizonte. A Torre da Antena chega a 541 m de altura, ou 1.776 pés, número que é uma homenagem ao ano da Declaração de Independência dos Estados Unidos. O último andar da torre abriga jardins, porque "os jardins são uma afirmação constante de vida". Com essa torre, o projeto assinala o renascimento da parte baixa de Manhattan e do seu horizonte simbólico e homenageia os que se foram, ao mesmo tempo que afirma a vitória da vida.

2.6 Autonomia da forma

É claro que a forma de uma edificação não é determinada apenas pela eficiência funcional e construtiva e pelo contexto em que ocorrem o projeto e a construção, mas também pelo esforço de obter beleza e significado cultural. Isso significa que, em certo sentido, a forma é autônoma. De acordo com Cees Dam, arquiteto e ex-decano da Faculdade de Arquitetura da Universidade de Tecnologia de Delft, esse fato é pouquíssimo reconhecido. Dogmas, leis e normas aprisionam o arquiteto de hoje. A proporção entre área bruta e área líquida, a regra de 30% de vidraças, a inclinação recomendada do telhado, o gerenciamento do processo de construção e as necessidades do usuário limitam o alcance e as oportunidades do profissional. "O arquiteto vive num clima de medo produzido por exigências constantes de eficiência e economia" (Dam apud Leupen et al., 1990). Todos se dispõem prontamente a pressupor que, em essência, tudo o que não é quantificável é desnecessário. Dam defende uma relação mais íntima entre arquitetura e arte. Isso significa que todos terão de aprender a olhar, tanto no sentido técnico quanto profissional (aprender a reconhecer e medir proporções dimensionais, ritmo, estrutura, materiais, luz e

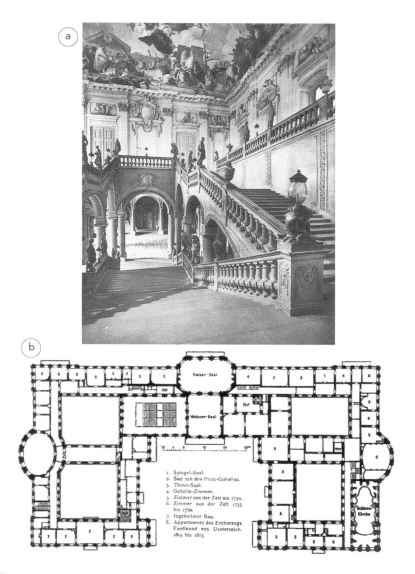

Fig. 2.27
A Residenz, em Würzburg. (a e b) A localização e as dimensões da escadaria só derivavam em parte de considerações funcionais; elas eram determinadas principalmente pelo desejo de transmitir significado. Era na escada que se declarava publicamente o *status* do príncipe e de outros. A etiqueta da época determinava exatamente até onde o anfitrião deveria ir para receber os hóspedes: até o pé da escada, até o meio dela ou se devia ficar no alto

cor) e cultural (acumular uma reserva mental de imagens, associações e interpretações). Assim, a busca da forma também deveria ser orientada por princípios como "a forma segue a estética" e "a forma segue o significado". O simbolismo é uma combinação de percepção e cognição. As percepções, as expectativas e as interpretações das pessoas são influenciadas por suas experiências estéticas anteriores, seu conhecimento e sua compreensão do ambiente construído, como se sentem no momento atual e pelo vínculo entre valor de utilidade e valor cultural e histórico (Hill, 1999; Jencks, 1985). Nos séculos anteriores, vários estilos e pontos de vista arquitetônicos foram examinados, mostrando ligações diferentes entre forma e questões culturais.

2.6.1 Classicismo e neoestilos

A ênfase na beleza, no valor vivencial e na criação de significado volta constantemente durante a história da arquitetura: por exemplo, a arquitetura grega e romana, a românica, a gótica, a do Renascimento, o classicismo e diversos neoestilos até os dias atuais (Smith, 1956; Pevsner, 1960; Van Heuvel; Verbrugge, 1996; Barrie, 1996). Embora o valor de utilidade e a tecnologia tenham sempre algum papel no projeto, a ênfase maior é na composição. Edificar, acima de tudo, é uma arte. Simetria, razões dimensionais (por exemplo, a aplicação da proporção áurea) e decoração são usadas para provocar a sensação de beleza. Os princípios da forma são explicados em manuais do "bom" projeto. A forma, mais especialmente no setor público, como em igrejas, teatros, museus, prefeituras e outras edificações do governo, também costuma exprimir algum significado subjacente ou, em outras palavras, tem uma funcionalidade secundária ou função simbólica. Portanto, as igrejas sempre foram caracterizadas pela verticalidade. As ogivas, os tetos altos e os arcobotantes das igrejas góticas fazem as paredes parecer mais leves e altas; o projeto sustenta a função de meditar em Deus e elevar a alma humana. Era comum que as igrejas e catedrais medievais tivessem a planta baixa em forma de cruz latina, numa referência à Paixão de Cristo. Nos séculos XV e XVI, as igrejas renascentistas costumavam escolher uma estrutura centralizada baseada em quadrados e círculos ou figuras poligonais deles derivadas. Essas figuras geométricas eram consideradas "puras" e, portanto, "adequadas" à função de uma igreja, e exprimiam a tentativa de obter valor duradouro. No entanto, havia muita discussão sobre a localização apropriada do altar. Alguns defendiam uma posição contra a parede externa, simbolizando a distância entre Deus e homem. Outros argumentavam que devia ficar no centro, porque o centro é único e absoluto. Isso não é dizer que a forma fosse determinada exclusivamente pelo desejo de transmitir esse tipo de significado. Por exemplo, as dimensões dessas igrejas eram, em parte, determinadas pela capacidade desejada, que é um aspecto da funcionalidade primária.

Também se pode ver o esforço de obter beleza e transmitir significado nos castelos do período barroco (final do século XVI e século XVII). A arquitetura do barroco caracterizava-

-se pelo excesso de efeitos espaciais e experiências sensoriais (Fig. 2.27). Ornamentos, esculturas, pinturas e edificação se combinavam para formar um todo único. Por outro lado, a disposição dos cômodos era determinada primariamente por costumes cerimoniais, por quem tinha permissão de ir aonde (Macel, 1981). Assim, por exemplo, a escadaria da Residenz, em Würzburg, não deve ser vista apenas como solução arquitetônica, como tratamento específico do espaço. Essa escadaria pode ser reconhecida no formato externo da edificação e ocupa mais espaço que o salão de audiências. Isso era consequência menos da função da escadaria como ligação entre andares diferentes e mais da sua função numa cerimônia realizada regularmente. Era na escadaria que ficavam os funcionários para aguardar a chegada do príncipe e receber convidados.

O século XIX entregou-se à elaboração em grande escala do vocabulário clássico da forma. Isso levou a todos os tipos de neoestilo, muitos dos quais ainda se veem hoje. Um exemplo contemporâneo é o "classicismo industrial" do arquiteto espanhol Ricardo Bofill (Fig. 2.28). Um partidário famoso das formas clássicas é o príncipe Charles, cujo livro A vision of Britain: a personal view of architecture [Uma visão da Grã-Bretanha: opinião pessoal sobre a arquitetura] opõe-se acirradamente ao que ele considera disciplina excessiva e rejeição da história. Por outro lado, muitos arquitetos relutam em aceitar todo retorno às formas clássicas. Em parte, essa relutância é ideológica, por acreditarem que tal retorno significaria a redução da arquitetura a cópia de exemplos históricos, e, em parte, baseia-se em considerações funcionais. Já se copiaram templos para acomodar parlamentos! Henri Labrouste (1801-1875) foi um

Fig. 2.28
Le Theatre, Paris. Projeto de Ricardo Bofill (1980). Nas décadas de 1970 e 1980, Bofill e o seu escritório Taller de Arquitectura, sediado em Barcelona, projetaram vários grandes conjuntos habitacionais em Paris e nas redondezas, caracterizados por pilastras e arcadas clássicas. Os elementos de concreto usados nas fachadas incorporavam aditivos coloridos. Na verdade, a disposição das residências se subordinava à decoração histórica

crítico precoce. Originalmente ele era favorável ao estudo das edificações romanas, mas depois criou uma escola particular de arquitetura, na qual se permitia guiar principalmente por considerações funcionais e construtivas (Mees, 1984).

2.6.2 Expressionismo

A característica principal da arquitetura expressionista é o uso de um projeto atraente para contribuir com a criação de uma comunidade ideal na qual todos se sintam à vontade. A arquitetura é considerada, primariamente, um problema social e moral ao qual o projetista deve dar forma individual (Barbieri et al., 1999). A edificação deve ter algo pessoal a contar aos usuários e, assim, transmitir significado ao bairro e à cidade. Nenhuma regra estrita era seguida pelo projeto propriamente dito. Os arquitetos expressionistas usavam tanto formas orgânicas quanto sistemas proporcionais geométricos. O artista não precisa justificar-se histórica nem cientificamente. O que importa é o poder de convicção do projeto e o seu envolvimento na sociedade. Um exemplo óbvio é o projeto expressionista de Mendelssohn para o Observatório de Potsdam (1917-1921). Um exemplo holandês bem conhecido da década de 1920 é a arquitetura expressionista de tijolos da Escola de Amsterdã, com Van der Mey, De Klerk e Kramer como os arquitetos mais importantes (Fig. 2.29). Eles enfatizavam a realiza-

Fig. 2.29
Residência em Spaarndammerbuurt, Amsterdã. Projeto de Michel de Klerk (1914). A arquitetura da Escola de Amsterdã caracterizava-se pelo projeto expressivo, com muita atenção a elementos como cor, materiais, ritmo e detalhamento

ção artística individual e a integração de ofícios sob a hegemonia da arquitetura e recorreram à iconografia simbólica do *fin de siècle* (Van Dijk, 1999). Uma variante moderna é a arquitetura orgânica, baseada numa visão antroposófica da vida.

2.6.3 Arquitetura orgânica

O termo arquitetura orgânica envolve uma grande variedade de abordagens e expressões arquitetônicas que se desenvolveram em locais diferentes no início do século XX. É uma reinterpretação dos princípios da natureza, implementados na relação entre forma e função e entre força e construção. Muitas vezes isso levou a formas livres e expressivas, não para imitar a natureza, mas para sustentar pessoas como seres vivos e criativos. Por exemplo, a arquitetura orgânica de Frank Lloyd Wright assume um novo significado. Ele afirma que a arquitetura orgânica é uma reinterpretação dos princípios da natureza, filtrados pela mente intelectual de homens e mulheres que, então, podem construir formas mais naturais que a própria natureza. Dentro do movimento orgânico, a arquitetura não é considerada apenas uma expressão da cultura e da sociedade, mas também como algo que influencia interna e externamente a vida dos indivíduos. Os seres humanos são vistos como entidades físicas, psicológicas e espirituais ligadas ao ambiente em todos esses níveis. Como reação à arquitetura dominada, em grande medida, pela economia, por possibilidades técnicas e por normas, a arquitetura orgânica busca uma abordagem integral, que inclui aspectos ecológicos, significado cultural e espiritualidade. Enquanto o foco moderno na economia progressista costuma levar ao retrocesso ecológico, a arquitetura orgânica busca melhorar essa situação com novas tecnologias e "arquitetura verde" (Jencks, 2002). Ela enfatiza o respeito pelas propriedades dos materiais, a relação harmoniosa entre forma e função da edificação e a relação entre o homem e a natureza (Fig. 2.30). Pioneiros como Frank Lloyd Wright nos EUA, Antonio Gaudí na Espanha e Rudolf Steiner na Alemanha interpretaram a arqui-

tetura orgânica de forma diferente. Wright concentrava-se na relação entre as edificações e o ambiente, na continuidade entre espaço interno e externo, na coerência entre as partes da edificação e o todo, e no respeito pelos materiais de construção. Gaudí trabalhava com projetos plásticos que davam vida à volumetria da edificação. A construção de acordo com os princípios da natureza era um aspecto importantíssimo dos seus projetos. O espaço do altar na cripta da catedral da Sagrada Família parece uma caverna. Todos os pilares são diferentes, como as árvores na natureza. A escadaria do Parc Guell foi projetada em torno de um velho pinheiro, porque construir uma escada é um serviço rápido, mas o crescimento de uma árvore leva muito tempo, como Gaudí explicou. Fundador da antroposofia, Rudolf Steiner enfatizava a importância da educação e do crescimento espiritual. Em 1913, projetou o Goetheanum, o primeiro centro de reuniões do seu movimento em Basel, na Suíça. A planta baixa lembra o útero materno.

A arquitetura orgânica pareceu expirar depois de uns vinte anos, mas nas décadas de 1950 e 1960 teve um renascimento inesperado. É notável que alguns pioneiros do movimento modernista produziram esse renascimento, transformando o seu caráter geométrico inicialmente rígido num sentido orgânico e vivo. Um exemplo é Notre-Dame-du-Haut, em Ronchamp,

Fig. 2.30 Falling Water, em Bear Run, na Pensilvânia, EUA. Projeto de Frank Lloyd Wright (1935-1939). (a e b) A edificação consegue posicionar o homem em relação com a natureza. Wright pôs os ocupantes numa relação íntima com o vale, as árvores, a folhagem e as flores selvagens. O esplendor das entorno natural é acentuado, trazido para dentro e transformado em componente da vida cotidiana. Os elementos verticais da casa são construídos com pedra nativa. Os elementos horizontais são de concreto moldado.
Fonte: cortesia de Paul Rocheleau, Museu de Arte Moderna, Nova York

virada interessante nos projetos de Le Corbusier. Na obra de Alvar Aalto e Hans Scharoun, ocorreu um desenvolvimento mais gradual. Essa arquitetura orgânica moderna usava tradições locais de edificação, técnicas novas e novos impulsos criativos. Originou-se no mundo inteiro uma nova diversidade de abordagens e formas de expressão. Calatrava, muito influenciado por Gaudí, também se inspira em construções naturais. Representantes holandeses conhecidos são Alberts e van Huut, que projetaram o prédio de escritórios da Gasunie, em Groningen, e muitas outras edificações "orgânicas" (Fig. 2.31). Também há metáforas orgânicas na Sydney Opera House, de Jørn Utzon (Fig. 2.32) e no Museu de Arte Contemporânea de Niterói, de Oscar Niemeyer (Fig. 2.33).

2.6.4 O movimento modernista

As décadas de 1920 e 1930 viram o começo de um novo movimento no campo da arte e da cultura que também chegou à arquitetura. Nesse movimento modernista (em holandês: "Het Nieuwe Bouwen", literalmente Nova Edificação, ou "Nieuwe Zakelijkheid", Nova Objetividade) desenvolveu-se um novo vocabulário da forma, influenciado pelo cubismo e pelas ideias de Le Corbusier expressas na revista L'Esprit Nouveau. Nos Países Baixos, vários arquitetos, como Thea van Doesburg (1883-1931), Gerrit Rietveld (1888-1964) e J. J. P. Oud (1890-1963), uniram-se para

Fig. 2.31
Prédio-sede da Gasunie, em Groningen. Projeto de Ton Alberts e Max van Huut. Exemplo de arquitetura (neo)orgânica que incorpora formas espaciais livres e expressivas. O projeto foi muito influenciado pelo desejo de obter um efeito visual e espacial específico. Por exemplo, o ritmo das janelas é completamente independente dos cômodos internos específicos. O espaço dos escritórios atrás das janelas é padronizado

criar o De Stijl. De acordo com Thea van Doesburg, as necessidades óptico-estéticas do homem são mais bem satisfeitas pela paisagem angular da cidade do que pelas formas irregulares da natureza (Mattie; Derwig, 1995). A fachada padronizada e as cores primárias do Café de Unie, em Roterdã, réplica de um projeto de Oud, fazem referência aos quadros de Piet Mon-

Fig. 2.32
Sydney Opera House, em Sydney. Projeto de Jørn Utzon (1973). Essa extraordinária edificação deixou Sydney firmemente plantada no mapa mundial. O formato lembra velas enfunadas, referência à localização à beira-mar. Outras associações são gaivotas, barbatanas de tubarão e conchas brancas. Utzon gosta de usar metáforas orgânicas no seu trabalho. O enorme custo excedente provocou a demissão prematura do arquiteto

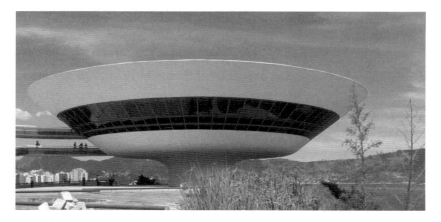

Fig. 2.33
Museu de Arte Contemporânea de Niterói, projeto de Oscar Niemeyer (1991-1996). O próprio Niemeyer descreve assim o projeto: "O terreno era estreito, cercado pelo mar e a solução aconteceu naturalmente, tendo como ponto de partida o apoio central inevitável. Dele, a arquitetura ocorreu espontânea como uma flor. A vista para o mar era belíssima e cabia aproveitá-la. E suspendi o edifício e sob ele o panorama se estendeu mais rico ainda. Defini então o perfil do museu. Uma linha que nasce do chão e sem interrupção cresce e se desdobra, sensual, até a cobertura" (Niemeyer, 1997)

drian (1872-1944). Um dos pontos altos da arquitetura do De Stijl foi a casa Rietveld-Schröder, em Utrecht, projetada por Gerrit Rietveld (Fig. 2.34). O

Fig. 2.34
Casa Rietveld-Schröder, em Utrecht. Projeto de Gerrit Rietveld (1924). A superfície da fachada tem acabamento em branco, gelo e quatro tons de cinza. Os pilares e a moldura das janelas são pintados de vermelho, amarelo, azul e preto

espaço interno dessa casa não é fechado por paredes com aberturas para janelas, mas por superfícies verticais e horizontais separadas por divisórias de vidro. As considerações funcionais também tiveram o seu papel no projeto. O uso de portas de correr permitiu que a casa fosse usada de diversas maneiras. A ausência de molduras nas janelas dos cantos do primeiro andar assegurou a transição suave entre espaço interno e externo. Mais tarde, o arquiteto Oud se distanciou dos princípios muito dogmáticos do De Stijl (Fig. 2.35).

Embora muitos projetistas do movimento modernista tenham uma postura mental altamente funcional, não há dúvida de que também se orientam por considerações estéticas. No livro The International Style [O estilo internacional] (1932), Henry-Russell Hitchcock e Philip Johnson demonstram claramente que há um estilo em comum. O espaço é considerado um volume limitado por superfícies, não uma massa oca. Entre os princípios importantes da disposição estão a regularidade modular e a simetria não axial. Rejeita-se a ornamentação aleatória. Superfícies brancas e formas geométricas ficam muito em evidência. No entanto, os autores voltam ao assunto no prefácio da reedição do livro, que descrevem mais como uma série de estilos diferentes e quase pessoais. Por exemplo, como reação às construções leves do estilo internacional, com a superfície limpa e lisa das suas paredes, os representantes do chamado brutalismo, como Peter e Alison Smithson e Goldfinger, projetaram construções monolíticas de concreto, com grande massa. Foi uma tentativa de redefinir a arquitetura moderna com aparência e aura frias e amargas. O uso de concreto aparente era considerado um modo rápido e fácil de construir edificações duráveis. Isso mostra que o esforço de obter

Fig. 2.35
Antiga sede da Shell, em Haia. Projeto de J. J. Oud (1942). Esse projeto caracterizava-se pela combinação de simetria estrita com ornamentação em pedra e maiólica colorida. Antes, Oud tinha uma opinião muito negativa sobre a aplicação de ornamentos. Por exemplo, em 1921 ele escreveu: "A ornamentação é a cura universal da impotência arquitetônica". Não surpreende que o seu projeto para a sede da Shell tenha sido muito criticado pelos envolvidos na edificação modernista. A troca de camisa foi considerada traição da *Het Nieuwe Bouwen* [Nova Edificação]

eficiência funcional pode ser coerente com projetos muito diferentes. De acordo com Summerson (1957), a objetividade buscada pela teoria funcionalista conflita com a subjetividade da expressão pessoal obtida pelas edificações realizadas na prática.

Um exemplo de arquiteto que, sem dúvida, projetava funcionalmente mas rejeitava o funcionalismo na sua forma mais estrita (a função determina a forma) é Le Corbusier. Ele defendia que, na verdade, o projeto do interior era determinado principalmente por considerações funcionais, mas que a forma externa deveria ter alguma característica representativa e, portanto, tinha de ser primariamente determinada por considerações estéticas. Nesse contexto, Mees (1984) fala de funcionalismo introvertido como contrapartida do funcionalismo extrovertido de arquitetos como Hugo Häring (1984), que acreditava que a forma externa também deveria exprimir a essência das funções ou, pelo menos, das funções principais. No livro *Vers une architecture* [Por uma arquitetura] (1923), Le Corbusier escreveu que a essência da arquitetura é o poder da forma de despertar emoções especiais. A utilidade e a construção inteligente são requisitos básicos da boa arquitetura, mas uma edificação só se torna arquitetura quando a dimensão estética transcende ambas.

Em parte como reação aos modernistas, a pesquisa morfológica italiana do início da década de 1980 levou à renovação do interesse na autonomia da forma. Até o conceito de tipologia ressurgiu. Um representante famoso da abordagem morfológica ou tipológica foi Aldo Rossi (1931-1999). Esse arquiteto e teórico italiano dava pouco valor a análises estatísticas e previsões populacionais. Questionava a ideia de que a forma tem de seguir a função e buscava uma arquitetura da forma que não fazia referência ao possível uso. No seu modo de ver, em princípio os projetos deveriam permitir todo tipo de uso, mas caberia ao usuário tornar real o possível.

2.6.5 Pós-modernismo

Um movimento recente que deu muita atenção à função da forma foi o pós-modernismo. O nome derivava da teoria literária e foi aplicado pela primeira vez ao campo da arquitetura por Charles Jencks (1977), em meados da década de 1970. Muitos pós-modernistas se opunham ao projeto disciplinado dos modernos arranha-céus do pós-guerra. A crítica voltava-se contra a monotonia, o empobrecimento semântico e a ênfase unilateral em princípios econômicos e funcionalistas. A funcionalidade não era considerada a base da forma. A arquitetura precisa transmitir significado simbólico. A irregularidade é mais importante que a simetria. O arquiteto italiano Manfredo Tafuri chegou a descrever o modernismo das décadas de 1920 e 1930 como inimigo da alegria, dizendo que deveria ser substituído pela arquitetura do prazer ("a forma segue a diversão"). A arquitetura deveria voltar a despertar a imaginação, como escreveram Robert Venturi e Denise Scott Brown no livro *Learning from Las Vegas* [Aprendendo com Las Vegas] (1972). Peter e Tony Mackertich (2001) mostram opinião semelhante na sua reavaliação fotográfica da diversão na arquitetura.

O pós-modernismo exprimiu-se numa miríade de estilos diferentes com detalhamento suntuoso, e remete mais uma vez às formas clássicas. Jencks descreveu tudo isso como ecletismo radical, uma nova forma de classicismo que visava unir o velho e o novo. Um dos exemplos foi o prédio da AT&T em Nova York, de Philip Johnson e John Burgee (projetado em 1976), um arranha-céu moderno cujo telhado se refere ao frontão triangular da Antiguidade. Outros exemplos são o Edifício Portland, de Michael Graves (1980); o Circus de Sjoerd Soeters, em Zandvoort (1986-1991); e De Resident, em Haia (Fig. 2.36), projeto de Sjoerd Soeters e Michael Graves que combina residências, lojas e escritórios, com projeto urbano de Rob Krier. Aqui a forma é bastante autônoma. A primeira coisa a ser desenvolvida foi a forma geral da edificação. Só depois as funções foram encaixadas para satisfazer às exigências do mercado. A ênfase no significado simbólico também se encontra no trabalho de Daniel Libeskind (Fig. 2.37).

Fig. 2.36
De Resident, em Haia. Projeto de Michael Graves e Sjoerd Soeters. Uma característica fácil de reconhecer no projeto de Michael Graves é a metáfora da casa holandesa, com as duas elevações estreitas e o telhado alto com empenas. Até agora o espaço sob esses telhados permanece vazio, o que significa que a sua única função é contribuir para a forma

Fig. 2.37
Museu Judaico, em Berlim. Projeto de Daniel Libeskind. Esse projeto tenta exprimir o clima opressivo do holocausto. Praticamente não há programa de necessidades que se possa exprimir em termos de metros quadrados e relações espaciais. A principal meta é transmitir significado. Uma Estrela de Davi quebrada, a ausência de portas, corredores que não levam a lugar nenhum e o teto preto provocam associações com abrigos contra bombas nucleares e com o deslocamento total de uma cultura. Em 1999, na época da inauguração, ainda não havia nenhuma coleção para expor; porém, mesmo assim, a edificação atraiu 140.000 visitantes só no primeiro ano

2.6.6 Desconstrutivismo

Alguns pós-modernistas não conseguiram se sentir à vontade com o ecletismo e foram em busca de um arcabouço teórico para os seus projetos. Arquitetos como Peter Eisenman e Frank Gehry encontraram o seu caminho nas obras filosóficas de Lévi-Strauss, Foucault e Derrida. Os arquitetos que recorrem a esses filósofos específicos costumam ser chamados de desconstrutivistas (Johnson; Wigley, 1988; Wigley, 1993). De acordo com Bolle (1989), o desconstrutivismo apoia-se em dois suportes: um, a história da arte, que remete ao construtivismo russo, e outro filosófico, baseado principalmente no pensamento de Jacques Derrida. Uma característica típica do desconstrutivismo é a criação de espaço pela ausência. Os fragmentos são aceitos como autônomos. "Tschumi substitui um modelo baseado em unidades e totalidade por outro baseado em dispersão e esquizofrenia", escreveu Bolle. Ao mesmo tempo, Tschumi classifica os eventos no espaço como tão importantes quanto o próprio espaço. Como tal, a forma não acompanha a função e a função não acompanha a forma, mas função e forma interagem (Noever; Himmelblau, 1991). A maior parte da arquitetura desconstrutivista caracteriza-se por formas peculiares (Fig. 2.38). Todavia, de acordo com Peter Eisenman, o desconstrutivismo tem de ser avaliado primariamente pela base ideológica, e não pelo estilo. Ghirardo (1996), por outro lado, afirmava que a ideologia subjacente não era clara. De acordo com ele, as obras de Peter Eisenman, Frank Gehry e Rem Koolhaas nunca levaram a algu-

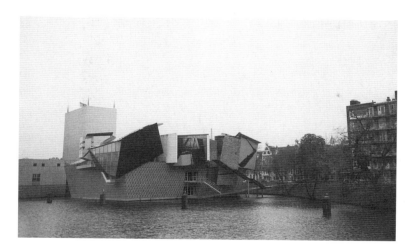

Fig. 2.38
Museu Groningen. Projeto de Alessandro Mendini, Philippe Stark, Coop Himmelblau e Michelle de Luchi (1994). O pavilhão projetado por Coop Himmelblau é uma peça típica do desconstrutivismo. O telhado, com as suas placas de aço dispostas ao acaso, simboliza o rompimento com sistemas petrificados

ma nova teoria da arquitetura nem a novas ideias sobre o papel do arquiteto. O próprio Koolhaas mostra-se cético a respeito do desconstrutivismo. No seu modo de ver, o desconstrutivismo é, na verdade, só decoração. Ele acha "francamente trivial" a analogia entre o projeto irregular e um mundo fragmentado no qual os valores não estão mais firmemente enraizados. Hoje em dia, significados simbólicos ou ideias filosóficas são menos utilizados para guiar a busca da forma. Embora o simbolismo fosse fundamental para o pós-modernismo e o desconstrutivismo – sendo a arquitetura pós-modernista um veículo para mensagens simbólicas e a desconstrutivista, uma metáfora para conceitos não arquitetônicos –, a arquitetura recente reflete o declínio do interesse em conter uma carga simbólica ou em transmitir uma ideia filosófica ou científica, às vezes só parcialmente entendida. A arquitetura, primariamente, é percebida de novo como arte, sendo a forma o seu resultado (lbelings, 2002). A busca da forma pura também foi um dos motores por trás da pirâmide do Louvre (Fig. 2.39).

2.6.7 Blobismo

As edificações em forma de bolha que cada vez mais vêm aparecendo representam um novo movimento na arquitetura, que ainda não está bem definido. As ideias básicas vêm das teorias da complexidade de Jacobs, Venturi, Ungers e muitos outros e do movimen-

Fig. 2.39
Pirâmide do Louvre, em Paris. Projeto de Ieoh Ming Pei (1989). A proposta de I. M. Pei era criar a desejada extensão do Louvre abaixo do Cour Napoléon. A decisão de criar uma entrada monumental em forma de pirâmide de vidro nasceu da necessidade de criar uma forma arquitetônica pura. A decisão de usar vidro inspirou-se no desejo de oferecer muita luz natural e de preservar a vista do Louvre histórico. A pirâmide é uma construção leve e foi um dos Grands Projects do ex-presidente Mitterand

2 Função e forma

to pós-moderno na ciência. Mas, acima de tudo, elas são guiadas pelo projeto e produção em computador (Jencks, 2002). Como um dos protagonistas desse movimento, Peter Eisenman previu uma arquitetura eletrônica ou digital. Em termos filosóficos, a arquitetura do blobismo vincula-se à teoria do *Le Pli* (Deleuze, 1993), que trata das dobras e é tão física quanto metafísica – o modo como a mente se une ao corpo numa continuidade ininterrupta (Jencks, 2002). Os arquitetos quiseram entortar chão, parede e teto numa superfície contínua e ininterrupta. Os projetos com auxílio de computador (CAD) já estavam disponíveis na década de 1980, mas só na década de 1990 esses programas se tornaram uma ferramenta para criar arquitetura radical. Em Barcelona, o pavilhão em forma de peixe de Frank Gehry foi a primeira edificação realmente gerada em computador a ser construída. Eisenman também desenvolveu edificações que foram criação conjunta do arquiteto e do programa de computador. O museu Guggenheim de Bilbao (Fig. 2.40) foi a evolução do novo movimento que a revista *Any* (1995) chamou de *blobitecture*. Hoje, com programas de computador, é possível manipular grades (*grids*) e vetores para criar formas mais flexíveis, amorfas, adaptáveis, fluidas, incompletas, não ideais e maleáveis do que nunca. A blobitetura nos aproxima

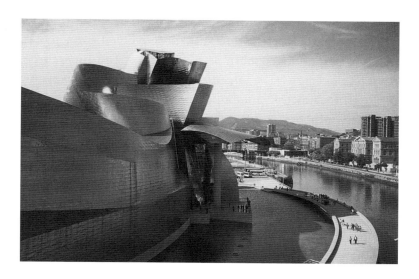

Fig. 2.40
Museu Guggenheim, em Bilbao. Projeto de Frank Gehry (1993). Bilbao vem passando por um processo de transformação, e de cidade portuária industrial, transforma-se em centro de comércio e cultura. O museu pretendia, em parte, pôr Bilbao no mapa-múndi. O projeto resultou da busca intuitiva de uma forma atraente. Dezenas de maquetes foram feitas durante a busca da forma certa. Depois a forma foi digitalizada em três dimensões e aberta no CATIA, um programa avançado de computador que permitiu a fabricação das placas de revestimento de titânio no tamanho exato

mais das formas orgânicas. Vitrúvio e os gregos chamavam o corpo de "medida de todas as coisas" e o transformaram em padrão da arquitetura. Com a blobitetura, isso vem se tornando uma ideia mais realista. De acordo com Charles Jencks, o *blob* [bolha] é uma esfera complexa, e o nosso corpo é um *blob* evoluído (Jencks, 2002). O blobismo é a arquitetura da arte, que quer aprimorar a vivência da arquitetura e obter uma sensação de êxtase. De acordo com Paul Virilio, isso não significa que as questões da função e da necessidade desapareçam, mas que essas questões são obrigações arquitetônicas básicas que têm de ser resolvidas de forma normativa (Jencks, 1999).

Até 20 anos atrás, era impossível construir edificações desse tipo, consideradas fantasias. Porém, embora o ciberespaço ainda seja um mundo irreal, novos progressos vêm ocorrendo na arquitetura. O blobismo indica uma arquitetura dinâmica, embora as edificações permaneçam estáticas. O ciberespaço é um mundo artificial não submetido às leis costumeiras da física. No ciberambiente, a arquitetura pode ser completamente "líquida": como explica Marcus Novak, "é uma arquitetura que não se satisfaz com apenas espaço, forma, luz e todos os aspectos do mundo real. É uma arquitetura de relações flutuantes entre elementos abstratos" (Jencks, 1999).

Entre muitos outros, os representantes que trabalham com formas e teorias inovadoras sobre as relações entre arquitetura, corpos e ciberespaço são Peter Eisenman (Fig. 2.41), Greg Lynn, Jeff Kipnis, Zaha Hadid, Enric Miralles, Coop Himmelblau e, nos Países Baixos, Kas Oosterhuis, Lars Spuybroek e Ben van Berkel. Nos Países Baixos, o primeiro *blob* verdadeiramente interativo é o Pavilhão Água Doce de Neeltje Jans, na Holanda, projetado por Lars Spuybroek (Fig. 2.42). De acordo com o site da NOX, a arquitetura do pavilhão foi desenvolvida ao mesmo tempo que um interior extremamente inovador que envolvia por completo todos os sentidos na experiência do visitante. Nesse pavilhão, é possível interagir com luz, som, o gelo de uma parede, o borrifo da névoa etc. Kas Oosterhuis, arquiteto holandês e professor da Faculdade de Arquitetura de Delft, desenvolveu uma teoria sobre os hipercorpos. Um hipercorpo é um corpo edificado programável que muda de forma e conteúdo em tempo real, com mudanças de uso e de circunstâncias. Assim, a arquitetura se tornaria dinâmica. Um dos resultados da busca de Oosterhuis por esse tipo de arquitetura "líquida" é a E-Motive Architecture – a arquitetura e-motiva, a arte de construir espaços de transação. A expressão refere-se:

- à *eletrônica*: o ambiente é eletronicamente conectado; tem sensores e percebe tudo em volta. É a arquitetura movida a dados;
- ao *motivo*: com estruturas cinéticas, a edificação poderá reagir às informações que recebe;

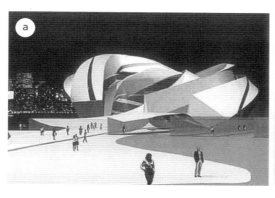 

Fig. 2.41
(a e b) Staten Island Institute for Fine Arts and Sciences. Projeto de Peter Eisenman (1999). O interesse constante de Eisenman por oposição, deslocamento, evento, grade (*grid*), matemática, múltiplas ordens geométricas, a torção do espaço e a dobradura da forma sobre si mesma parece ideal e adequado para a exploração de projetos com auxílio de computador (CAD). Espirais brancas de aço e vidro translúcido fluem sobre um cruzamento intenso de tráfego de barcos, pedestres e ônibus. De acordo com Jencks, a experiência espacial torna-se uma narrativa incompleta, um destino sem final; o seu desejo é desestabilizar a percepção, confundir as categorias e desafiar o regime de espaço--tempo existente (Jencks, 1999)
Fonte: cortesia de <www.archrecord.com>.

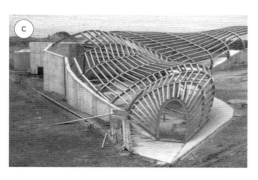

Fig. 2.42
(a, b, c) Pavilhão Água Doce do parque Neeltje Jans, em Vrouwenpolder, na Holanda. Projeto de Lars Spuybroek (1993-1997). Nesse pavilhão, é possível interagir com luz, som, o gelo de uma parede, o borrifo da névoa etc. A bolha é feita de 14 estruturas elípticas de dimensões variadas sobre as quais se prendem, com uma trança, *splines* de aço inoxidável
Fonte: cortesia de <www.noarch.com>.

- às *emoções*: a edificação se comportará como um organismo complexo com emoções.

A arquitetura e-motiva baseia-se na ideia de que as edificações recebem informações, processam-nas e transmitem-nas sob diferentes formas. A programabilidade da forma e do conteúdo informativo permite que a construção se torne um veículo enxuto e flexível para usos variados (Oosterhuis, 2002; <www.oosterhuis.nl>). A arquitetura pode mudar em segundos com a reprogramação da forma para se adequar a uma função diferente. Talvez essa arquitetura leve à substituição do lema "A forma acompanha a função", de Sullivan, por "A forma permite a função".

2.7 Conclusão

Pelo resumo apresentado, deve ter ficado claro que, em épocas diferentes, ou até ao mesmo tempo, podem existir grandes diferenças de opinião sobre a relação entre forma e função (Fig. 2.43). Em termos amplos, é possível distinguir três linhas principais de pensamento.

2.7.1 A forma é determinada pela eficiência funcional e construtiva

Lemas marcantes que transmitem essa opinião são os famosos "a forma segue a função" – com a variação "a forma segue o comportamento" – e "a forma segue a construção". De acordo com o primeiro desses princí-

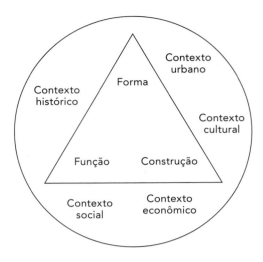

Fig. 2.43 Fatores que influenciam a forma

pios, o projeto deve basear-se primariamente no valor de utilidade e nos desejos e necessidades dos usuários. Consideram-se artificiais os princípios geométricos da forma não derivados das exigências dos usuários. A edificação deveria, em primeiro lugar, exprimir o seu propósito e as atividades, pelo menos as principais, que ocorrem dentro dela. Não deveria ser necessário nenhum auxílio adicional, como placas, para indicar a função. A estrutura de sustentação, o material e os serviços técnicos também deveriam ser reconhecíveis. O lema "forma e função são idênticos" vai um passo adiante. Nele a ideia subjacente é que a funcionalidade leva automaticamente à beleza. De acordo com o segundo princípio, "a forma segue a construção", a forma vem da construção e do material, ambos os quais deveriam ser usados "com sinceridade", e não, por exemplo, ficar escondidos atrás de acréscimos não construtivos. Em primeiríssimo lugar, o arquiteto é um projetista construtivo. As construções têm beleza própria.

2.7.2 A forma segue o contexto

De acordo com essa abordagem, a forma é determinada principalmente pelo contexto. Os fatores que exercem influência significativa são as características urbanas e arquitetônicas do terreno, a sua situação geográfica (inclusive a distância do centro da cidade), o contexto sociocultural, o contexto histórico, o contexto jurídico (legislação e normas) e o contexto econômico. A importância deste último fator exprime-se no lema "a forma segue a economia" ou "a forma segue o lucro". Aqui o projeto é guiado pelo esforço em criar objetos que são utilizados, de forma eficaz e eficiente, aplicando-se os meios disponíveis tanto no processo de projetar (por exemplo, com a aplicação de métodos de projetar racionais) quanto no projeto propriamente dito. Um lema aparentado, "a forma segue o fracasso", indica que a escolha da forma também pode basear-se em experiências negativas com variações anteriores do projeto.

2.7.3 A forma é autônoma

De acordo com essa abordagem, a forma não deriva primariamente dos usuários nem da construção, mas de princípios de forma, talvez geométricos, e da experiência perceptiva provocada por tais princípios. Os lemas podem ser "a forma segue a estética", "a forma segue o significado" e "a forma segue a diversão", em que "diversão" refere-se tanto ao prazer sentido pelo projetista quanto ao prazer que o observador ou o usuário têm com a edificação. Mas outro lema é "a forma precede a função" (Handler, 1970), que reflete a rejeição da abordagem puramente funcional.

Embora se possa reconhecer que alguns projetos e projetistas pertencem claramente a uma ou outra dessas abordagens, a maioria segue um caminho pelo meio. Eles veem a funcionalidade como importante, mas não como única motivação. A função, a forma e a construção afetam-se umas às outras. O contexto também tem o seu efeito. Portanto, a obtenção de uma forma satisfatória exige o equilíbrio dos muitos fatores que a influenciam.

Bibliografia

Anna, S. (1999), *Archi-neering; Helmut Jahn Werner Sobek*. Hatje Gantz, Ostfildern.

Arnheim, R. (1966), From function to expression. In: *Towards a psychology of art*. Faber and Faber, London, 192-211.

Barbieri, S.U.; L. van Duin (Ed.) (1998), *Ontwerpstrategieën* [Design strategies]. Publications Office, Faculty of Architecture, Delft University of Technology.

70 ARQUITETURA SOB O OLHAR DO USUÁRIO

Barbieri, S.U.; L. van Duin; J. de Jong; P. van Wesemael; W.W. Floet (1999), *Honderd jaar Nederlandse architectuur 1901-2000* [A hundred years of Dutch architecture 1901-2000). SUN, Nijmegen.

Barrie, T. (1996), *Spiritual path, sacred place; myth, ritual, and meaning in architecture.* Shambala, Boston.

Benton, T.; C. Benton (1975), *Form and function. A sourcebook for the history of architecture and design 1890-1938.* Crosby Lockwood Staples, London.

Bolle, E. (1989), *De filosofische wortels van het deconstructivisme* [The philosophical roots of deconstructivism]. *De Architect,* April 1989, 71-75.

Bosma, K. D. van Hoogstraten; M. Vos (2000), *Housing for the millions. John Habraken and the SAR (1960-2000).* NAI Publishers, Rotterdam.

Charles, Prince of Wales (1989), *A vision of Britain; a personal view of architecture.* Doubleday, London.

Deleuze, G. (1993), *The fold, Leibnitz and the baroque.* University of Minnesota Press, Minneapolis. [Translation of Le Pli by Tom Conley.]

Dijk, H. van (1999), *Twentieth-century architecture in the Netherlands.* 010 Publishers, Rotterdam.

Duin, L. van (1996), *Vorm en functie* [Form and function]. Inaugural lecture, Faculty of Architecture, Delft University of Technology.

Eyck, A.E. van (1959), *Het verhaal van een andere gedachte* [The story of a different thought]. *Forum* No. 7.

Frampton, K. (1992), *Modern architecture. A critical history,* 3rd edn. Thames and Hudson, London.

Franck, K.A; R.B. Lepori (2000), *Architecture inside out.* Wiley-Academy, Chichester, UK.

Ghirardo, D. (1996), *Architecture after modernism.* Thames and Hudson, London.

Habraken, N.J. (1961), *De dragers en de mensen. Het einde van de massawoningbouw* [Load-bearers and people. The end of mass-produced housing]. Amsterdam.

Handler, A.B. (1970), *Systems approach to architecture.* American Elsevier, New York.

Heuvel, W. van (1992), *Structuralism in Dutch architecture.* 010 Publishers, Rotterdam.

Heuvel, W.J. van; B.D. Verbrugge (1996), *Geschiedenis van de bouwkunst* [A history of architecture]. SMD, Leiden.

Hill, R. (1999), *Designs and their consequences: architecture and aesthetics.* Yale University Press, New Haven.

Hitchcock, H.R. P. Johnson (1932), *The international style. Architecture since 1922.* New York.

Ibelings, H. (1999), *De functie van de vorm* [The function of form]. Van den Broek and Bakema, architecture and urban design. NAi Publishers, Rotterdam.

Ibelings, H. (2002), *Supermodernism. Architecture in the age of globalization.* NAi Publishers, Rotterdam.

Jencks, C. (1977), *The language of postmodern architecture.* Academy Editions, London.

Jencks, C. (1985), *Towards a symbolic architecture: the thematic house.* Academy, London.

Jencks, C. (1999), *Ecstatic architecture: the surprising link.* Academy, London.

Jencks, C. (2002), *The new paradigm in architecture: the language of post-modernism.* Yale University Press, New Haven.

Jodidio, P. (1998), *Santiago Calatrava.* Taschen, Cologne.

Johnson, P. M. Wigley (1988), *Deconstructivist architecture.* New York Graphic Society, New York.

Jongert, J. M. van Ouwerkerk; J. de Haan (1995), *Kritisch regionalisme* [Critical regionalism]. In: The critical landscape. *De Omslag,* No. 15, March 1995, 43-45.

Kelbaugh, D. (1997), *Common place. Toward neighbourhood and regional design.* University of Washington Press, Seattle.

Kopp, A. (1985), *Constructivistic architecture in the USSR.* Academy, London.

Lefaivre, L. A. Tzonis (2003), *Critical regionalism: architecture and identity in a globalizing world.* Prestel, Munich.

Leupen, B. W. Deen; C. Grafe (1990), *Hoe modern is de Nederlandse architectuur* [How modern is Dutch architecture]. 010 Publishers, Rotterdam.

Leupen, B. C. Grafe; N. Kerning; M. Lampe; P. de Zeeuw (1997), *Design and analysis.* 010 Publishers, Rotterdam.

Leuthäuser, G. P. Gössel (1990), *Functional architecture: the International Style 1925-1940.* Taschen, Cologne.

Macel, O. (1981), *Barok architectuur* [Baroque architecture]. Faculty of Architecture, Delft University of Technology.

Mackertich, P. T. Mackertich (2001), *Architectural expressions: a photographic reassessment of fun in architecture.* Wiley, Chichester.

Mattie, E. J. Derwig (1995), *Functionalisme in Nederland* [Functionalism in the Netherlands]. Architectura en Natura, Amsterdam.

Meel, J. van (2000), *The European Office. Office design and national context.* 010 Publishers, Rotterdam.

Mees, F. M. L. (1984), *Architectuurideologieën. Studie en kritiek der grondbeginselen* [Architectural ideologies. A critical study of basic principles]. PhD thesis, Faculty of Architecture, Delft University of Technology.

Molema, J. M. Casciato (1996), *The New Movement in the Netherlands 1924-1933.* 010 Publishers, Rotterdam.

Mumford, L. (Ed.) (1952), *Roots of contemporary American architecture.* Grove Press, New York.

Noever, P. C. Himmelblau (1991), *Architecture in transition: between deconstruction and new modernism.* Prestel, Munich.

Niemeyer, O. (1997), Museu de Arte Contemporânea de Niterói. Editora Revan, Rio de Janeiro.

Oosterhuis, K. (2002), *E-motive Architecture.* 010 Publishers, Rotterdam.

72 ARQUITETURA SOB O OLHAR DO USUÁRIO

Pearson Clifford, A. (1999), Other than their status as world's tallest buildings, what else do Cesar Pelli's Petronas Towers have going for them? *Architectural Record* 1, 93-99.

Pevsner, N. (1960), *An outline of European architecture*. Penguin, Harmondsworth; 1960.

Rogers, R. (1991), *Architecture: a modern view*. Thames and Hudson, London.

Rossi, A. (1982) [1967], *The architecture of the city*. MIT Press, Cambridge, Mass.

Smith, E.B. (1978) [1956], *Architectural symbolism of Imperial Rome and the Middle Ages*. Hacker, New York.

Speaks, M. (Ed.) (1996), *The critical landscape*. 010 Publishers, Rotterdam.

Sullivan, L. (1924), *The autobiography of an idea*. New York.

Summerson, J. (1957), The case for a theory of modern architecture. *RIBA Journal*, June 1957, 307-313.

Venturi, R., D. Scott Brown (1972), *Learning from Las Vegas*. MIT Press, Cambridge, Mass.

Whittick, A. (1953), *European architecture in the twentieth century*. Vol. 2, Part 3, The era of Functionalism 1924-1933. Lockwood, London.

Wigley, M. (1993), *The architecture of deconstruction: Derrida's haunt*. MIT Press, Cambridge, Mass.

3
Programa de necessidades

Para que uma edificação obtenha um nível apropriado de sustentação ao uso que terá, é preciso que o projeto seja precedido pela compreensão do ponto de vista, das metas e dos desejos de clientes e futuros usuários e das consequências espaciais. Que atividades terão de ocorrer na edificação? Quanto espaço útil será necessário, no total e em cada ambiente? Quais as exigências de acessibilidade, segurança e flexibilidade? Que tipo de clima interno é necessário? Todas as exigências e expectativas culturais, estéticas, econômicas ou jurídicas têm de ser entendidas com clareza. Cada exigência a ser satisfeita pela edificação precisa ser registrada minuciosamente para evitar desapontamentos futuros, permitir a comparação de alternativas e verificar se o desejado é compatível com o que é possível. É difícil conseguir obter tudo o que se quer com o tempo e o dinheiro disponíveis. As leis e as normas atualmente em vigor também limitam o número de possibilidades. Tudo isso torna necessário estabelecer prioridades e escolher opções. O registro de necessidades, desejos e condições limitantes como parte do processo de construção é conhecido como *programa de necessidades* ou *briefing*. Este capítulo discute como se faz esse programa e os modos como o programa e o projeto se afetam mutuamente. Também trata, de forma resumida, de alguns modelos de contrato e de diferentes modos de distribuir responsabilidades na elaboração do programa, no projeto, na execução e no gerenciamento de uma edificação. O modelo de contrato determina, em parte, quem cria o programa. Finalmente, o capítulo discute algumas ferramentas para descobrir desejos e necessidades e registrar os achados num documento, o *programa de necessidades* ou *brief.*

As definições de "programa de necessidades" costumam mostrar que conteúdo e propósito estão relaciona-dos (Boxe 3.1). Em essência, o programa registra, de forma documental, as necessidades que a edificação tem de satisfazer. A tarefa é definir os objetivos do cliente em termos de utilidade, função, qualidade, tempo e custo e definir o desempenho exigido. Talvez seja sensato distinguir entre necessidades, as quais têm de ser satisfeitas obrigatoriamente, e desejos, menos

---

Boxe 3.1 Nomenclatura e definições

Em geral, o programa é considerado um sistema de processamento de informações que estabelece rumos para o projeto e que conciliará as necessidades do usuário, do cliente, do projetista ou do incorporador.
(Sanoff, 1992).

O programa de necessidades é uma coletânea ordenada de dados que exprimem necessidades de abrigo com base nas quais serão avaliadas uma ou mais edificações, preparado e verificado um projeto de reedificação ou nova edificação e executado o projeto até que as especificações pertinentes entrem em vigor.
(Instituto Holandês de Padronização [NEN], 1993a).

O programa de necessidades é um resumo qualitativo e quantitativo das necessidades e condições limitantes que precisam ser satisfeitas pela solução de uma necessidade de abrigo específica.
(Agência Governamental de Edificações [Rijksgebouwendienst], 1995).

O programa de necessidades é um documento que serve para incorporar ao processo de projetar a comunicação entre o cliente e os futuros usuários da edificação, de um lado, e, do outro, o arquiteto e os especialistas, de acordo com pressupostos básicos e levando em conta as condições a serem satisfeitas, as necessidades, exigências, desejos e expectativas do cliente e dos futuros usuários, por meio de um conjunto coerente de atividades, projetado para obter, de forma completa e sem ambiguidade, a coleta, o processamento, a avaliação e a transmissão de informações, em fases da mais global à mais detalhada.
(Fundação de Pesquisa de Edificações, Roterdã, 1996).

> *O programa de necessidades é uma coletânea ordenada de dados sobre as necessidades de abrigo de uma organização e o desempenho exigido em relação ao terreno, à construção, às salas, a partes da edificação e a instalações da edificação e do terreno.*
>
> (Van der Voordt et al., 1999).
>
> *Programar é um processo evolutivo para entender as necessidades e os recursos de uma organização e compatibilizá-los com os seus objetivos e a sua missão. Trata-se de formulação e solução de problemas. Também se trata de administrar a mudança. As ideias evoluem, são analisadas, testadas e, aos poucos, refinadas em necessidades específicas. [...] O resumo informativo resulta de um processo em que se revisam as opções e se articulam as necessidades.*
>
> (Blyth e Worthington, 2001).

imperativos. As necessidades podem ser expressas de modo qualitativo ou quantitativo e referir-se a aspectos como localização, construção, salas, partes da edificação e instalações.

3.1 O papel do programa no processo de construção

Analisar e registrar o resultado encontrado num programa de necessidades ou brief é um passo essencial do desenvolvimento meticuloso de um plano. É preciso ter cuidado para não aceitar depressa demais soluções que podem ter sido adequadas para outros projetos, mas que não são sob medida para satisfazer os desejos e necessidades específicos da organização envolvida. Quando se pensa em soluções cedo demais, a fase de elaboração do programa acaba se tornando um elo fraco do processo construtivo. Às

vezes, só se toma a decisão de preparar um enunciado explícito das necessidades e condições a serem satisfeitas em estágio posterior, depois que as soluções propostas foram discutidas, o que implica trabalho a mais e desperdício de tempo. Outras desvantagens do cuidado insuficiente ao redigir um programa são:

- Obtém-se benefício insuficiente com a experiência dos usuários;
- O projetista precisa passar muito tempo coletando e analisando informações;
- Só se pode determinar a viabilidade do projeto muito mais tarde, com a ajuda do primeiro esboço do projeto;
- O projeto terá de ser alterado com mais frequência e de maneira mais radical. Isso custará tempo e dinheiro e, muitas vezes, irritará as partes envolvidas;

- Dedicam-se tempo e atenção insuficientes a soluções alternativas;
- O resultado do processo de projetar é uma edificação menos adequada ou mais cara.

3.1.1 Funções do programa de necessidades

É importantíssimo, portanto, ter um programa de necessidades minuciosamente preparado. Pode-se esperar que esse programa, dependendo da fase do processo e da posição dos envolvidos, exerça alguma combinação das seguintes funções:

a. *Reflexão*

A formulação explícita de metas, necessidades, desejos e pressupostos básicos obriga o cliente e os futuros usuários a considerar deliberadamente a sua organização, o modo como funciona hoje e o modo como precisará funcionar no futuro. Quando a edificação não é construída para uso do próprio cliente, a preparação de um programa obriga os responsáveis pelo projeto a pensar atentamente nos possíveis usos finais.

b. *Informações e comunicação*

O programa é um meio importante de transmitir informações entre os vários envolvidos, principalmente entre cliente e projetista, mas também, por exemplo, entre cliente, usuários e assessores ou organismos oficiais. Ele constitui a base do projeto técnico e arquitetônico. As características da organização a ser abrigada, as suas atividades, metas, desejos, expectativas e pressupostos básicos são fonte importante de inspiração para o projetista, ainda mais quando o documento contém material gráfico em vez de ser apenas uma compilação árida de palavras e números.

c. *Exame*

Para o cliente ou seus assessores, o programa constitui um modo de verificar a viabilidade do projeto em estágio inicial e possibilita comparar alternativas como reconstruir, construir uma nova edificação ou reutilizar uma edificação existente. Os projetistas e especialistas usam o programa principalmente para comparar custo e qualidade de locais alternativos, variações de projeto, projeto final e especificações com os desejos e necessidades do cliente.

d. *Orçamento*

O programa possibilita determinar o orçamento de construção, investimento e exploração e permite o acompanhamento dos custos. Inversamente, o programa pode ser comparado ao orçamento disponível quando a quantia a ser empregada em investimento e exploração for fixada com antecedência. A Fundação de Pesquisa em Edificações [Stichting Bouwresearch] recomenda incluir o orçamento no programa de necessidades como condição imposta internamente para evitar atrasos na sinalização de estouros orçamentários (SBR 258, Building Research Foundation, 1996).

e. *Contratos*

Ao estabelecer as características exigidas da edificação, o programa pode fazer parte do contrato entre cliente e projetista, construtor ou licitante de um produto. Porém, se o programa for um documento estático, sobre o qual o projetista não tem mais influência, a interação positiva entre programa e projeto torna-se quase impossível. Portanto, hoje em dia, é cada vez mais comum que o desenvolvimento do programa de necessidades continue até a fase de especificações.

3.1.2 Interação entre programa e projeto

Elaborar o programa de necessidades, projetar e construir são as três atividades principais envolvidas no processo construtivo. A Fig. 3.1 é uma representação esquemática do lugar da elaboração do programa no processo tradicional. Para simplificar o diagrama, pressupõe-se que o cliente também seja o proprietário e aja em nome dos futuros usuários. Mais uma vez, para

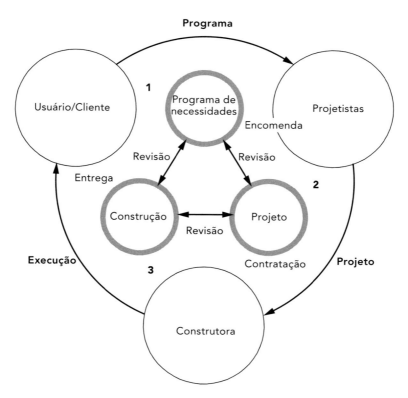

Fig. 3.1
Papel desempenhado pelo programa de necessidades no processo tradicional de projeto e execução
Fonte: Vrielink (1991).

simplificar, o diagrama também ignora o fato de que, muitas vezes, o cliente, o proprietário e os usuários têm o apoio de especialistas, empreiteiros e fornecedores. As setas que ligam os produtos (programa, projeto e construção) indicam que estes sempre são ou deveriam ser verificados em relação uns aos outros, dando ao processo uma natureza cíclica. Por exemplo, se o projeto deixa de satisfazer o programa de necessidades, isso pode levar a ajustes no projeto ou correções no programa. Em princípio, é fato que, no processo tradicional de projeto e execução, o final da fase de coleta de informações é marcado pela produção de um programa de necessidades definitivo; só então o projetista começa a trabalhar. Essa abordagem faz do programa um documento bastante estático. A evolução posterior diz respeito principalmente a questões técnicas, e dificilmente envolvem fatores espaciais ou funcionais. É por isso que o padrão holandês NEN 2658 só menciona "o" programa de necessidades em termos gerais.

Mesmo nos processos de projeto e execução com formas de organização modernas, como Design and Build (D/B, projeto e construção por uma única empresa), empreiteira única, build-operate-transfer ("construir-operar-transferir", ou BOT) e terceirização baseada em desempenho, o programa continua a ser um documento bastante estático (ver o parágrafo anterior). Primeiro se desenvolve o programa de necessidades, depois uma única empresa ou equipe de projeto se responsabiliza pelo projeto e pela execução. No método BOT, essa empresa também é responsável, temporária ou permanentemente, pelo gerenciamento.

A vantagem de uma fase separada de coleta de informações, mais ou menos distinta da fase de projeto, é dedicar tempo e atenção explicitamente à formulação clara das necessidades sem começar imediatamente a pensar em soluções. Assim que se registra o resultado num programa, todos os envolvidos sabem o que estão fazendo. Por outro lado, o esforço de traduzir o programa em imagens e esboços de plantas costuma levar a novas ideias e, assim, a outros desejos. O projetista pode encontrar soluções não exigidas pelo programa e até em conflito com ele, mas que, mesmo assim, constituem um aprimoramento significativo da planta, levando, por exemplo, a projetar de modo a aproveitar a natureza do ambiente. Também é concebível que o programa contenha necessidades contraditórias ou mutuamente incoerentes e que isso só venha à luz durante o projeto. Tudo isso embasa o ponto de vista de que o programa não deveria ser tratado como um documento estático. Afinal de contas, o programa de necessidades e o projeto interagem. Cabe ao cliente avaliar as divergências entre o programa e o projeto e aceitá-las ou rejeitá-las. Isso faz com que haja uma necessidade crescente de informações fornecidas "na hora" e não mais do que o necessário naquele momento. Por isso, a Fundação de Pesquisa em Edificações de Roterdã recomenda que o programa de necessidades seja desenvolvido aos poucos, do nível global ao detalhado, de forma interativa com o desenvolvimento das plantas (Fig. 3.2).

3.1.3 Autores do resumo informativo

A responsabilidade pela produção de um programa utilizável é do cliente. Isso não significa que o cliente em pessoa tenha de prepará-lo. Em geral, ele usará os serviços de um especialista em programas de necessidades. Outra opção é o arquiteto preparar o programa. Às vezes acontece de a empresa que licita a edificação determinar o programa de necessidades. As diversas variações são discutidas a seguir.

a. *Cliente*

Cabe ao cliente decidir o que quer, e isso o torna responsável pelo programa. No entanto, a maioria dos clientes tem pouca experiência com o processo de projeto e menos ainda com a preparação de um programa desses. Geralmente eles entendem muito bem suas metas, organização e atividades. É por isso que muitos clientes terceirizam o trabalho de preparar o programa, mas têm papel ativo nessa preparação. É claro que alguns clientes têm muita experiência no processo de projeto,

como o departamento de edificações das grandes empresas, a Agência de Edificações do governo e instituições locais maiores, e assim, muitas vezes são capazes de preparar eles mesmos o programa; todavia, mesmo estes contratarão especialistas para assessorar os projetos mais complexos.

b. *Especialista*

Alguns especialistas em gerenciamento e outros consultores acumularam experiência na preparação de programas de necessidades e, por isso, podem dar apoio ao iniciador do projeto nesse estágio do desenvolvimento. Algumas empresas se especializam em tipos específicos de funções ou edificações, como escolas, atividades sociais ou culturais, esportes, bibliotecas ou hospitais. Além de preparar o programa, essas empresas, em geral, estão preparadas para conferir os projetos e coordenar o processo de projeto e execução.

c. *Projetista*

Ainda acontece regularmente que o arquiteto desenvolva o programa com consultas frequentes ao cliente. Nesses casos, a proposta do arquiteto costuma assumir a forma de esboços que mostram várias ideias e possíveis projetos. O cliente simplesmente fornece indicações globais dos seus desejos e necessidades, às vezes apenas verbalmente, e fica a cargo do arquiteto decidir o que realmente vai para o papel. Nesses casos, o esboço

80 ARQUITETURA SOB O OLHAR DO USUÁRIO

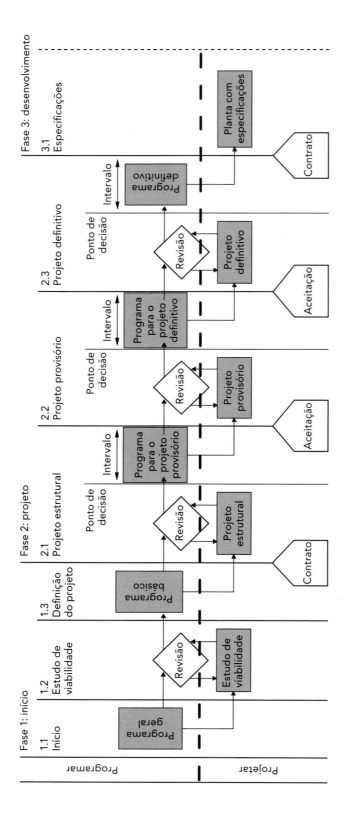

Fig. 3.2
Interação entre o programa de necessidades e o desenvolvimento das plantas. Os termos significam funções, não indivíduos
Fonte: Building Research Foundation (1996).

de projeto é, na verdade, um programa apresentado em forma gráfica. A preparação do programa não costuma fazer parte do trabalho do arquiteto. As condições holandesas normais para definir o relacionamento jurídico entre cliente e arquiteto determinam que o cliente deve fornecer o programa ao arquiteto. O trabalho extra que este tiver de fazer no programa deve ser cobrado separadamente. Algumas empresas de arquitetura se especializam nessa parte do processo de projeto.

A preparação do programa pelo arquiteto tem partidários e adversários entre os profissionais, inclusive arquitetos, pelas seguintes razões:

- A preparação do programa exige uma abordagem analítica. O arquiteto está mais preocupado com a síntese e é menos adequado para a tarefa de preparar o programa.
- A qualidade do programa de necessidades e do projeto aumenta quando se polarizam interesses diferentes em vez de combiná-los. Quando o projetista estabelece os padrões segundo os quais o projeto será avaliado, isso pode fazer com que desvios do programa sejam aprovados posteriormente, o que limita a oportunidade de fazer um exame objetivo das alternativas ao projeto.
- O bom programa de necessidades e o bom projeto se benefi-

ciam do diálogo intenso entre cliente e projetista durante todo o processo. O contato com cliente e usuários dá ao projetista muitas informações que seria impossível transferir ou transferir bem por meios indiretos (isto é, por meio de um programa de necessidades escrito).
- O caráter estático do programa como documento que antecede o projeto é antiquado. Quando um assessor externo prepara o programa, perde-se boa parte da interação entre o projeto e o programa de necessidades.

d. *Licitante*

Quando os incorporadores do projeto "constroem para o mercado", o usuário frequentemente é "desconhecido". Entre os exemplos, temos a construção de espaço para escritórios ou residências para venda ou aluguel. Na verdade, nesses casos, o licitante é o principal responsável pela determinação do programa de necessidades, em razão do seu conhecimento do mercado. Para reduzir os riscos, em geral, a construção só começa quando uma certa percentagem foi alugada ou vendida com antecedência, possibilitando discutir com os futuros usuários os ajustes desejáveis ou possíveis antes do início da construção. Deve-se prestar bastante atenção à flexibilidade quando é preciso permitir ajustes posteriores, quando a edificação estiver pronta. Outra opção, aplicada principalmente a escritórios, é entregar a edificação inacabada e deixar a cargo do usuário decidir as unidades internas.

3.1.4 Tipos de contrato

Como já indicado, vêm ocorrendo mudanças significativas na organização do processo de projeto. Embora a forma tradicional ainda ocorra com bastante frequência, os serviços complexos de construção, especificamente, costumam utilizar novas formas de organização de projetos e novos tipos de contrato, cuja principal diferença é até que ponto se separam as responsabilidades pelo projeto e pela execução. Encontra-se essa separação de responsabilidades nos processos tradicionais de construção, no trabalho com uma equipe de construção e no trabalho ligado ao desempenho. Nos métodos de empreiteira única, *design and build*, BOT e plantas padronizadas, o projeto e a execução são realizados pela mesma empresa. Uma vez que isso pode afetar o papel desempenhado pelo programa de necessidades no processo de projeto, damos a seguir um resumo dos tipos de organização mais importantes.

a. *Processo tradicional de projeto e execução*

O processo tradicional de projeto caracteriza-se por uma relação triangular entre o cliente, o projetista e a empreiteira. O cliente fornece o programa e contrata um arquiteto para preparar um projeto com base naquele documento. O arquiteto busca o auxílio de especialistas e, juntos, elaboram os detalhes técnicos do projeto. O processo de projetar é completado com a preparação de plantas de especificações e de execução. A responsabilidade pelo material de construção, pelos produtos e pelas características construtivas é do arquiteto. O projeto é posto em licitação (muitas vezes publicamente) e executado pela empreiteira. Na relação triangular original, a função de gerenciamento permanecia com o arquiteto. Hoje, muitas vezes uma empresa de gerenciamento cumpre esse papel (Fig. 3.3).

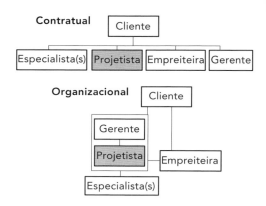

Fig. 3.3
Esquema dos participantes num processo de projeto tradicional
Fonte: Van de Laarschot (1998).

b. *Equipe de execução*

A abordagem da equipe de execução envolve a criação de um sistema cooperativo em estágio inicial entre os responsáveis pelo projeto e os responsáveis pela execução. O cliente, o projetista, os especialistas e a empreiteira fazem parte de uma equipe que assume toda a responsabilidade pela edificação a ser desenvolvida (Fig. 3.4). Na maioria dos casos, na equipe há especialistas em cuidar da execução. Em alguns casos, exige-se que a construtora assine um termo contratual abrindo mão do direito inquestionável de executar a obra. As relações contratuais são muito parecidas com as do processo tradicional. Cada parte faz um contrato separado com o cliente. O envolvimento da parte responsável pela execução num estágio tão inicial do desenvolvimento do plano possibilita o aproveitamento de habilidades importantes no campo de execução e custos durante a fase de projeto. Duas desvantagens são que a competição é praticamente eliminada e o montante do contrato talvez seja calculado com menos precisão.

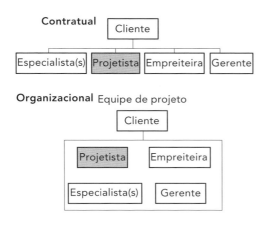

Fig. 3.4
Esquema do processo de projeto com uma equipe de produção
Fonte: Van de Laarschot (1998).

c. *Conceito de desempenho*

Aqui também, como no processo de projeto tradicional, o cliente é responsável pelo programa de necessidades. Nessa abordagem, desenvolvida pela Agência de Edificações do Governo, o programa consiste de um sumário de especificações de desempenho funcional e estético que seja o mais completo possível, complementado por uma planta espacial ou projeto estrutural (Ang, 1995; Building Research Foundation, Roterdã, principalmente os relatórios SBR 219, 296, 296a, 420 e 447). A planta espacial indica o formato e a disposição de plantas baixas, paredes e telhados. Os desenhos e as exigências de desempenho não indicam materiais de construção, produtos nem elementos construtivos. A especificação de exigências também inclui várias informações gerais do projeto, como datas de sondagem, início e entrega, parcelas de pagamento e procedimento de registro. O pacote de necessidades, textos e desenhos é apresentado a várias construtoras para licitação, sendo que cada uma delas elabora um plano em conjunto com um projetista, muitas vezes próprio, para produzir uma proposta completa (Fig. 3.5). O cliente, então, escolhe com base na comparação entre as diversas proporções preço/qualidade. Uma vantagem atribuída a esse método é estimular que a empreiteira busque soluções criativas e inovadoras. Pode-se dar o melhor uso possível a essa especialização e ao conhecimento de materiais, produtos e elementos construtivos adequados. Uma desvantagem é que o cliente tem pouca influência sobre a escolha de arquitetos ou sobre a arquitetura (Ang, 1995). Nem todo tipo de desempenho pode ser medido objetivamente. Isso se aplica especialmente a fatores difíceis de medir, como a qualidade arquitetônica. Além disso, cada possível licitante tem de fornecer um projeto completo, o que faz com que investir trabalho em licitações públicas envolva bastante trabalho extra (Vrielink, 1991). Não surpreende que, na prática, sejam encontradas diversas variações na fase de contratação e no tipo de contrato. Pode-se fazer um contrato com base apenas no desempenho exigido ou com base no desempenho e num projeto esboçado, provisório ou definitivo. Os diversos modelos de contrato incluem a variante com terceirização, na qual a fase de definição termina com uma especificação fixa das necessidades, e a variante da consulta, na qual se usa uma especificação preliminar das necessidades para selecionar um possível licitante que, então, é consultado durante a preparação da especificação definitiva das necessidades.

d. *Empreiteira única*

Nessa forma de organização, a coordenação do processo de projeto fica nas mãos de uma única empreiteira, que assume no lugar do cliente a responsabilidade pelo projeto e pela execução (Fig. 3.6). O cliente mantém o direito de intervir. Em geral, a empreiteira

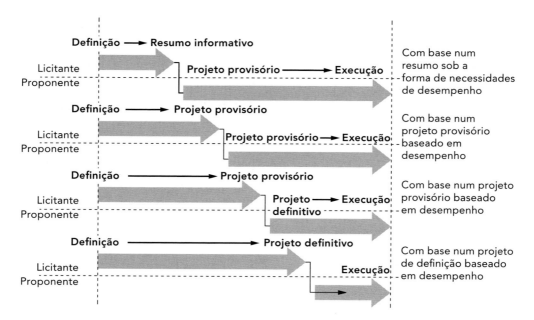

Fig. 3.5
Momentos em que se dão instruções aos licitantes
Fonte: Building Research Foundation (1995).

é uma empresa especializada em processos complexos de construção, ou seja, uma empresa de gerenciamento de obras ou incorporadora de projetos. A empreiteira fica entre o cliente e os outros participantes, selecionados e contratados por conta dela. Às vezes, a empreiteira até assume o risco financeiro. Nesse modelo, a contribuição do arquiteto depende da empreiteira.

e. *Design and build (projeto e construção ou D&B)*

Aqui, uma única empresa é responsável pelo projeto e pela execução. O cliente tem um único ponto de contato (uma empresa, uma *joint venture* ou um grupo de diversas empresas), com o qual faz um único acordo que abrange o projeto inteiro e ao qual repassa toda a responsabilidade. Ao contrário da situação da empreiteira única, o cliente tem menos oportunidade de intervir.

f. *Build-operate-transfer (construir--operar-transferir ou BOT)*

Nessa forma de contrato, o licitante não se limita apenas a projetar e construir um imóvel, mas também é responsável pela exploração, pelo gerenciamento e pela manutenção (Huijbrechts, 1997). Os projetos BOT costumam envolver a cooperação entre os setores público e privado. O governo cede a uma concessionária o direito de construir instalações públicas, ser seu proprietário e explorá-las por um período predeterminado. O investidor é responsável pela qualificação, finanças, construção e exploração do imóvel. Enquanto durar a concessão, o investidor tentará recuperar o custo da incorporação e, além disso, obter uma margem de lucro. No final da concessão, a concessionária transfere para o governo a propriedade do imóvel sem custo adicional. O modelo BOT é muito usado em grandes projetos de infraestrutura, como o túnel do Canal da Mancha ou a ponte de Northumberland, no Canadá.

g. *Plantas padronizadas*

São plantas baixas padronizadas para construção sem relação com nenhum projeto ou terreno específicos (Van de Laarschot, 1998), usadas em produtos

Fig. 3.6
Esquema do processo de empreiteira única
Fonte: Van de Laarschot (1998).

mais ou menos uniformizados e lançadas no mercado como tais. Isso explica o uso da expressão "construção com planta pronta". É possível levar em conta os desejos do cliente dentro das margens de variação do produto. Como no caso do *design and build*, esse tipo de construção é uma fórmula para a entrega de unidades prontas. O cliente faz um contrato com um único fornecedor. O desempenho obtido (a edificação) baseia-se na planta padronizada, ajustada onde possível para se adequar ao programa de necessidades determinado pelo cliente. Na verdade, os contratos para entrega da edificação em pleno funcionamento (contrato *turnkey*) só se coadunam com projetos padrão postos no mercado pela própria empreiteira.

3.2 Conteúdo do programa de necessidades

Para assegurar que o projetista e os outros envolvidos no processo de projeto tenham apoio suficiente para trabalhar, o programa deve discriminar, da forma mais completa possível, as necessidades e os desejos do cliente e todas as outras condições que a edificação terá de satisfazer. O número de necessidades pode ser considerável, dependendo do tamanho da edificação e da complexidade do serviço. Portanto, é importante estabelecer as necessidades de maneira ordenada. Na prática, usam-se vários sistemas. Esta seção se limitará a considerar os sistemas recomendados pelo

Dutch Standards Institution [Instituto Holandês de Padronização] (NEN 2658, o padrão atual) e pela Building Research Foundation [Fundação de Pesquisa em Edificações] (SBR 258, muito aplicado na prática da construção).

3.2.1 Padrão holandês NEN 2568

De acordo com o *NEN 2658, Programas de necessidades para edificações e para o procedimento associado de projeto* (*Dutch Standards Institution*, 1993a), o programa de necessidades ou *brief* deve consistir de três seções:

1) Condições limitantes (pré-requisitos), especificamente leis e normas aplicáveis, questões técnicas e questões financeiras.

2) Características do grupo-alvo ou dos grupos a serem abrigados. Esta seção do programa deve descrever as metas da organização, os usuários e suas atividades, os serviços ou produtos a serem oferecidos, as questões organizacionais, econômicas, funcionais e ecológicas e as expectativas para o futuro.

3) Necessidades relativas ao objeto: o terreno, a edificação como um todo, a subdivisão do espaço, isto é, a configuração espacial, aspectos específicos dos espaços, dos componentes da edificação e das instalações do terreno.

A próxima coisa a ser redigida é o *procedimento do projeto*, que consiste de duas seções:

1) Identificação do projeto (tipo de edificação, propósito, situação, dimensões gerais e volume da edificação, custo e arranjos financeiros, participantes e documentos relevantes etc.) (Boxe 3.2).
2) Descrição do serviço (tarefas e responsabilidades das várias partes envolvidas), descrição do processo e cronograma.

Embora muitas vezes se possa preparar separadamente orçamentos e estimativas de custo, as informações financeiras (com referências a orçamentos e estimativas) podem ser incluídas em várias seções do programa de necessidades, como as de condições limitantes, identificação do projeto e necessidades do objeto.

As Diretrizes Práticas Holandesas [Nederlandse Praktijkrichtlijnen – NPRs] foram desenvolvidas para auxiliar a preparação do programa de necessidades. As listas de verificação incluídas nessas diretrizes dão uma boa ideia dos temas a serem tratados pelo programa (Boxe 3.3). A norma NEN 2658 é menos clara a respeito do conteúdo das necessidades, do arcabouço conceitual e do desenvolvimento das necessidades em fases.

Boxe 3.2 Exemplo de itens a serem incluídos na identificação do projeto

1. Código e nome do projeto
2. Tipo e propósito do projeto ou da edificação
3. Endereço oficial e características do terreno
4. Principais razões do projeto
5. Tamanho expresso em unidades relevantes para o uso pretendido (por exemplo, número de leitos numa casa de repouso)
6. Dimensões gerais ou volume da edificação (ou ambos)
7. Custo máximo do investimento (com a data do cálculo)
8. Método de financiamento
9. Custo aceitável de exploração ou retorno esperado (ou ambos)
10. Estágio ou fase atual do projeto
11. Lista de documentos relativos ao programa e ao procedimento do projeto
12. Nome e endereço dos participantes
13. Se a edificação já existe: nome de projetistas, engenheiros civis, construtora e empreiteiras envolvidas no passado, com data de entrega.

Fonte: NEN 2658 (Dutch Standards Institution, 1993a).

88 ARQUITETURA SOB O OLHAR DO USUÁRIO

Boxe 3.3 Exemplo de itens a serem incluídos nas exigências feitas a uma edificação

- Ocupação
- Orientação (sol, vento, arredores ou entorno)
- Área do terreno a ser construída
- Exigência de área útil total e por ambiente (bruta e líquida, dividida em útil, tráfego e serviços técnicos)
- Volume da edificação, número de andares e pé-direito desejado
- Desejos relativos a projeto, cor e estrutura das fachadas, disposição geral e facilidade de organização
- Facilidade de substituição, deslocamento, ajustes e extensões
- Acessibilidade
- Sinalização
- Clareza (entradas, tráfego interno)
- Transporte (pessoas, mercadorias) e distâncias percorridas a pé
- Remoção do lixo
- Segurança (contra fogo, roubos, vandalismo)
- Saúde e conforto
- Eficiência
- Controle ambiental (por exemplo, luz natural)
- Carga nos andares e forças horizontais
- Necessidade de energia
- Controle do clima interno
- Sistemas de comunicação
- Manutenção técnica
- Limpeza
- Rentabilidade
- Sustentabilidade e vida útil
- Valor de utilidade futuro
- Método de construção, alvenaria estrutural, *grid* dimensional

Fonte: NPR 3401 (Dutch Standards Institution, 1993b).

3.2.2 SBR 258

A Building Research Foundation, em Roterdã, realizou mais pesquisas sobre o arcabouço conceitual e a abordagem em fases. Em 1996, saiu a terceira edição da SBR 258, *Programa de necessidades, instrumento de controle de qualidade* [Programma van eisen. Instrument voor kwaliteitsbeheersing]. Além de fazer uma descrição clara do arca-

3 Programa de necessidades   89

> **Boxe 3.4** Trecho de um programa sobre o tema da flexibilidade
>
> O crescimento e as mudanças que se esperam da empresa necessitam de alto grau de flexibilidade. É importante que a empresa tenha disponível um bom sistema básico em termos da estrutura e do projeto em geral. Separar a estrutura principal de sustentação das unidades internas dará uma contribuição substancial à flexibilidade. As seguintes características têm de ser incluídas no projeto e serem fáceis de reconhecer e usar:
> - *Expansão*: deve ser possível ampliar as acomodações em alguma data futura.
> - *Disposição*: deve ser possível mudar o modo como o espaço se dispõe dentro da edificação para se adequar às mudanças da necessidade de espaço. Essas mudanças devem ser fáceis, sem envolver custos altos nem perturbar a função primária da empresa.
> - *Função*: deve ser possível usar as salas para funções diferentes ou para múltiplas funções sem exigir nenhuma mudança radical. Em princípio, isso deve se aplicar a todo espaço relacionado de algum modo à produção. Não deve ser problema converter o espaço dos escritórios em espaço adicional da fábrica ou vice-versa.
> - *Sobredimensionamento*: deve-se oferecer espaço excedente com antecedência (durante a preparação das acomodações) para permitir crescimento futuro na linha das necessidades previstas. A princípio, deve ser mínimo o esforço dedicado ao controle ambiental desse espaço excedente.
>
> Um fator importante que leva à obtenção de edificações flexíveis é a escolha de um padrão de construção adequado que torne possível e relativamente simples mudar ou ampliar a edificação em algum estágio posterior. É importante que fachadas, tetos, pisos, mobiliário e serviços técnicos sejam dimensionados de forma coerente, de acordo com um tamanho modular fixo. Os tamanhos atuais dos módulos são 1.800 e 3.600 mm.
>
> Fonte: Programa de necessidades para instalações comerciais [Programma van eisen voor bedrijfshuisvesting] (DHV AIB, 1995).

bouço conceitual, essa publicação dá orientação para redigir um programa de necessidades relativo ao projeto. A SBR 258 faz uma organização em cinco partes:

a. Necessidades do usuário

São as necessidades e os desejos relativos a toda ou a parte da acomodação exigida para dar suporte ao uso pretendido. Deve-se fazer a descrição da

ARQUITETURA SOB O OLHAR DO USUÁRIO

organização a ser abrigada, especificando sua natureza, tamanho, estrutura organizacional e padrão presente e futuro de atividades.

b. Funções e desempenho

As características da organização a ser abrigada precisam ser traduzidas em necessidades e desejos espaciais e construtivos relativos ao local (acessibilidade, infraestrutura disponível na vizinhança, possibilidade de ampliação etc.) e à edificação. São itens relevantes o espaço necessário na edificação como um todo e em cada

ambiente, o nível desejado de controle ambiental (temperatura, iluminação, umidade, som e vista), segurança e flexibilidade.

c. Qualidade visual esperada

Embora a criação de qualidade estética seja da competência do projetista, o cliente faria por bem se deixasse explícitos os seus desejos nesse terreno. Ele quer uma edificação que dê impressão de luxo ou que pareça sóbria e eficiente? Pensa numa edificação de estilo tradicional ou algo mais *high-tech*? A edificação deveria dizer

---

Boxe 3.5 Trecho de um programa sobre o tema da acústica

Para assegurar que a fala seja satisfatoriamente inteligível, o tempo desejado de reverberação da faixa média de frequências (125-4.000 Hz) é o seguinte:

• Escritórios	0,5 a 0,7 s
• Auditórios	0,5 a 0,7 s
• Corredores e saguões	1,0 s
• Oficinas (chão de fábrica)	0,8 a 1,0 s
• Cantina	1,0 a 1,5 s
• Salas de *telemarketing*	0,5 s

Ruído dos serviços técnicos – Nível de fundo máximo aceitável:

• Auditórios, consultórios etc.	35 dB(A)
• Salas de diretoria e gerência	35 dB(A)
• Escritórios	40 dB(A)
• Escritórios grandes	45 dB(A)
• Chão de fábrica	55 dB(A)
• Salas para equipamento de informática	60 dB(A)
• Cantina, corredores	45 dB(A)

Fonte: Programa de necessidades para instalações comerciais (DHV AIB, 1995).

3 Programa de necessidades 91

> **Boxe 3.6** Trecho de um programa sobre o tema da qualidade estética
>
> A nova edificação deve ser claramente reconhecível como prédio público com função social, gozando de situação especial dentro da universidade. Como a edificação também tem funções nacionais e receberá visitantes de fora de Delft, o seu projeto e posicionamento devem criar uma fachada que cause impressão na Schoemakerstraat. O aspecto dos fundos da edificação, atualmente bastante desarrumado e que pouco acrescenta à impressão causada pela área atrás do Grande Salão, precisa ser melhorado.
>
> Fonte: Programa de necessidades para uma biblioteca na Universidade de Tecnologia de Delft (1995).

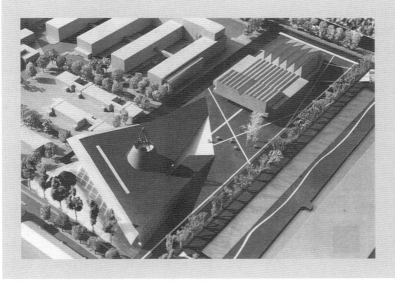

Fig. 3.7 Maquete da nova biblioteca da Universidade de Tecnologia de Delft

algo sobre a função ou sobre a identidade empresarial da organização?

d. Condições impostas internamente

Esta seção trata das condições financeiras e econômicas que precisam ser satisfeitas (possíveis custos de investimento e exploração e quaisquer limitações aplicáveis a esses custos) e condições a cumprir em relação ao tempo (data de entrega, tempo decorrido no processo projeto e execução). Outras condições impostas internamente são as exigências específicas relativas à construção sustentável.

e. Necessidades e condições impostas externamente

Esta seção trata das necessidades impostas pelo planejamento urbano e por outras leis e normas. Entre os exemplos, encontram-se o plano de zoneamento, as exigências impostas para proteger a aparência da cidade, os códigos de obras, os de proteção contra incêndios, a Lei de Licenciamento, a Lei de Hotéis e Restaurantes, a Legislação da Vigilância Sanitária e de Saúde, a Lei de Proteção Ambiental, a Lei de Segurança e Saúde Ocupacional (Arbo) e estatutos específicos.

3.2.3 Desenvolvimento do esboço até o detalhamento

As ideias sobre necessidades e desejos não se fixam todas de uma vez. É comum ser preciso muito tempo para coletar informações, esclarecer desejos e expectativas e chegar a um consenso. Não é eficiente retardar o desenvolvimento das plantas até que todas as informações estejam disponíveis. Além disso, não se precisa de toda a informação de uma vez. Portanto, na prática, não surpreende que o programa de necessidades se desenvolva em fases, da mais geral à mais específica, do esboço ao detalhamento. A SBR 258 distingue cinco versões:

- Programa informativo geral;
- Programa básico para embasar o projeto estrutural;
- Programa para embasar o projeto provisório;
- Programa para embasar o projeto definitivo;
- Programa definitivo para embasar as especificações.

A Agência Governamental de Edificações (1995) acredita que três tipos de programa são suficientes: global, básico e detalhado. Isso corresponde mais intimamente ao que se faz na prática e, portanto, é usado a seguir.

a. Esboço de programa de necessidades

O programa global é necessário para permitir a verificação da viabilidade do projeto em relação ao custo do investimento e às despesas de exploração orçadas na fase inicial de um projeto de construção ou, inversamente, para determinar o orçamento necessário e ver se o projeto pode ser financiado. O programa global também é necessário para determinar o que se exige do terreno e permitir que se verifique a adequação de outros terrenos.

O programa global contém, no mínimo, uma descrição das metas e princípios básicos, um exame global das funções e atividades a serem abrigadas e uma estimativa do espaço útil necessário. Costumam-se empregar padrões e números importantes obtidos em precedentes. Por exemplo:

> A necessidade é de uma escola primária para atender a oito turmas. Estima-se a área útil bruta em oito salas de aula, cada uma com $56 \times 1,7$ m^2 (para permitir espaço para circulação, instalações sanitárias, serviços técnicos e elementos construtivos).

Depois de quantificada a área útil, a qualidade exigida deve ser estabelecida em termos gerais, uma vez que, afinal de contas, isso determinará,

Boxe 3.7 Trecho de um programa sobre o tema das condições impostas externamente

O programa supõe que a edificação satisfará, pelo menos, as exigências feitas pelo ou em nome do governo e de órgãos públicos.

Também se pressupõe o uso do estado atual de conhecimentos e tecnologia, como explicitado, por exemplo, pelo Instituto Holandês de Padronização nos seus padrões atuais, três meses antes da assinatura do contrato baseado neste programa de necessidades.

Plano de zoneamento

Há um plano de zoneamento em vigor no Setor Industrial Norte de Apeldoorn.

Possibilidade de acesso

A edificação deve ser de fácil acesso por deficientes e obedecer às diretrizes baixadas pelo Conselho da Federação Holandesa de Deficientes (*Possibilidade de acesso* [*Geboden Toegang*], 11ª ed., 1993) (hoje substituído pelo *Manual de Acessibilidade* [*Handboek voor Toegankelijkheid*]).

Lei de proteção ambiental

A empresa afirma que não precisa passar pelos procedimentos complexos ligados à Lei de Proteção Ambiental (a duração do procedimento é de seis meses).

Fonte: Programa de necessidades para instalações comerciais (DHV/AIB, 1995).

em grande medida, o nível de custos. Assim, é preciso dizer algo sobre as necessidades relativas ao terreno, as exigências especiais ligadas a controle ambiental, segurança, acessibilidade, sustentabilidade e o nível de exigência acerca dos materiais a serem aplicados e à qualidade estética esperada. No mínimo, deve conter também uma visão geral das condições limitantes internas e externas.

b. Programa básico de necessidades

O programa básico é uma evolução mais detalhada do programa global. Deve ter detalhamento suficiente para servir de base para o projeto estrutural e o projeto provisório. Nesse estágio, não são necessários detalhes técnicos precisos. A principal exigência é uma descrição clara da organização a abrigar, ou seja:

- Enunciado dos objetivos;
- Estrutura da organização (fluxograma);
- Número de funcionários (total e por departamento);
- Relação entre departamentos e funções;

- Processos de trabalho: atividades e relações entre atividades.

O nível de detalhamento exigido em cada tópico é determinado pela influência desse tópico sobre as consequências espaciais ou arquitetônicas. Além do *programa funcional*, o programa básico também deve dar alguma noção do *programa espacial*, ou seja, as necessidades do usuário devem ser elaboradas em termos de função e desempenho. O programa básico também deve oferecer informações sobre a função simbólica da edificação (identidade, presença, qualidade estética esperada) e quaisquer necessidades e condições impostas interna e externamente (tempo, dinheiro, qualidade, leis e normas) que afetem o desenvolvimento de cortes e plantas baixas.

c. Programa de necessidades detalhado

O programa detalhado também contém informações técnicas completas e pode servir de base para o projeto definitivo e a documentação contratual (especificações e desenhos para o contrato ou especificação de necessidades) preparatória para a execução. Em geral, o programa detalhado só é preparado quando o projeto definitivo está em desenvolvimento ou ao mesmo tempo que o projeto executivo. Às vezes, usa-se um *caderno de anotações* com detalhes do uso e das necessidades espaciais e arquite-

tônicas de cada ambiente ou local de trabalho.

d. Programa estratégico, de projeto e de acabamento

Assim como a divisão em cinco fases usada pela Fundação de Pesquisa em Edificações e a divisão mais comum em três partes – esboço, básico e definitivo – Blyth e Worthington (2001) também enfatizam que a elaboração do programa é um processo de refinamento que leva da expressão geral da necessidade a uma solução específica, e distinguem "programa estratégico" de "programa de projeto" Durante o estágio pré-projeto, o cliente define a necessidade do projeto e a descreve num *programa estratégico*, redigido em linguagem empresarial com um enunciado claro das intenções. O programa deve tratar dos "fins", e não dos "meios". A natureza da empresa e os seus objetivos são examinados e diversas opções são verificadas. No final desse estágio, define-se o tipo de projeto. Depois de escolhida, a equipe de projeto valida o programa estratégico. Isso dará a ela oportunidade de esclarecer os objetivos do cliente, e este terá a oportunidade de se assegurar de que a equipe entendeu as suas prioridades, principalmente aquelas relativas a qualidade, tempo e custo. Então, a equipe de projeto reformula o programa estratégico e produz um *programa informativo de projeto*, cuja meta é converter a linguagem empresarial e organizacional do programa estra-

3 Programa de necessidades   95

> **Boxe 3.8** Possível organização de um caderno de anotações para uma casa de repouso
>
> Incluir em cada cômodo:
> - Características dos usuários ou grupo-alvo (número, tipo de usuário).
> - Atividades.
> - Equipamento permanente e temporário (mesa, cadeiras, camas, mesas de cabeceira, equipamento de içamento).
> - Necessidades espaciais (acessibilidade, orientação espacial, privacidade, vista).
> - Necessidades técnicas e físicas (temperatura, umidade, ventilação, luz natural, ruído e acústica, água, eletricidade, telefone, fiação, iluminação, proteção contra o sol, oxigênio, precauções contra incêndio).
> - Acabamento de pisos, paredes e teto (decoração, resistência a desgaste e umidade, aparência aconchegante etc.).
> - Dimensões do ambiente (exigidas pelo programa de necessidades e de acordo com os padrões).
> - Área útil (em metros quadrados).
> - Número necessário de ambientes desse tipo.
> - Notas para esclarecimento, quando necessário.
>
> Fonte: Waalwijk (1995).

tégico em termos construtivos, esclarecendo relações funcionais, citando tamanhos, áreas e volumes iniciais e estabelecendo imagem e qualidade. O esboço do programa informativo de projeto permite que a direção do projeto seja revista pelo cliente. As técnicas de gerenciamento de risco e de valor permitem que o resumo seja comparado com as prioridades e os objetivos estabelecidos no programa estratégico. O esboço do programa de projeto é refinado com mais detalhes e torna-se o programa informativo de projeto, com dimensões, acabamento, cores e plano de custos. O programa de projeto leva à produção das informações construtivas detalhadas necessárias para construir ou ampliar a edificação. Para permitir mudanças, podem-se desenvolver resumos separados para operações e acabamento. O *programa informativo de acabamento* visa definir, em termos construtivos, as necessidades de espaço interno na edificação e dá informações detalhadas sobre a dimensão dos espaços e os elementos a serem fornecidos. O *resumo informativo operacional* especifica o conceito, as diretrizes e os dados gerenciais do projeto e pode ser usado para embasar a continuação do planejamento e as decisões de projeto. De acordo com Blyth e Worthington (2001), o gerente que será responsável pelo projeto depois de concluído deve participar da equipe que desenvolve esse programa. Também pode haver programas detalhados sobre tópicos como mobiliário, necessidade de tecnologia de informação e comunicação, questões ambientais e gerenciamento das instalações.

3.2.4 Apresentação das necessidades

Muitos programas de necessidades consistem apenas de texto, tabelas e diagramas: por exemplo, um tabela de espaços (apresentando os m² exigidos por cada um deles) (Tab. 3.1) e uma matriz ou diagrama de relações espaciais que mostre as relações desejadas entre diversas atividades e ambientes (Figs. 3.8 e 3.9). Às vezes, usam-se pequenos esboços. O uso crescente de programas modernos de processamento de textos, ilustração e multimídia facilita apresentar visualmente os desejos e as necessidades, por exemplo, na forma de soluções alternativas com comentários ou com referência a precedentes. Esse último fator tem importância específica no que tange aos efeitos estéticos esperados. No entanto, o perigo das imagens é que

Tab. 3.1 Exemplo de tabela de espaços para um prédio de escritórios

Departamento	Subdepartamento	Sala	Funções		Área	
			Cat	N	m²	Total
Administração	–	Diretor	f	1	28	28
Recursos Humanos	RH	Gerente	e	1	18	
		Equipe	c	1	18	
	Escritório	Segurança	d	1	11	
		Recepcionista	d	1	11	
		Gerente	d	1	11	69
Finanças		Controlador	e	1	18	
		Supervisor	d	2	22	
		Equipe	b	13	117	157
Comercial		Equipe	B	3	27	27
Unidade comercial 1		Gerente	e	1	18	
		Membros da equipe	b	20	180	198
Unidade comercial 2	Gerência	Gerente	e	1	18	
		Membros da equipe	b	7	63	
	Outros	Líderes de equipe	b	2	18	
		Membros da equipe	b	9	81	180
Unidade comercial 3		Gerente	e	1	18	
		Membros da equipe	b	11	99	117
Subtotal				77		776

* As categorias a-f e áreas associadas foram tiradas do padrão holandês NEN 1824, *Recomendações ergonômicas para o tamanho de escritórios.*
Fonte: Programa de necessidades para instalações comerciais (DHV/AIB, 1995).

3 Programa de necessidades 97

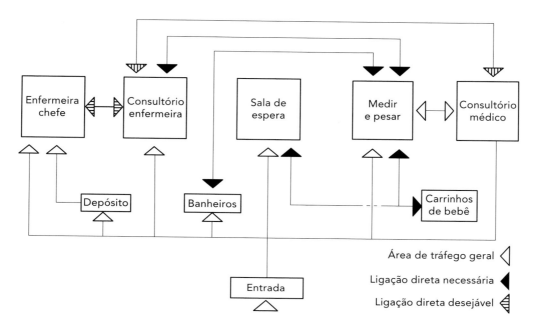

Fig. 3.8
Visualização da organização espacial de atividades num posto de saúde.
Fonte: Van Hoogdalem et al. (1985).

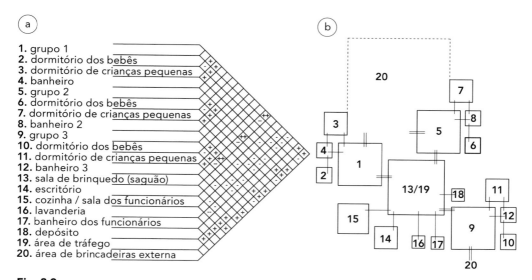

Fig. 3.9
Diagramas de relação espacial para uma creche com três grupos. (a) Semimatriz com "+" = precisa ser fechado ou interligado; "–" = não precisa ser fechado nem interligado. (b) Plano de locais específicos mostrando as salas em escala. A intimidade da relação é indicada no plano pela proximidade entre si das salas pertinentes. As relações diretas são enfatizadas por linhas de conexão que indicam uma porta.
Fonte: Van der Voordt et al. (1984).

elas podem facilmente adquirir vida própria ou ser mal interpretadas, tornando menos nítida a fronteira entre projeto e programa de necessidades. É por isso que alguns projetistas preferem buscar inspiração em metáforas. Outra opção muito usada é visitar em conjunto várias edificações e elaborar o tipo de qualidade estética desejada em discussões com o cliente, os usuários previstos (ou o seu representante) e o projetista.

É claro que as necessidades precisam realmente ter algo a dizer. Observações óbvias como "não pode haver goteiras" devem ser evitadas. As necessidades também devem ser expressas com clareza e, sempre que possível, passíveis de verificação. Há uma distinção importante entre necessidades funcionais e necessidades de desempenho.

As *necessidades funcionais* ou *do usuário* indicam que atividades é possível desenvolver dentro da edificação. Em geral, exprimem-se essas necessidades em termos qualitativos, ou seja, "a edificação deve ser integralmente acessível". É comum a descrição das atividades a serem abrigadas, como "deve haver espaço para guardar 12.000 livros disponíveis para empréstimo ao público, para entregar e receber livros devolvidos, para ler livros e revistas e para consultar obras de referência".

As *necessidades de desempenho* indicam as condições que a edificação deve satisfazer para que seja possível usá-la da maneira pretendida. Significam, de maneira bastante literal, o desempenho que se exige da edificação. As necessidades de desempenho devem ser expressas nos termos o mais concretos possível que sejam mensuráveis, mas não baseados em nenhuma solução específica. As necessidades mensuráveis são passíveis de verificação objetiva e, sempre que possível, o nível desejado de qualidade deve ser expresso em termos quantitativos, como "uma área útil bruta de 12.500 m²" ou "as portas devem permitir uma abertura desimpedida de pelo menos 850 mm de largura". No exemplo da biblioteca: "uma área de empréstimos de 1.800 m² para 12.000 livros, um balcão de 20 m² para empréstimos e devoluções e uma sala de leitura de 90 m² com assento para 30 pessoas". Quando as necessidades são expressas de modo não amarrado a nenhuma solução específica, o projetista tem liberdade suficiente para escolher uma solução própria que satisfaça as especificações de desempenho exigidas.

É preciso dar atenção às necessidades descritivas que contenham solução própria, como "o piso deve receber acabamento de mármore branco". Esse tipo de formulação deixa pouco espaço para soluções alternativas. Por outro lado, não há razão para fazer um sumário detalhado de especificações de desempenho se o cliente já disse que só se dispõe a aceitar uma única solução. No entanto, em muitos casos, a solução exigida exprime algum desejo subjacente, como "fácil de limpar e que dê impressão de luxo". Quando esses desejos subjacentes são incluídos explicitamente no programa, ainda há espaço para soluções alternativas também capazes de atender às exigências.

3.3 Passos que levam ao programa de necessidades

Os passos mais importantes na preparação do programa de necessidades são os seguintes:

- Uma análise cuidadosa da organização das atividades a abrigar, preparada principalmente com a ajuda das informações e da experiência obtidas com o cliente e os usuários.
- Tradução espacial em necessidades funcionais e especificações de desempenho, preparada com a ajuda dos conhecimentos e da experiência do cliente e dos responsáveis pelo preparo do programa (arquitetos ou especialistas), da literatura e das normas.
- Visitas a projetos comparáveis e estudo das informações relativas a esses projetos.
- Análise comparativa e avaliação de precedentes.

Em conjunto, os dois primeiros passos são conhecidos como *análise funcional* ou *análise de função* (Fig. 3.10). Essa análise funcional é traduzida num projeto funcional. Essa abordagem sistemática segue os passos das

análises de estudo do trabalho realizadas por Taylor nos Estados Unidos. Nos Países Baixos, nas décadas de 1960 e 1970, essa abordagem foi desenvolvida para abranger a arquitetura de Zweers e Bruijn (1958), de Bruijn e Korfker (1969) e de Polak (1973), que deram aulas na Faculdade de Arquitetura de Delft. Podem-se encontrar ideias recentes sobre projeto funcional em Van Duin et al. (1990), Sanoff (1992) e Blyth e Worthington (2001). Discutiremos primeiro como se faz a análise de funções e depois explicaremos como usar os precedentes na preparação de um programa de necessidades.

3.3.1 Análise de funções: dimensionar, separar e interligar

A elaboração do programa de necessidades começa com a análise da organização e das atividades que têm de ser abrigadas. Essa análise envolve determinar a natureza das atividades e as condições espaciais a satisfazer, como a área útil necessária, as distâncias ou profundidades mínimas, as condições físicas (temperatura, iluminação e ruído) e as exigências de um ambiente psicologicamente aceitável (vista, privacidade, contato social, territorialidade, identidade e possibilidade de reconhecimento). Deve-se considerar de modo adequado a questão das atividades que exigem espaço específico próprio e as que podem ser acomodadas em

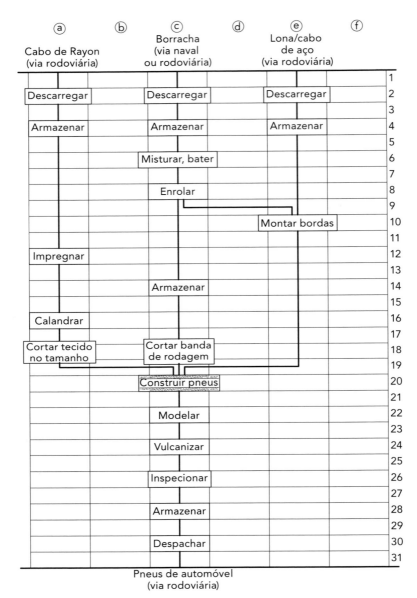

Fig. 3.10
Fluxograma de uma fábrica de pneus
Fonte: De Bruijn e Korfker (1969).

espaços compartilhados. A máquina de fotocópias e a de fax devem ficar na sala ocupada pelas secretárias, em sala separada ou em alguma área, talvez uma área pública, no meio da edificação? Todos os escritórios devem ter sala de reuniões própria? Ou deve haver salas de reunião para uso comum e áreas de estar informais? Assim que se determinar quais atividades exigem espaço próprio e quais podem usar espaço compartilhado, será possível determinar as condições espaciais individualmente necessárias a cada sala, determinando assim, em boa parte, a necessidade de espaço em termos de ambientes específicas e condições a satisfazer. Isso não é dizer que haja uma solução espacial específica para cada atividade. Do ponto de vista da flexibilidade e do valor futuro, é importante projetar os ambientes para que possam não só acomodar as atividades atualmente previstas, como outras também. Uma solução perfeitamente ajustada, "sob medida", na qual a forma corresponda perfeitamente à função, não será fácil de ajustar à mudança das circunstâncias.

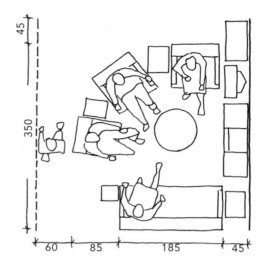

Fig. 3.11 Dados dimensionais na literatura
Fonte: Haak e Leever van der Burgh (1992).

Dados dimensionais na literatura

É preferível que atividades e espaços intimamente relacionados se situem próximos uns dos outros. Outras considerações que influenciam a proximidade espacial ou o grupamento de ambientes (zoneamento) são propriedades em comum, isto é, públicos ou privados, quentes ou frios, silenciosos ou barulhentos, com vista para fora ou fechados etc. Em edificações simples, é fácil analisar manualmente as relações espaciais. Em edificações mais complexas, é desejável usar o computador.

É aconselhável não redigir o programa de forma muito restritiva, já que o projeto tem de acompanhar de forma lógica e sem ambiguidades a análise do programa de necessida-

des. Além do uso-alvo, haverá, afinal de contas, muitas outras considerações que afetam o projeto, como, por exemplo, ajustes para combinar com o entorno ou mesmo o desejo de contraste, considerações estéticas e financeiras e o valor futuro. Esse último fator exige certo grau de flexibilidade. A edificação feita "sob medida" para atender a um programa de necessidades pode facilmente significar diferenças acentuadas e antieconômicas entre os diversos ambientes ou uma edificação impossível de usar em outras funções.

3.3.2 Ferramentas e referências

É claro que o cliente e o especialista em programa de necessidades que trabalharem no programa aproveitarão a experiência própria com a organização e o preparo desse tipo de docu-

102 ARQUITETURA SOB O OLHAR DO USUÁRIO

> **Boxe 3.9** Exemplo de estimativa de necessidade de espaço
>
> A área útil necessária para um refeitório de fábrica é determinada pelo número de pessoas que usarão as instalações ao mesmo tempo. As seguintes diretrizes para um refeitório de fábrica podem ser encontradas na literatura especializada:
>
> 1. Seção do refeitório: número de assentos × 1,4 m²
> 2. Balcão, cozinha e armazenamento: número de assentos × 0,7 m²
> 3. Sala dos funcionários, vestiários, escritório etc.: 0,4 m² por assento
>
> O especialista em programa de necessidades faz o seguinte cálculo:
>
> - Número de funcionários: 400.
> - Ocupação máxima a qualquer momento de cerca de 90% (10% ausentes, doentes, de férias etc.).
> - Funcionários comem entre meio-dia e 13h30, em dois turnos.
> - Supor que 60% usam o refeitório.
> - Supor que todas as mesas são ocupadas nos horários de pico, embora não completamente (por exemplo, três pessoas numa mesa para quatro), exigindo, assim, um fator multiplicador de 1,15:
>
> $$\text{Número de assentos} = \frac{400 \times 0,90 \times 0,60 \times 1,15}{2} = 125$$
>
> Espaço necessário:
>
> - Espaço público $\qquad$ 125 × 1,4 m² = 175m²
> - Bancada, cozinha $\qquad$ 125 × 0,7 m² = 87,5 m²
> - Outras salas $\qquad$ 125 × 0,4 m² = 50 m²
>
> Total $\qquad$ 313 m²
>
> Fonte: Relatório interno sobre princípios técnicos básicos para edifícios de escritórios alugados.

mento. Os especialistas costumam aproveitar programas de necessidades já preparados para serviços comparáveis, examinando-o, talvez junto com o cliente, e fazendo ajustes para adequá-lo ao serviço atual. Para conhecer a organização, usam-se técnicas como entrevistas, *workshops* com usuários (ou seus representantes), medições de ocupação, técnicas de cenários possíveis e estudos dimensionais com uma maquete em tamanho natural. Nem tudo precisa ser refeito toda vez. Com o passar dos anos, surgem publicações capazes de auxiliar a análise de funções e úteis para formular as condições impostas interna e externamente. A lista seguinte, que não se pretende completa, cita algumas publicações importantes:

- Publicações voltadas especificamente para o preparo de programas de necessidades, como *SBR 258, Programma van eisen* [Programa de necessidades]; *Handleiding Ruimtelijke Programma's van eisen* [Manual de programas de necessidades espaciais], publicado pela Building Research Foundation (1998); *SBR 421, Bouwstenen voor het Programma van eisen* [Passo a passo do programa de necessidades] (Building Research Foundation, 1998); *Integrating Programming, Evaluation and Participation in Design* [Integração de programa de necessidades, avaliação e participação em projetos] (Sanoff, 1992); *Professional practice in facility programming* [Prática profissional de elaboração de programa de necessidades de instalações] (Preiser, 1993); *Architectural Programming* [Programa arquitetônico] (Duerk, 1994); *Better construction briefing* [Melhorar a programação para edifícios] (Barrett; Stanley, 1999); *Managing the brief for better design* [Administrar o programa para projetar melhor] (Blyth; Worthington, 2001).
- Estudos dimensionais que tra-

duzem atividades em medidas espaciais, como *Human dimensions e interior space* [Dimensões humanas e espaço interno], Panero e Zelnik (1979), *De menselijke maat* [A dimensão humana], Haak e Van der Burgh (1992) (Fig. 3.11) e *Architect's Data* [Dados para arquitetos] (2000), edição atualizada em inglês do clássico *Bauentwurfslehre* (1970), de Ernst Neufert.

- Estudos de edificações com funções específicas, como escritórios, escolas, bibliotecas, museus e hospitais.
- Estudos de características específicas, como acessibilidade integral, segurança pessoal e patrimonial, flexibilidade, síndrome do edifício doente, conforto, edificação sustentável e com baixo uso de energia e custos de investimento e exploração. O Cap. 6 discute vários desses assuntos com mais detalhes e apresenta sugestões de novas leituras.
- Padrões e diretrizes como as normas NEN holandesas, as normas DIN alemãs, as normas ANSI americanas e as normas CEN internacionais.
- Normas e diretrizes de construção para setores específicos, como escolas, creches, hospitais e bibliotecas.
- Resumos de leis e regulamentos, como o SBR258a (1997).

104 ARQUITETURA SOB O OLHAR DO USUÁRIO

Boxe 3.10 Exemplo de perguntas para determinar as necessidades do usuário num programa

- Que tipo de organização é esta?
- Por que precisa de acomodações?
- Como é a estrutura da organização?
- Qual o tamanho da organização?
- Quais as atividades comerciais da organização?
- Que atividades precisam ser acomodadas?
- Como é a acomodação atual (quantitativa e qualitativamente)?
- Há tendências específicas em andamento capazes de afetar a acomodação?
- Qual a política da organização a médio e longo prazos?
- É essencial haver estacionamento no local?
- Qual a importância de acesso por transporte público?
- Haverá ambientes aos quais apenas um número limitado de pessoas terá
  acesso?
- Quais os ambientes cujo tamanho deve ser simples de aumentar ou
  diminuir?

Fonte: Building Research Foundation, Roterdã (1998): SBR 421.

Boxe 3.11 Amostra de descrição das necessidades de acessibilidade plena
(projetar para todos)

Os usuários e visitantes regulares da edificação devem ser capazes de ter
acesso às funções (espaços, salas e equipamento) e usá-las na realização
das atividades em que estão envolvidos da maneira mais independente e
padronizada possível. Portanto, as instalações do caminho e dos locais onde
se situam as funções utilizadas por usuários regulares devem satisfazer as
exigências de acessibilidade básica estabelecidas no Manual de Acessibilidade. As instalações também usadas por visitantes têm de satisfazer as
exigências adicionais para visitantes estabelecidas no mesmo manual.

Fonte: Wijk, Drenth e Van Ditmarsch (2003).

Boxe 3.12 *Leitmotiv* interativo

O "*leitmotiv* interativo" de N. D. Huijgen é um novo modo de oferecer diretrizes a programas e projetos e pode ser considerado uma variação eletrônica do famoso manual "Architect's Data" de Ernst Neufert. Os princípios do projeto são apresentados em visualizações bi e tridimensionais, permitindo assim que necessidades diferentes sejam tratadas numa única ilustração. Até agora, o *leitmotiv* só foi desenvolvido para criar um saguão público na edificação de um órgão governamental local. As visualizações trazem soluções básicas para a disposição e a organização do saguão, a aplicação dos materiais, os auxílios acústicos, o uso da luz, as janelas etc. As ilustrações são explicadas e embasadas por textos. O *leitmotiv* foi publicado na internet em <www.bk.tudelft.nl/bt/toi/afstuderen> e, portanto, é de fácil acesso. A vantagem da página na internet é que pode ser usada como um tipo de enciclopédia fácil de adaptar e ampliar. As soluções podem ser apresentadas de modo a permitir muita interação. O usuário do *leitmotiv* pode fazer mudanças próprias, por exemplo, na disposição, nos materiais e nas cores usadas.

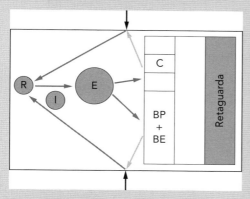

Fig. 3.12
R = recepção; E = área de espera; I = informações; C = consultório; BP = balcão padrão; BE = balcão especializado

3.3.4 Precedentes

Há muito a aprender com edificações existentes que podem ajudar a desenvolver ideias para projetos próprios com observação e discussões *in loco*. A documentação que contenha avaliação de edificações na fase de uso e gerenciamento também pode ser utilíssima. Esse tipo de avaliação é chamado de Avaliação Pós-Ocupação (APO; em inglês, *post-occupancy evaluation* ou POE). Quando também abrange aspectos além do uso e da experiência – como custos, tecnologia e estética –, a avaliação é conhecida como Avaliação de Desempenho da Edificação (ADE; em inglês, *building performance evaluation* ou BPE).

Os estudos de avaliação são mais úteis ainda quando comparam características e experiências de uma série de edificações relacionadas (Van der Voordt et al., 1997). Em relação aos

Fig. 3.13
Simulação tridimensional de uma área de recepção

métodos de pesquisa tradicionais, como observação e entrevistas, a análise comparativa de edificações tem a vantagem de que as informações obtidas dizem respeito a várias soluções espaciais. Cada edificação resulta de um processo complicado de tomada de decisões em que metas e princípios básicos se traduzem em estrutura e atividades da organização e depois se incorporam a um projeto espacial que abrange questões como plantas baixas, cortes, materiais e instalações. A análise posterior (ex post) possibilita redescobrir os pensamentos, ideias e pressupostos básicos que embasam as diversas escolhas.

Não é preciso dizer que esse tipo de processo pode sofrer problemas de interpretação. Afinal de contas, o projeto realizado é sempre afetado pela interpretação do projetista e por condições limitantes internas e externas, como o orçamento e as características do terreno (zoneamento urbano, dimensões e formato do terreno, funções vizinhas etc.). Portanto, é bom complementar a análise com pesquisas sobre a origem da edificação, entrevistas com o cliente da época e outros envolvidos no processo de construção, como o arquiteto e os especialistas. No Cap. 5 há mais detalhes de como avaliar uma edificação na fase de uso.

3 Programa de necessidades 107

Bibliografia

Ang, K.I. (1995), *Werken met prestatiecontracten bij vastgoedontwikkeling* [Performance contracts in real estate development]. Department of Housing, Regional Development and the Environment/Government Buildings Agency and Coordination of Building Policy, The Hague.

Barrett, P.; C. Stanley (1999), *Better construction briefing*. Blackwell Science, Oxford.

Blyth, A.; J. Worthington (2001), *Managing the brief for better design*. Son Press, London.

Bruijn, W.N. de; D. Korfker (1969), *Voorbereiding en methodiek bij het ontwerpen van bedrijfsgebouwen* [Preparation and methodology for the design of commercial buildings]. Parts I and II. Bouwwereld, 29 August and 12 September 1969.

Building Research Foundation, Rotterdam (1995), *Het prestatiebeginsel: begrippen en contracten* [The performance principle: concepts and contracts]. SBR 348. W.J.P. Bakens, Rotterdam.

Building Research Foundation, Rotterdam (1996), *Programma van eisen. Instrument voor kwaliteitsbeheersing* [Programme of requirements. An instrument for quality control]. SBR 258, 3rd edn. E.A.M. ten Dam, F.J. Smits and D. Spekkink, Rotterdam.

Building Research Foundation, Rotterdam (1997), *Programma van eisen. Instrument voor kwaliteitsbeheersing. Externe eisen en voorwaarden* [Programme of requirements. An instrument for quality control. Externally imposed requirements and conditions]. SBR 258a. J.J. Rip, Rotterdam.

Building Research Foundation, Rotterdam (1998), *Bouwstenen voor het PVE* [Steps to a programme of requirements]. SBR 421. M. Wijk and D. Spekkink, Rotterdam.

DHV AIB (1995), *Programma van eisen voor bedrijfshuisvesting* [Programme of requirements for business accommodation]. Amersfoort: DHV AIB, internal report.

Duerk, D.P. (1994), *Architectural Programming*. Information Management for Design. John Wiley & Sons, New York.

Duin, L. van; J. Zeinstra (Eds.) (1990), *Functioneel ontwerpen. Ontwikkeling en toepassing van het doelmatigheidsbeginsel in de architectuur* [Functional design. Development and application of the efficiency principle in architecture]. Architectural Publications Office, Delft.

Dutch Standards Institution (1993a), NEN 2658, *Programma's van eisen voor gebouwen en bijbehorende projectprocedure. Algemene regels* [Programmes of requirements for buildings and associated project procedure. General rules]. Delft.

Dutch Standards Institution (1993b), NPR 3401, *Programma's van eisen voor gebouwen en bijbehorende projectprocedure. Algemene nalooplijst* [Programmes of requirements for buildings and associated project procedure. General checklist]. Delft.

Dutch Standards Institution (1993c), NPR 3405, *Programma's van eisen voor gebouwen. Indeling en aspecten van gebouwdelen en voorzieningen op het terrein* [Programmes of requirements for buildings. Division and features of parts of the building and on-site facilities]. Delft.

108 ARQUITETURA SOB O OLHAR DO USUÁRIO

Haak, L.; D. Leever van der Burgh (1992), *De menselijike meat* [The human dimension]. Delft University.

Hoogdalem, H. van; D.J.M. van der Voordt; H.B.R. van Wegen (1985), *Bouwen aan gezondheidscentra. Functionele grondslagen voor programma en antwerp* [Building for health centres. Functional foundations for programme and design]. Delft University Press.

Huijbrechts, R. (1997), *Case studies on build operate transfer*. Faculty of Architecture, Delft University of Technology.

Laarschot, J. van de (1998), *Functionele heroriëntatie van het architectenbureau* [Functional reorientation of the architectural practice]. Faculty of Architecture, Delft University of Technology.

Neufert, E.; P. Neufert; B. Baiche; N. Walliman (2000), *Architect's data*. Blackwell Scientific Publications, London.

Panero, J.; M. Zelnik (1979), *Human dimension & interior space*. A source book of design reference standards. Whitney Library of Design, New York.

Polak, B.M. (1973), *Functioneel ontwerpen* [Functional design]. Amsterdam/Brussels.

Preiser, W. (1993), *Professional practice in facility programming*. Van Nostrand Reinhold, New York.

Rijksgebouwendienst (1995), *Handleiding ruimtelijke programma's van eisen* [Programmes of spatial requirements manual]. Department of Housing, Regional Development and the Environment, The Hague.

Sanoff, H. (1992), *Integrating programming, evaluation and participation in design*. Avebury, England.

Voordt, D.J.M. van der; D. Vrielink; H.B.R. van Wegen (1984), *Kinderdagverblijven. Richtlijnen voor de bouw* [Children's day care centres. Building guidelines]. Delft University Press.

Voordt, D.J.M. van der; D. Vrielink; H.B.R. van Wegen (1997), *Comparative floorplananalysis in programming and design. Design Studies* (18) No. 1, 67-88.

Voordt, D.J.M. van der; D. Vrielink; H.B.R. van Wegen (1999), *Reader programmakunde* [Programming technique reader]. Module M1. Faculty of Architecture, Delft University of Technology.

Vrielink, D. (1991), *Kwaliteit maken, meten en vergelijken* [Quality creation, measurement and comparison]. Bouw 23, 17-19.

Waalwijk, W. (1995), *Betere gebouwen door gebruikersparticipatie bij het opstellen van het programma van eisen* [Better buildings by user participation in the preparation of the programme of requirements]. Dutch Association for Nursing Care, Utrecht.

Wijk, M.; J. Drenth, M. van Ditmarsch (2003), *Handboek voor Toegankchijkheid* [Accessibility Manual] 5th edition. Elsevier Bedrijfsinformatie, Doetinchem.

Zweers, B.H.H.; W.N. de Bruijn (1958), *Een analytische methode voor het ontwerpen van bedrijfsgebouwen* [An analytical method for designing commercial buildings]. Doelmatig Bedrijfsbeheer (10) No. 11. Also included in L. van Duin et al. (Eds.) (1989), *Functioneel ontwerpen* [Functional design]. Faculty of Architecture, Delft University of Technology.

4
Do programa ao projeto

Espera-se que o programa de necessidades ou *brief* incorpore as necessidades e os desejos mais importantes do cliente em relação à qualidade esperada para o usuário. Como o capítulo anterior deixou claro, a distinção tradicional entre a fase de elaboração do programa e a fase de projeto não deve ser entendida de forma demasiado literal. Na prática, o programa continua a ser desenvolvido mesmo na fase de projeto, em parte por influência de questões e ideias surgidas durante o projeto. Às vezes, o programa de necessidades mal existe ou, no máximo, é muito breve e tem de ser desenvolvido (muitas vezes por inferência) durante o processo de projeto. Nesse caso, é preciso encontrar um caminho alternativo para assegurar que o projeto produzirá qualidade ótima para o usuário. Mesmo que a fase de projeto seja iniciada sem um programa de necessidades adequadamente desenvolvido, o projetista ainda tem responsabilidade pessoal pela qualidade para o usuário. Afinal de contas, o projeto determina, em grande parte, até que ponto a edificação oferecerá o nível adequado de apoio às atividades abrigadas. Este capítulo examina a questão de como decidir por um projeto e como assegurar que o projeto produzirá uma edificação que seja o mais usável possível. Na literatura profissional, encontram-se dois tipos de pesquisa e discussão relativos a esse tipo de questão:

- *Descritivas*, que tentam responder à pergunta de como funcionam os processos de projeto. A pesquisa empírica e a análise de estruturas lógicas são usadas na tentativa de entender a estrutura do processo e dos métodos de projeto utilizados na prática.

- *Prescritivas*, que tentam responder à pergunta de como realizar o processo de projeto de modo que funcione com eficácia e eficiência para chegar ao melhor resultado possível.

A primeira abordagem parte dos fatos e descreve o que *é* a realidade. A segunda abordagem é normativa e trata do que a realidade *deveria* ser. Ambas as abordagens dão uma ideia de como os projetistas trabalham e dos problemas que enfrentam. Este capítulo descreve, com a ajuda de referências à literatura especializada, como funciona o processo de projeto, as diversas fases que se distinguem no processo, que métodos podem ser usados para projetar e o efeito que causam sobre a qualidade das edificações para os usuários. Mas a primeira coisa a discutir antes de entrar na metodologia e nos métodos de projeto é o projeto em si.

4.1 O que é projeto?

O *Dicionário Houaiss* define projeto como "plano geral para a construção de qualquer obra, com plantas, cálculos, descrições, orçamento etc."; o *Webster's Dictionary* define *design* como "arranjo de elementos que formam uma obra de arte, uma máquina ou outro objeto feito pelo homem". O dicionário *Van Dale* de holandês define *ontwerp* como "imaginar e incorporar num esboço,

desenhar um esboço de algo", em que "esboço" é sinônimo de "planta", "plano" ou "desenho". O projeto é definido como descrição das principais características de alguma coisa. O projeto é um plano, algo imaginado em vez de executado. A planta é um projeto que indica como algo deveria ser organizado e executado. Nada disso nos leva muito longe. A referência à literatura especializada é mais bem-sucedida. Por exemplo, o livro *Ontwerpsystemen* [Sistemas de projeto] (1975), de Foqué, traz uma lista extensa de definições. Também se podem encontrar definições e descrições diferentes em outros textos. A multiplicidade de definições mostra que as opiniões diferem sobre a natureza essencial do ato de projetar. Para ilustrar a questão, o Boxe 4.1 contém várias definições datadas de períodos diferentes, derivadas de diversas disciplinas.

As definições de Mick Eekhout, professor de Tecnologia de Construção da Faculdade de Arquitetura de Delft, mostra duas visões significativamente diferentes do projeto, uma conceitual e a outra, integrada. De acordo com a visão conceitual, projetar é apenas preparar um desenho. Tudo o mais é desenvolvimento, elaboração de detalhes. Para a visão integrada, projetar abrange todo o processo, do início à produção, do primeiro esboço aos desenhos de trabalho definitivos. Com o passar dos anos, o papel desempenhado pelo projetista no processo de construção

> **Boxe 4.1** Definições de projeto
>
> *Uso de princípios científicos, informações técnicas e imaginação na definição de uma estrutura, máquina ou sistema que realize as funções previstas com o máximo de economia e eficiência.*
>
> (Fielden et al., 1963).
>
> *Formulação de uma receita ou modelo de obra acabada antes da sua concretização, com a intenção de construção como objeto material, com a presença, inclusive, de um passo criativo.*
>
> (Archer, 1965).
>
> *Tradução de informações na forma de necessidades, restrições e experiência em possíveis soluções, pensadas pelo projetista para atender às características de desempenho exigidas.*
>
> (Luckman, 1967).
>
> *Projetar é imaginar e representar geometria, materiais e técnicas de manufatura para um produto novo. É mais do que apenas desenhar. É um processo mental orientado a objetivos em que os problemas são analisados, metas são estabelecidas e restabelecidas, soluções são desenvolvidas e propostas e propriedades das soluções, avaliadas.*
>
> (Roozenburg; Eekels, 1991).
>
> *Tradução de dados abstratos rígidos e analíticos do programa de necessidades numa síntese que é a planta da edificação.*
>
> (Associação de Arquitetos Holandeses).
>
> *Processo eficiente de tomar decisões sobre uma solução original, engenhosa, prática, física e espacial para um problema espacial, do início à execução.*
>
> (Eekhout, 1996).
>
> *Concepção de uma solução original, técnica, física e espacial para um novo problema espacial.*
>
> (Eekhout, 1996).

sofreu uma mudança radical. Hoje, o papel tradicional do projetista como principal representante do cliente – o mestre de obras que guia e dirige todo o processo – costuma ser assumido por um gerente de construção, alguém que geralmente tem poucas pretensões artísticas e se preocupa em assegurar que a edificação fique pronta a tempo e dentro do orçamento (Eekhout, 1998). Também costuma acontecer que parte da tarefa do projetista seja assumida por outros. Em alguns processos de construção, o papel do arquiteto se reduz ao de projetista estético, reduzindo significativamente a importância original do projeto arquitetônico.

Apesar de toda essa diversidade, observa-se que alguns elementos se repetem com certa regularidade:

- a busca de uma *solução criativa* para um *problema espacial*;
- que satisfaça *exigências feitas previamente* (como facilidade de uso e viabilidade técnica);
- com base numa análise e na tentativa de traduzir *informações*.

O Grupo de Trabalho sobre Critérios de Avaliação de Disciplinas de Projeto e o Comitê Consultivo de Política Tecnológica da Universidade de Tecnologia de Delft também listaram critérios para determinar se um projeto é *cientificamente* correto:

- Originalidade (o projeto deve conter um elemento demonstrável de novidade).
- Utilidade (uma solução eficaz para um problema concreto).
- Eficiência (capacidade de cumprir a sua função num período extenso, ou seja, uma longa vida útil).
- Os critérios usuais aplicáveis a todo exercício científico: confiabilidade, possibilidade de verificação e abordagem metódica (nesse caso, do projeto), com um nível adequado de validade objetiva ou substancial validade subjetiva.

- Aplicabilidade (pode ser executado e aplicado em outras situações ou contextos).

4.2 Metodologia de projeto

Nas décadas de 1960 e 1970, houve uma explosão de dissertações sobre metodologia de projeto, isto é, a teoria ou ciência dos métodos usados no processo de projeto, que levava em conta tanto o funcionamento do processo quanto os métodos usados nesse processo (ver as seções 4.3 e 4.4). A característica da abordagem metódica é que os vários passos são formulados explicitamente e podem ser transmitidos, controlados e verificados. O aumento do interesse pela metodologia de projeto surgiu, em parte, pela complexidade crescente do processo de projeto (o tamanho e a novidade das tarefas, a variedade de materiais e técnicas disponíveis) e, em parte, pela necessidade de tornar o projeto mais científico (mais sistemático, menos uma questão de tentativa e erro). Esperava-se que a aplicação do computador permitisse o tratamento mais eficaz do projeto de tarefas complexas. O trabalho para a criação de um arcabouço conceitual claramente definido para o processo de projeto já se desenvolve há mais de 20 anos. O começo do período foi marcado pela primeira conferência britânica sobre métodos de projeto, realizada em Londres em 1962 (Jones; Thornley, 1963), e o final, pela conferência sobre política de projeto, também em Londres, em 1982 (Langdon et al., 1984). Depois disso, o debate sobre metodologia de projeto foi para os bastidores. Durante anos, só se deu atenção limitada ao tema na formação e na pesquisa realizadas na Faculdade de Arquitetura de Delft. Apesar dos muitos estudos arquitetônicos sobre ideias a respeito de arquitetura, estratégias e tipologia de projeto como método de projeto, não há um manual atual de metodologia de projeto. Entretanto, nos últimos anos, o interesse pela metodologia e pelos métodos de projeto parece ter aumentado. Em 1998, a Faculdade de Arquitetura organizou uma nova conferência sobre métodos de projeto. No mesmo período, foi criado o programa *De Architectonische Interventie* [A intervenção arquitetônica], para examinar métodos e técnicas de estudos de projeto e estudos por meio de projetos. Os resultados desse programa de dois anos foram apresentados na conferência internacional "Pesquisa por projetos", realizada em Delft (Langenhuizen et al., 2001), e, mais tarde, num livro sobre *Ways to study and research architectural, urban and technical design* [Modos de estudar e pesquisar o projeto arquitetônico, urbano e técnico] (De Jong; Van der Voordt, 2002). De acordo com Rosemann (2001), uma planta espacial não é mais uma planta baixa apenas, mas também uma ferramenta para explorar o potencial do terreno e um meio de comunicação e negociação entre as partes envolvidas. Cada vez mais, pro-

jetar torna-se um processo coletivo realizado por especialistas que colaboram entre si e no qual as tarefas se dividem entre projeto e construção e entre arquiteto, construtor, incorporador e outros participantes.

O interesse em metodologia de projeto também aumenta em outros países; basta ver o grande interesse na reedição da obra de Donald Schön (1991) e Brian Lawson (1997). Se nos restringirmos aos pontos principais, parece possível distinguir quatro gerações diferentes de metodologia de projeto nos últimos 40 anos.

4.2.1 Início da década de 1960

No início do período, a ênfase recaía sobre o projeto como atividade voltada a metas para resolver problemas. As metodologias de projeto tentavam encontrar uma abordagem sistemática e eficiente para a tarefa de projetar. Havia muita confiança nas possibilidades do computador e era entusiástico o uso de noções obtidas com as técnicas de solução de problemas, como a análise de sistemas e a pesquisa operacional, desenvolvidas nas décadas de 1940 e 1950. Os representantes importantes do período são Jones (1963), Alexander (1963, 1964) e Luckman (1967). A tarefa de projetar era decomposta em seus mínimos detalhes para produzir pequenos subproblemas. Primeiro esses subproblemas eram resolvidos separadamente; depois, tentava-se sintetizar as soluções isoladas num todo integrado.

4.2.2 Da segunda metade da década de 1960 a meados da década de 1970

O segundo período caracterizou-se pela crítica crescente às falhas da abordagem tecnológica. A atenção foi transferida para a solução de problemas sociais. Foi uma época de participação dos moradores na criação e no gerenciamento do ambiente construído. Houve cada vez mais interesse em tipos experimentais de moradia e formas de habitação comunitária (Cooper, 1971; Meyer-Ehlers, 1972). Herman Herzberger construiu as casas "Diagoon", em Delft. O arquiteto belga Lucien Kroll ficou famoso por La Mémé, em Leuven, projeto realizado com muitas informações dos moradores. Houve mais evolução em novas disciplinas como Psicologia Ambiental e Sociologia de Edificações e Habitações. Alguns nomes conhecidos no campo da pesquisa científica são: De Jonge (1960), Priemus (1969) e Burie (1972, 1978), nos Países Baixos, e Sommer (1969), Proshansky et al. (1970), Altman (1975) e Canter e Craik (1981), fora dos Países Baixos.

4.2.3 De meados da década de 1970 à década de 1980

Durante esse período, pareceu que o "movimento dos métodos de projeto"

teria um fim prematuro. Houve muitas críticas à ênfase unilateral dada ao pensamento racional. Um pioneiro como Christopher Alexander, cuja *linguagem de padrões* (1977) ainda é muito usada até hoje, resistiu ferozmente à rotulagem de todas as ideias como metodologia (Alexander, 1971). Vários autores ressaltaram que o processo de projeto realmente corresponde, em certa medida, ao ciclo análise--síntese-avaliação, mas que cada processo é único e não pode ser descrito de maneira padronizada. Mas o debate sobre metodologia de projeto nunca cessou completamente. Broadbent (1978) referiu-se à chegada de uma terceira geração. Em contraste com a abordagem quantitativamente analítica da década de 1960 e com a atenção dada à participação do usuário na década de 1970, essa terceira geração preocupava-se principalmente com a busca de soluções que abrissem espaço para o usuário organizar os detalhes internos da forma mais adequada para si, e assim, precisou desenvolver melhor os métodos usados pela primeira e pela segunda gerações. Van Duin e Engel (1991) distinguiram dois tipos de estratégia de projeto comuns no período, ambas as quais podem ser consideradas reações às pretensões modernistas das gerações anteriores: a abordagem racionalista e a pós--moderna. A característica principal do ponto de vista racionalista é a autonomia da arquitetura e do projetista. Além do papel de apoiar a função, a

Boxe 4.2 Linguagem de parâmetros de projeto

Em 1977, na onda da busca por métodos de projeto, Christopher Alexander et al. publicaram uma nova ferramenta para a construção e o planejamento de ambiente construído: *A pattern language*. O livro é muito ligado a outro anterior, *The timeless way of building* [O modo atemporal de construir], que traz a teoria e instruções para o uso da linguagem. Uma linguagem de parâmetros inclui 253 deles, ordenados em três temas: cidades, edificações e construção. Os parâmetros são princípios condutores para dar apoio ao projeto tendo em mente as necessidades do usuário, com base em fatos. Cada parâmetro refere-se a alguns outros parâmetros e serve de referência para outros mais, de modo a criar constância e coerência. Desse modo, os parâmetros formam uma linguagem. Cada parâmetro tem o mesmo formato, que inclui a imagem de um exemplo arquetípico, o enunciado resumido do problema, um exame do corpo do problema e uma descrição do núcleo da solução, sem limitar a liberdade do arquiteto de fazer suas escolhas. Um exemplo é o parâmetro 183, Fechamento do local de trabalho (Fig. 4.1). Nele, afirma-se que "ninguém pode trabalhar com eficácia se o espaço de trabalho for fechado ou exposto demais. Um bom espaço de trabalho tem equilíbrio". Esse enunciado é desenvolvido em 13 variáveis que podem influenciar a sensação de fechamento do indivíduo, como presença ou ausência de uma parede logo atrás ou ao lado, a quantidade de espaço em frente, a vista para fora, e assim por diante. Depois, formulam-se 13 hipóteses, como "Sentimo-nos mais à vontade no espaço de trabalho quando há uma parede às costas", "Não deve haver parede nua a menos de 2,5 m à frente" ou "Os espaços onde se passa a maior parte do dia devem ter área mínima de 5,5 m²".

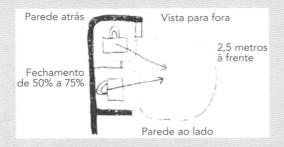

Fig. 4.1
Parâmetro 183: fechamento do local de trabalho

A teoria por trás da linguagem de parâmetros é claramente um produto da década de 1970. Ela dá muita atenção à necessidade de contato social e de

> relação íntima com a natureza. Demonstra preferir métodos de construção tradicionais que usam muita mão de obra e materiais de construção tradicionais. Em geral, a base empírica dos parâmetros não fica completamente clara. Em consequência, muitos enunciados parecem bem subjetivos. Ainda assim, a abordagem sistemática, com um formato padronizado, a sequência linear direta e, ao mesmo tempo, a estrutura de uma rede de parâmetros interligados, ainda é muito útil nos processos de coletar informações e projetar.

forma tem um papel independente no processo de projeto. Como exemplo, Van Duin citou o projeto de Carel Weeber para uma penitenciária em Roterdã. A abordagem pós-moderna foi interpretada por Van Duin como protesto tanto contra as ambições sociais do modernismo quanto contra a arquitetura objetiva e racionalista.

4.2.4 Da década de 1990 aos dias atuais

Nos últimos anos, houve um aumento perceptível da atenção dada aos sistemas de processamento de informações e de apoio à decisão em projetos (Bax, 1995). De acordo com Foqué (1982), projetar envolve trabalhar com mensagens que contêm informações extremamente complexas, e é importante saber com que exatidão, importância e eficácia as informações são transmitidas e processadas. Foqué acreditava que o conflito tradicional entre metodologias que ele chamava de "artísticas" e "científicas" podia se resolver com o uso de métodos de projeto e métodos dirigidos a projetos que combinassem ambos os modos de

trabalhar. Sem dúvida, o processo de projeto pode envolver hipóteses e sua comprovação, mas sem exprimi-las em termos de causa e efeito (ligações causais) e, sim, de mudança e caos. Ele baseou essa ideia na teoria do caos de Prigogine (1984). A pesquisa de Hamel (1990) sobre como os projetistas pensam e trabalham indicou que, na prática, projetar quase sempre envolve mesmo uma combinação de intuição e abordagem analítica e sistemática. Nas palavras de Eekhout (1996a):

> Projetar é um processo iterativo que exige do cérebro que pense e das mãos que visualizem, ambos os lados estimulados pela mente que sonha.

Hoje em dia, uma ferramenta de projeto essencial é o projeto com auxílio de computador (*Computer-Aided Design*, CAD). O professor Nicholas Negroponte, ex-presidente do MIT Media Lab, já escrevia sobre as possibilidades do CAD em 1969, no livro *The architecture machine* [A máquina da arquitetura]. Nesse livro, ele discutiu a ideia de parceria e diálogo entre o projetista (arquiteto) e um computador inteligente – uma "máquina da arquitetura" (Cotton; Oliver, 1994). Alguns anos antes, Marshall McLuhan publicara *Os meios de comunicação como extensões do homem* (1964, trad. 1969), afirmando que o computador provocaria mudanças na proporção, no ritmo e no esquema das relações humanas, e mudanças no modo como pensamos, articulamos a linguagem e vivemos. O computador permite novas experiências no campo da virtualização. A arquitetura pode tornar-se a espacialização e a concretização do desenvolvimento do pensar (Puglisi, 1999). Já há alguns anos, vem aumentando o uso de um novo tipo de projeto influenciado pelo uso de computadores, que envolve a busca de geometrias de edificação anormais e não retangulares. Essa evolução foi estimulada pelo Museu Guggenheim de Frank Gehry. Os expoentes holandeses da arquitetura de "bolha" são Oosterhuis, Van Egeraat e Spuybroek (ver também o Cap. 2). Nesse contexto, é interessante a tese de PhD de Vollers (2001) sobre fachadas torcidas. A característica central era a busca, com o auxílio do computador, de formatos de fachada com interesse espacial, os princípios matemáticos por trás deles e a viabilidade técnica de superfícies externas curvas.

Aqui, um ponto importante a ressaltar é que, cada vez menos, projetar é a atividade individual de um único projetista e, cada vez mais, um processo que envolve muitos indivíduos (Heintz, 1999). A complexidade da tarefa de construir faz com que os projetos sejam influenciados não só por arquitetos, mas também por técnicos em construção, empreiteiras, futuros moradores etc. Na tese de 1998, Van Loon fala de projeto interorganizacional, que exige um processo de projeto aberto e transparente e métodos específicos que levem em conta as diversas metas e prioridades para obter a melhor solução possível. Uma abordagem que limita a variedade de soluções possíveis é exprimir como equações lineares todas as pré-condições estabelecidas por diferentes interessados (Fig. 4.2). Então, podem-se usar algoritmos matemáticos para dar uma ideia da gama de soluções

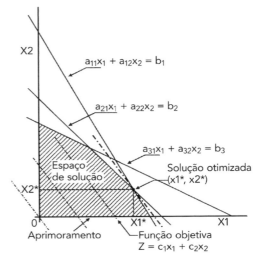

Fig. 4.2
Definição da gama de soluções possíveis pela determinação de pré-condições e necessidades especificadas pelas várias partes envolvidas
Fonte: Van Gunsteren e Van Loon (2000).

na qual as variantes do projeto ainda conseguirão satisfazer as necessidades mínimas de cada indivíduo (Van; Van Loon, 2000). Caso também se levem em conta opiniões e níveis de autoridade diferentes, deve ser possível descobrir a "melhor" solução. Aqui, "melhor" é definido de acordo com o critério de Pareto. O projeto é otimizado quando não pode mais ser aprimorado em benefício de um ou mais dos envolvidos sem reduzir o benefício de um ou mais outros caso uma das versões anteriores da planta fosse implementada.

4.3 Processos de projeto

Uma das mais conhecidas metodologias de projeto do primeiro período é a de J. C. Jones. Em 1963, ele publicou o artigo *A method of systematic design* [Um método de projeto sistemático]. Também foi autor de um manual de métodos de projeto (1970), com várias reedições (Jones, 1982). De acordo com ele, o processo de projeto começa com a divergência (a produção de um programa de necessidades), avança para a transformação (estruturar o problema, conceber soluções parciais, transformação) e depois para a convergência (combinação de soluções parciais, avaliação de projetos diferentes). Jones reconhecia três fases principais nesse processo:

- *Análise*: descrever o problema na sua inteireza e decompô-lo em componentes individuais, identificando cada necessidade a ser

satisfeita pelo projeto e dispondo os resultados para formar um conjunto coerente de necessidades de desempenho.
- *Síntese*: desenvolver soluções para partes do problema e modos de satisfazer necessidades especiais de desempenho e obter a melhor integração possível de soluções parciais num projeto completo.
- *Avaliação*: determinar até que ponto as soluções totais ou parciais satisfazem as necessidades estabelecidas anteriormente.

Esse processo em três estágios de análise-síntese-avaliação é encontrado com frequência nas obras da tradição anglo-saxônica (por exemplo, em Archer, 1965; Luckman, 1967; Broadbent e Ward, 1969; Cross, 1984; Lawson, 1997) e nas obras de autores holandeses (por exemplo, Boekholt, 1984, 1987; Roozenburg e Eekels, 1991; De Ridder, 1998), embora muitas vezes de maneira levemente corrigida.

Roozenburg e Eekels (1991), por exemplo, acrescentam mais dois passos: "simulação", como passo a mais entre síntese e avaliação, e "decisão" depois da avaliação. Com "simulação", querem dizer a aplicação de raciocínio ou provas com maquetes para chegar a um juízo sobre o comportamento e as propriedades do produto projetado antes do começo da verdadeira produção.

4.3.1 Projetar como processo iterativo cíclico

De acordo com Archer (1965), a divisão em fases de análise, síntese e avaliação não apenas se aplica ao projeto como um todo, mas também serve de modelo para cada fase do processo. Depois de submeter o processo de projeto a uma análise detalhada, Archer distinguiu nada menos que 229 atividades diferentes, classificadas na fase analítica (coleta de dados, programa de necessidades), criativa (análise, síntese, desenvolvimento de soluções) e de execução, com muita comunicação e *feedback*. Hamel (1990) também afirmou que análise, síntese e avaliação não costumam ocorrer sequencialmente, mas em paralelo, de forma interativa. As questões centrais levantadas na sua tese de PhD sobre como pensam os projetistas foram os componentes que formam o projeto arquitetônico e como esses componentes se organizam no processo de projeto. Ele construiu um modelo descritivo com base num estudo da literatura e depois o pôs à prova pedindo a 15 arquitetos experientes que pensassem em voz alta durante o processo de projetar um clube para jovens. A pesquisa levou-o a concluir que o processo de projeto costuma envolver um ciclo composto dos seguintes passos principais:

- *Análise*: analisar a tarefa, coletar informações adicionais e dividir a tarefa em subproblemas (decomposição), com base em várias dimensões, como função do usuário, estética, construção e projeto urbano.
- *Síntese*: resolver os subproblemas e depois resolver o problema total do projeto por meio da síntese das soluções dos subproblemas. A meta da síntese é integrar individualmente as soluções dos subproblemas de cada dimensão e depois integrar essas soluções para obter uma única solução geral.
- *Projeto*: dar forma à solução de modo que o projeto seja "arquitetura", isto é, esteticamente justificado, empolgante e elegante (embora se mantenha econômico com os recursos).

Cada um desses passos envolve três estágios: orientação, execução e avaliação. O resultado de cada passo é avaliado com base em critérios específicos da tarefa. Em grande parte, a tarefa do projetista consiste em transformar (de texto em desenho, de atividades em necessidades de área útil), trocar (de esboço a detalhamento e vice-versa, de um subproblema ou dimensão a outros) e dar *feedback* (de soluções a metas).

4.3.2 Analogia com a solução de problemas

Roozenburg e Eekels (1991) ressaltaram que o ciclo básico do projeto tem muito em comum com o ciclo de solução de problemas aceito e usado para tratar de problemas complexos de desenvolvimento técnico e socioeconômico. Como Hall (1968), eles distinguiram cinco fases: (1) definir o problema; (2) formular metas; (3) imaginar soluções; (4) selecionar a melhor solução; e (5) executar o plano. Boekholt (1987) usou uma divisão semelhante mas se limitou a quatro fases que se fundem gradualmente uma na outra (Figs. 4.3 e 4.4):

1) Desenvolver um enunciado de problemas e metas.
2) Formular princípios físicos e espaciais básicos.
3) Gerar variantes significativamente diferentes e originais.
4) Avaliar e selecionar as variantes com a ajuda de critérios formulados explicitamente.

Os passos 3 e 4 têm certa relação com o conhecido modelo TOTE (Teste--Operação-Teste-Saída [do inglês Test--Operate-Test-Exit]) usado na análise de sistemas. A congruência entre as informações obtidas pelos sentidos e a situação desejada é avaliada por meio de critérios predeterminados (Teste).

Fig. 4.4
Ciclo básico do projeto
Fonte: Roozenburg e Eekels (1991).

Se houver falta de congruência, tenta-se usar métodos físicos ou psicológicos para restaurá-la (Operação). Em princípio, essa tentativa continua até que se consiga a congruência, e

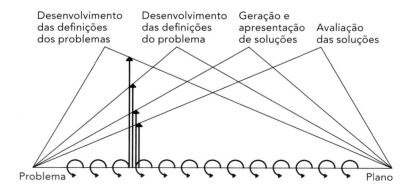

Fig. 4.3
Do enunciado do problema ao projeto em quatro fases
Fonte: Boekholt (1987).

nesse ponto o projeto para. De acordo com Boekholt, a sequência não é fixa. Em geral, o processo pode passar da formulação de metas para a geração e avaliação de soluções, às vezes prematuramente. Mas também pode acontecer que uma solução gere novas metas ou que uma avaliação provoque nova análise antes que se imaginem novas soluções totais ou parciais.

4.3.3 Conjecturas de projeto e geradores primários

Apesar das semelhanças entre o ciclo básico do projeto e o ciclo de solução de problemas amplamente utilizado, também há dessemelhanças. No início da década de 1970, Bryan Lawson examinou o processo de solução de problemas em dois grupos diferentes: alunos de arquitetura e alunos de ciência (Lawson, 1980 apud Downing, 1994). Um problema experimental semelhante a um projeto foi usado para verificar se havia diferenças. O processo de solução de problemas que funcionou com os alunos de ciência foi ineficaz para os alunos de arquitetura. O resultado indicou que os alunos de ciência usavam um processo concentrado no problema, ao passo que os alunos de arquitetura preferiam um processo concentrado na solução. Concentrar-se no problema consumia muito tempo, uma vez que envolvia aprender o máximo possível sobre a estrutura do problema antes de tentar uma solução. Concentrar--se na solução envolvia a identificação

imediata de uma solução baseada em alguma ligação feita na cabeça do projetista entre o enunciado do problema e um exemplo armazenado na própria experiência. A avaliação da solução era alcançada por meio do exame do exemplo em relação ao pano de fundo de critérios programáticos e outras forças que causassem impacto sobre o projeto. Nesse contexto, Hillier et al. (1972) desenvolveram um modelo de análise de conjecturas que explica a tendência do projetista em usar conhecimentos subjetivos, com uma responsabilidade mais objetiva pela pesquisa comportamental, as informações do programa de necessidades e a avaliação. Nesse modelo, "conjectura" é um enunciado "se" baseado no conhecimento de relações entre problemas e soluções. A análise é a resposta "então", que se refere à manipulação e ao ajuste de princípios encontrados na solução conjectural para se encaixarem no problema a projetar. No modelo de análise de conjecturas, o projeto torna-se uma série de especulações "se... então" (Schön, 1983). As conjecturas são uma forma de declarar hipóteses de natureza mais hesitante e voltada a ações do que a maioria das hipóteses científicas. A lembrança de protótipos e precedentes pode ser muito útil nesse processo (Downing, 1994). De acordo com Jane Darke (1978), o sistema de valores do arquiteto tem papel importante nas decisões iniciais do projeto. Na pesquisa relativa a projetos habitacionais públicos, ela notou que os arquitetos, além de usar conjecturas de natureza voltada às soluções ao formular as suas respostas aos projetos, baseavam-se numa pauta oculta que ela chamou de gerador primário. Este é um conjunto de valores defendidos pelo projetista ou pelo cliente que gera as conjecturas iniciais sobre como será um futuro lugar. Na pesquisa de Darke, o gerador era o valor elevado do terreno. Além do resultado da pesquisa, Darke adaptou o modelo de análise de conjecturas a um modelo de gerador-conjectura-análise.

4.3.4 Os três estágios de Foqué

Outra maneira interessante de dividir o processo em elementos diferentes foi proposta por Foqué (1975). Ele distinguia um estágio estruturante, um estágio criativo e um estágio informacional. O estágio *estruturante* é a fase preparatória de análise do problema, por meio de modelos descritivos e prescritivos. Aqui, o processo de pensamento envolve principalmente conciliar fatos observados de forma objetiva com juízos de valor subjetivos. Esse estágio também envolve síntese, na qual o projetista atua sobre a estrutura analisada substituindo ou reagrupando elementos isolados, mudando assim, radicalmente, a maneira como se unem. O estágio *criativo* é aquele em que surgem novas ideias que, potencialmente, podem levar a novas soluções. A pesquisa

sobre processos criativos mostra que esses processos envolvem uma inter-relação entre intuição subconsciente e pensamento e ação racionais e conscientes. O estágio *informacional* é a fase em que o conhecimento abstrato ainda não materializado é codificado e convertido em mensagens e sinais. As informações do mundo real transformam-se em modelo mental que, então, é convertido em modelo formal. Três questões são importantes nesse processamento de informações:

- *Sintaxe*: com que exatidão se podem transmitir os signos para que repassem informações de projeto dentro de um sistema de processamento de informações?
- *Semântica*: com que exatidão os signos transmitidos interpretam o significado pretendido e desejado pelo emitente?
- *Praxis*: com que eficácia os signos influenciam o destinatário das informações?

Esses três estágios se fundem aos poucos entre si e se alternam constantemente. O processo não é linear, com uma sequência fixa de passos, mas cíclico, com *feedback* contínuo.

4.3.5 Da função à forma ou vice-versa?

Roozenburg e Eekels (1991) consideravam o projeto um processo de pensamento em que o mesmo ciclo de atividades se repete várias vezes:

observação, suposição, expectativa, verificação e avaliação. Eles se referiam ao ciclo empírico proposto por De Groot (1969), que distinguia observação, indução, dedução, verificação e avaliação, e acreditavam que, em essência, o processo de projeto raciocina da função à forma. O projeto é um meio (M) para chegar a um fim (F) que deve cumprir a função prevista. O fim é que importa. Determinar os meios espaciais e arquitetônicos mais capazes de chegar a esse fim é o próximo passo. Para usar uma fórmula, $M = f(F)$.

De Jong (1993) usou a abordagem oposta, defendendo que o projeto deveria se basear na pesquisa; os projetistas deveriam buscar soluções possíveis que, então, seriam examinadas para determinar a sua desejabilidade. No urbanismo, por exemplo, os projetistas deveriam imaginar e registrar novas formas capazes de servir a metas sociais. Vários meios seriam sugeridos e depois examinados um a um para ver o que poderiam cumprir. Aqui, portanto, a comparação com as metas é igualmente relevante, mas, por definição, as metas não são formuladas com antecedência e são menos restritivas. Pode-se dizer que as metas derivam dos meios: numa fórmula, $F = f(M)$. O projeto voltado às metas parte de um programa de necessidades; o projeto voltado aos meios parte de uma lista das características disponíveis e do modo como se interligam (a topografia, a natureza do local e a sua tipologia morfológica).

O próximo passo é determinar as funções para as quais o local é adequado. A forma, por si só, não dá indicação da função provável, só da função possível, por exemplo, natural ou recreativa. O que De Jong tentava fazer era encontrar um conjunto de ferramentas que gerasse hipóteses e projetasse novas possibilidades para aumentar a série de ferramentas usadas nas ciências empíricas, preocupadas primariamente em determinar probabilidades.

4.3.6 Um processo com muitas faces?

Pode-se perguntar se realmente só há duas opções possíveis: projetar dos fins para os meios ou dos meios para os fins. Com base na extensa literatura sobre metodologia de projeto, pode-se concluir que os projetistas passam constantemente do geral para o detalhe, do problema para a solução, da função para a forma e das metas para os meios. Em consequência, toda sugestão de conflito tribal é desnecessária, por basear-se num entendimento incorreto do método do outro. Em essência, a diferença entre as duas abordagens é de grau, não de gênero. Até os projetistas mais analíticos e voltados a metas não se furtam a trabalhar com uma solução geral provisória. É verdade que a abordagem voltada aos meios pode pular a primeira fase analítica, mas a solução de projeto provisória será submetida a *feedback* cíclico entre análises e avaliações para chegar a um resultado cada vez mais adequado.

Também se deve perceber que, apesar da diferença de opiniões entre teóricos e arquitetos sobre a sequência "correta" de análise, síntese e avaliação, esses três passos são encontrados em todos os processos de projeto. Projetar sempre envolve análise, síntese e avaliação, no estágio criativo ou no estruturante, quando se geram ou se avaliam soluções. Nas palavras de Donald Schön (1991), "Projetistas são praticantes reflexivos": pensam e agem, geram ideias e escolhem, alternando constantemente entre um e outro.

4.4 Métodos de projeto

Um método é uma maneira fixa e bem pensada de chegar a uma meta específica. Eekhout (1998) fala de um método de trabalho específico, racional, geral e observável, nesse caso, no processo de projeto. A palavra "metodologia" também é usada em vez de "método", embora metodologia, na verdade, seja uma coleção de métodos e técnicas. A palavra "estratégia" também é empregada, definida por Roozenburg e Eekels (1991) como o contorno amplo da maneira como se visa atingir uma meta específica sem especificar com detalhes o método de trabalho. Metas e estratégia se combinam para fazer parte da política. De acordo com Foqué, os métodos de projeto contribuem para aumentar a capacidade do projetista de estruturar, pensar criativamente e processar informações. Foqué acreditava que o efeito dos métodos de projeto deveria ser aprofundar o entendimento (análise do processo e do problema), estimular a participação (informações e comunicação) e causar um efeito definido no ambiente do projeto (projeto e edificação).

No modo de ver de Eekhout, o trabalho intuitivo não é metódico. Afinal de contas, "intuitivo" significa incontrolável e inexplicável e, portanto, dependente da sorte. Assim, deixa de satisfazer a exigência elementar da abordagem metódica de que os vários passos sejam formulados explicitamente. Além das abordagens intuitiva e metódica, Eekhout também distinguia a abordagem rotineira, situada em algum ponto entre os dois extremos. Por outro lado, muitos autores trataram a abordagem intuitiva como método plenamente aceitável, parte do pacote total de métodos à disposição do projetista. Daí, segue-se que os métodos de projeto podem ser divididos, grosso modo, em analíticos e criativos.

4.4.1 Métodos analíticos

Os métodos de projeto analíticos dizem respeito, primariamente, à análise e à definição sistemática do problema. Como já afirmado, o início da década de 1960 assistiu ao começo de um forte movimento a favor de uma abordagem mais analítica e sistemática do projeto. As características comuns aos métodos da época eram o exame amplo e detalhado e a análise do problema, a divisão da tarefa em subtarefas, o mapeamento de fatores relevantes e de suas possíveis relações e a síntese de soluções parciais num todo. Quase todos esses métodos combinavam a análise lógica sistemática com intuição e criatividade.

O método dos três passos

Em *A method of systematic design* [Um método de projeto sistemático], baseado nas três fases de análise, síntese e avaliação, Jones (1963) apresentou um método que envolvia os seguintes passos:

1) Com a ajuda de especialistas e outros envolvidos, redija uma lista de fatores que talvez possam ser relevantes, a princípio, sem nenhum tipo de limitação. Faça uma lista separada das necessidades que o projeto tem de satisfazer e outra de sugestões e ideias de solução. Procure fontes de informações. Classifique os fatores, verifique prioridades, analise inter-relações e desenvolva os conjuntos mais completos que puder de especificações de desempenho mutuamente coerentes. Assegure apoio suficiente.

2) Procure o máximo possível de soluções totais ou parciais a todas as especificações de desempenho. Leve em conta todas as condições e restrições. Combine as soluções parciais num projeto total que satisfaça o máximo possível de necessidades.

3) Antes de escolher a solução final do projeto, avalie até que ponto cada variante de solução satisfaz as necessidades, utilizando experiências anteriores com soluções comparáveis, simulações, previsões lógicas do que é provável acontecer com o produto do projeto durante a sua vida útil e pondo protótipos à prova.

Decomposição hierárquica

No mesmo período, Christopher Alexander apresentou o seu método de "decomposição hierárquica", baseado no projeto de uma aldeia na Índia (Alexander, 1963). O método está descrito com detalhes no seu livro *Notes on the synthesis of form* [Anotações sobre a síntese da forma] (1964). Em resumo, o método envolve dissecar a tarefa do projeto no máximo de componentes. Primeiro, prepara-se uma lista de todas as necessidades possíveis a serem satisfeitas pelo projeto. Então, essas necessidades são analisadas duas a duas para determinar as dependências mútuas. Aqui se define "dependência" como até que ponto a satisfação de uma necessidade torna mais fácil ou mais difícil satisfazer outra. Uma vez determinadas essas dependências, usa-se um computador e a teoria dos grafos para formular subconjuntos de necessidades independentes. A tarefa do projetista é desenvolver esboços de solução que satisfaçam esses subconjuntos e depois produzir um projeto total com base nas soluções parciais.

Análise de funções

A análise de funções é a análise, o desenvolvimento e a descrição de uma estrutura funcional, que é um modelo abstrato do produto a ser projetado que ignora características físicas, como dimensões, formato, cor e uso de materiais. Na análise de funções, o produto é visto, primariamente, como um sistema físico e técnico. O primeiro passo desse tipo de análise é descrever a função primária do produto. O segundo é desenvolver uma estrutura funcional simples que inclua os processos técnicos mais importantes como um conjunto coerente de subfunções. O terceiro passo envolve imaginar variantes da estrutura funcional – por exemplo, separando ou combinando subfunções ou mudando a sua ordem. Esse método tem uso frequente, sobretudo em aplicações de engenharia mecânica. Na arquitetura, é mais comum falar de análise funcional. A abordagem metódica começa com uma análise meticulosa de atividades e relações entre atividades. Os professores de Delft, De Bruijn e Korfker (1969) e Polak (1981), foram importantes fundadores dessa abordagem, adotada mais tarde por Van Duin et al. (1989). O leitor encontra mais detalhes no Cap. 3, que trata de programas de necessidades.

Análise de áreas de decisão interligadas (*Analysis of Interconnected Decision Areas* ou AIDA)

Esse método, desenvolvido por Luckman (1967), começa com a identificação de "áreas de decisão", fatores sobre os quais é preciso tomar decisões durante o processo de projeto. Num problema de projeto arquitetônico, esses fatores podem ser a altura da edificação, o sentido da dimensão horizontal e a seleção de componentes construtivos, como janelas, portas e maçanetas. A seguir, prepara-se um gráfico que mostre a faixa em que soluções parciais para subproblemas possam variar ainda satisfazendo as necessidades estabelecidas (a possibilidade de escolher entre soluções diferentes) e até que ponto as decisões relativas a partes isoladas do quadro são coerentes entre si. Finalmente, as áreas de decisão, as opções e relações entre opções são representadas num "diagrama de opções", possibilitando tomar decisões em paralelo, em vez de sequencialmente, e dando uma visão geral das possíveis soluções parciais e totais. Esse método tem alguma afinidade com o *método morfológico*, que se preocupa principalmente em gerar soluções. Aqui, o primeiro passo é buscar todas as soluções teoricamente concebíveis do problema. O próximo passo é determinar que elementos são "significativos" para as soluções encontradas. Finalmente, faz-se uma lista das maneiras teoricamente possíveis de concretizar cada elemento. Esse tipo de método analítico costuma utilizar *árvores de decisão*, método de estruturar várias possibilidades determinando quais opções são possíveis em cada nível.

4.4.2 Métodos criativos

Exemplos de métodos criativos são os "métodos associativos" e os "métodos de confronto criativo" (Roozenburg; Eekels, 1991). Os métodos associativos envolvem estimular reações ou associações espontâneas diante de enunciados ou ideias específicos. O processo de pensamento usado é aquele em que se fazem ligações entre ideias isoladas, às vezes óbvias (neve → branco), às vezes surpreendentemente inovadoras. O pressuposto é que o número de ideias criativas aumenta com o número total de associações produzidas. Desses métodos, o *brainstorming* é um dos mais conhecidos. Os métodos de confronto criativo, como os métodos associativos, caracterizam-se pela vinculação de ideias originalmente não relacionadas, mas, nesse caso, as ligações são "forçadas" por regras. Esse método é capaz de revelar combinações de pontos de vista totalmente novas e inesperadas, que aproximam os participantes da solução do problema. Um exemplo desse método é a sinética, desenvolvida por Gordon e Prince ainda em 1955. A sinética usa o pensamento baseado em analogias e metáforas. Às vezes, faz-se uma tentativa de encontrar um problema análogo ao original, mas vindo de uma situação ou campo de aplicação diferente, por exemplo, as patas de um gafanhoto como modelo para um sistema de pouso de aviões. Outra aplicação é a analogia com a fantasia, na qual se faz a tentativa de imaginar para um problema uma solução ideal do modo como uma criança a sonharia. Rosenmann e Gero (1993) citam quatro métodos de projeto relacionados e, até certo ponto, sobrepostos, que abrem espaço para o projeto criativo (Fig. 4.5):

- Combinação: combinar conceitos existentes numa configuração totalmente nova.
- Mutação: mudar, no todo ou em parte, a forma de um projeto existente.
- Analogia: aplicar formas análogas.
- Determinar as características mais significativas do produto desejado ("primeiros princípios").

Um exemplo do uso de analogias na arquitetura é o processo de projeto seguido por Le Corbusier para l'Unité d'Habitation. Numa reconstrução, Tzonis (1993) mostrou como Le Corbusier desenvolveu o conceito espacial dessa edificação e o papel que os precedentes tiveram no desenvolvimento (Fig. 4.6). Le Corbusier vasculhou a memória atrás de artefatos, tendo em mente o tempo todo três critérios a serem aplicados à solução final: não perturbar a continuidade natural do campo; obedecer à necessidade de espaços públicos com vista; e envolver uma estrutura de sustentação com unidades modulares capazes de acomodar apartamentos individuais. A combinação e o amálgama de elementos tirados de precedentes com necessidades idênticas ou semelhantes levaram à realização de uma composição totalmente nova. Os três precedentes principais usados por Le Corbusier foram a cabana, que satisfazia a necessidade de continuidade natural; a embarcação marítima, com os seus conveses e vistas; e a estante de garrafas, que trazia associações com uma estrutura de sustentação modular.

4.4.3 A tipologia como método de projeto

A tipologia é o estudo de tipos, isto é, sua classificação e descrição, e o estudo de um tipo, isto é, sua investigação e interpretação. O tipo é a representação esquemática abstrata de uma série de pessoas ou objetos (nesse caso, edificações) com características semelhantes, um método

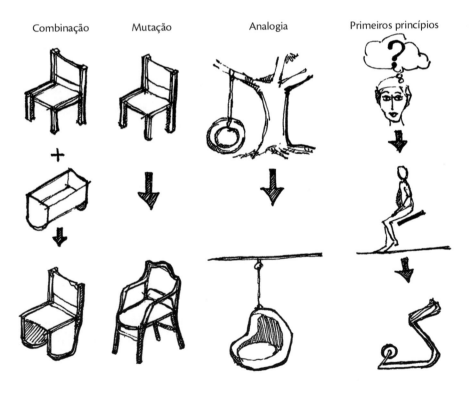

Fig. 4.5
Exemplos de livre associação. As novas ideias de como projetar uma cadeira podem ser desenvolvidas combinando ou mudando formas existentes, utilizando analogias e aplicando princípios ergonômicos
Fonte: Rosenmann e Gero (1993).

conciso de representar a realidade incluindo apenas as características essenciais. É um construto conceitual que distingue semelhante de dessemelhante. Os tipos podem referir-se a edificações ou lugares específicos e concretos, e também a imagens abstratas e ideias sobre lugares. Enquanto o precedente arquitetônico é uma edificação ou parte de uma edificação que existe ou existiu fisicamente, o tipo pode ser estudado sem se referir a objetos físicos realmente existentes. As características que determinam o tipo de uma edificação podem incluir a sua função, isto é, o que se

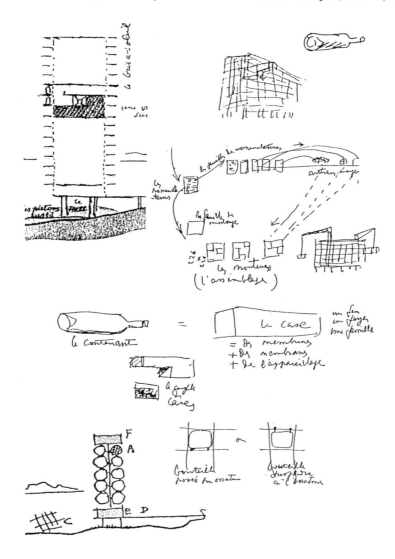

Fig. 4.6
Cabana, embarcação marítima e estante de garrafas como fontes de inspiração do projetista

faz na edificação ou para que ela serve (casa, oficina, escola, hospital etc.); a sua forma, isto é, como é a sua aparência (por exemplo, muitos ou poucos andares, pós-moderna ou neoclássica, uma choupana ou uma vila com residências unifamiliares); ou a tecnologia e os materiais usados (por exemplo, estrutura de aço ou paredes estruturais de concreto, tijolo ou alta tecnologia). A tipologia formal diz respeito a questões como que formas básicas podem ser reconhecidas ou que características formais permanecem constantes num período significativo. A tipologia funcional indica as funções da edificação e analisa essas funções sem juízos estéticos. O nome também é um modo de classificar. O refeitório, o restaurante, a cantina, o bar e a lanchonete são todos lugares onde se come, mas os nomes representam lugares com conotações muito diferentes.

Tipologia e projeto

A tipologia estrutura o nosso ambiente ao classificar uma variedade quase infinita de funções e formas num número limitado de categorias, classes ou tipos. Os tipos e o ato de especificá-los organizam o pensamento, a compreensão, a comunicação e a ação em todos os domínios da vida. A tipologia e a análise tipológica em nível material, imaginário ou conceitual são meios importantes na descrição, na explanação e na normalização (Franck; Schneekloth, 1994). Os tipos

reúnem e sumarizam toda uma série de informações já interpretadas sobre as consequências detalhadas de possíveis ações. Dessa maneira, os tipos podem ser interpretados como um corpo de conhecimento compartilhado. A tipologia pode ajudar a revelar lições e princípios gerais. Os tipos são um "atalho" economicamente sensato na produção de uma forma, educativamente satisfatório para explicar ideias a clientes e pessoalmente tranquilizador para o profissional que teme o risco ligado à inovação (Symes, 1994, referindo-se a Schön, 1988). Os tipos existentes que atendam às necessidades do projeto podem tornar-se um modelo para a programação de outros projetos e constituir um ponto de partida com validade geral, mesmo quando adaptados às condições do terreno, ao orçamento e ao padrão local de necessidades. A economia de esforço e a noção de que se pode prever a aceitação do resultado são benefícios óbvios. Mas a tipologia também pode tornar-se desatualizada e inútil, com o risco de tornar-se uma prisão, e não uma promessa. A mudança de expectativas e pontos de vista da sociedade, outro contexto político ou socioeconômico, novas tecnologias, novas oportunidades e restrições etc. podem causar efeito radical sobre como pensamos acerca dos tipos. Em consequência, o pensamento tipológico pode constituir um obstáculo à solução de problemas em vez de estimulá-la (Symes, 1994). Por essa razão, a ideia de tipo deve ser tratada como ponto de partida ou destino temporário, e não como ponto final (Robinson, 1994). É pela imaginação, mais do que por imagens mentais simples, que o projetista deve aplicar e comprovar ideias (Downing, 1994).

No seu estudo da tipologia de quarteirões residenciais, van Leusen (1994) endossa a importância da tipologia no ensino, na pesquisa e na prática do projeto. Um sistema tipológico pode dar uma contribuição valiosa para o conhecimento e a compreensão da arquitetura. Ele torna mais fácil o acesso ao número descomunal de precedentes que o projetista pode escolher ao trabalhar num serviço específico. Van Leusen referiu-se a Quatremère de Quincy (1755-1849), teórico da arquitetura do século XIX, que disse o seguinte sobre a palavra "tipo":

> entender as razões é descobrir a sua origem e causa primitiva. É isso que se deve chamar de "tipo" em arquitetura. A razão original da coisa baseia-se no uso que se faz dela e nos hábitos naturais para os quais é pensada. [...]

Como Auguste Durand (1760-1834), seu contemporâneo, De Quincy foi um dos fundadores da aplicação da abordagem tipológica ao projeto arquitetônico. A principal meta da pesquisa tipológica de Durand com edificações históricas foi desenvolver um método de projeto a ser usado na formação e na prática. Para isso, Durand preparou um extenso vocabulário de componentes da edificação, com exemplos e descrições detalhadas. De acordo com Leupen (1997), a tipologia de Durand pode ser considerada um catálogo de formas vazias que podem referir-se a um programa de necessidades específico, mas são capazes de aceitar todo tipo de conteúdo. Na prática de projeto, podem-se copiar as formas de maneira bastante literal, mas é raro que um precedente seja copiado exatamente (Fang, 1993). Tudo o que a edificação recém-projetada tem em comum com a precedente é uma combinação específica de características. Isso faz do projeto uma questão de montar componentes. Aqui, Leupen ressaltou a importante diferença entre o pensamento de Quatremère e o de Durand. Aquele defendia que só se devia considerar a tipologia no contexto das condições históricas e culturais pertinentes, enquanto este afirmava ser possível aplicar a tipologia sem referência ao contexto original.

Crítica e ressurreição

Nem todos aceitam o valor da tipologia no projeto arquitetônico. Numa escola como a Bauhaus, a opinião dominante é que os problemas de projeto podem ser resolvidos por meios racionais, sem a necessidade de recorrer a tradições, precedentes ou concepções anteriores. Como método de projeto, a tipologia também foi alvo de resistência por parte do movimento modernista, segundo o qual ela levava com demasiada frequência à aplicação rígida de princípios de projeto.Depois do movimento para se afastar do modernismo e das experiências desapontadoras com a participação do usuário na década de 1970, surgiu um tipo de vácuo que deu oportunidade às novas ideias de todos os tipos que começaram a aparecer. Além do historicismo, do pós-modernismo e do desconstrutivismo, começou-se a dar nova atenção à ideia de tipologia. De acordo com Colquhoun (1969), é impossível ou quase impossível resolver problemas complexos de projeto com métodos analíticos. Portanto, os projetistas que buscam soluções para problemas contemporâneos recorrerão com frequência a artefatos desenvolvidos em algum momento prévio. Num artigo muito citado sobre tipologia arquitetônica, Argan (1963) ressalta que o projeto arquitetônico não pode ser entendido apenas como invenção individual. Os projetistas que querem evitar o recurso a primeiros princípios constantemente buscam correspondência com algo já vivenciado na história da arquitetura. Os arquitetos referem-se a tipos de projeto para estruturar as suas lembranças e experiências, para negociar com clientes e reagir a mudanças na sociedade. Eles usam os tipos para entender a paisagem construída e gerar novos tipos de lugar. No livro *Ordering space* [Ordenando o espaço] (1994), organizado por Karen Franck e Lynda Schneekloth, 19 arquitetos, paisagistas, historiadores, urbanistas e um artista plástico mostram diversas visões sobre o uso passado, presente e futuro do tipo. Os autores ilustram como a linguagem dos tipos de edificação ajuda a criar e conservar a ordem social e espacial. Essa consciência mais ou menos universal levou a muitas pesquisas tipológicas sobre formas arquitetônicas e à aplicação da tipologia na prática de projetar até os dias atuais.

Forma e função

O fato de haver dois tipos de tipologia, a formal e a funcional, faz com que a pesquisa tipológica costume ser aplicada ao projeto de duas maneiras:

- como instrumento de análise *funcional* e geração de ideias espaciais e funcionais, usando representações gráficas e plantas baixas esquemáticas;
- como instrumento de análise *morfológica* e geração de formas, envolvendo o desenho do projetista com base num vasto estoque de precedentes em busca de uma tipologia formal.

A abordagem funcional é ilustrada em *Bauentwurfslehre*, obra fundamental do arquiteto alemão Ernst Neufert (traduzida para o português como *Arte de projetar em arquitetura*). Os exemplos e detalhes de projeto que o livro apresenta foram despidos das características formais e espaciais e reduzidos a diagramas de organização funcional

(Neufert et al., 2000). Várias vezes os representantes do movimento morfológico opuseram-se diretamente à abordagem funcionalista, ignorando mais ou menos a tipologia funcional como base da função ou do programa de necessidades. Acreditavam que a questão importante era como a pesquisa morfológica das tipologias poderia ser usada no entendimento e no processamento das formas (Aymonino; Rossi, 1965). Aldo Rossi considerava a arquitetura formal como arquitetura sem nenhuma referência ao possível uso. É claro que um projeto suportaria várias possibilidades, mas caberia ao usuário mobilizar serviços e funções (Rossi, 1982).

Uso dos precedentes na educação

Um exemplo do uso da pesquisa de precedentes na educação é o segundo ano de prática de CAD organizado pela Faculdade de Arquitetura da Universidade de Tecnologia de Delft (Koutamanis, 1994). A tarefa pedida é projetar uma escola a partir de um programa de necessidades e de alguns precedentes nos quais os alunos podem descobrir como vários princípios, regras, tipos e normas foram implementados. As soluções existentes que parecem apropriadas para a tarefa ou parte dela podem estimular a inclusão de decisões semelhantes no projeto. Assim, o uso de precedentes como auxílio ao projeto significa empregar elementos e conceitos encontrados em precedentes para ajudar o projetista a achar

uma solução para a sua tarefa. Na prática, os estudantes lidam com isso de duas maneiras. Alguns usam os precedentes, isolados ou combinados, como protótipos da organização espacial dos seus projetos, tomando uma organização espacial existente e ajustando-a para adequar-se ao novo programa de necessidades, acrescentando, mudando ou removendo espaços. Outros usam componentes dos precedentes como protótipos de solução de subproblemas específicos do novo projeto. Nenhuma dessas abordagens envolve a adoção indiscriminada de elementos derivados dos precedentes. Sempre se exige alguma transformação para ajustar a solução antiga à nova tarefa e integrar as soluções existentes num projeto homogêneo.

4.5 Controle de qualidade

Parece plausível pressupor que combinar uma abordagem analítica sistemática do processo de projeto com o trabalhar da função à forma assegurará a maior probabilidade de produzir edificações com elevado valor de utilidade, donde se conclui que as necessidades funcionais terão grande influência sobre o controle do modo como a planta se desenvolve. As alternativas de solução são conferidas explicitamente em relação a essas necessidades. Mas a concentração obcecada na funcionalidade pode levar facilmente a uma edificação funcional, sem dúvida, mas bem pouco empolgante. Além disso, as funções são altamente sujeitas a mudanças, de modo que a correspondência demasiado exata entre forma e função deixará pouco espaço para evoluções (ver também o Cap. 2). O inverso é verdadeiro quando se combina uma abordagem mais intuitiva ao projeto feito da forma à função, de modo que o projetista busca primeiro formas belas, interessantes e significativas, e só depois verifica se satisfazem as necessidades funcionais. Será maior a probabilidade de produzir uma edificação com mérito arquitetônico que exerça atração vivencial, mas também aumenta o risco de que a edificação seja insatisfatória em termos funcionais. Esse risco pode ser substancialmente reduzido caso se verifique regularmente a qualidade para o usuário da planta em desenvolvimento. Na verdade, a combinação dos dois estilos de abordagem, com a aplicação de métodos de projeto que sejam ao mesmo tempo analíticos e criativos, é a melhor maneira de assegurar um resultado em que as necessidades funcionais, estéticas, técnicas e econômicas mantenham equilíbrio adequado.

Comparar o processo de projeto próprio de alguém com achados da literatura sobre metodologia de projeto torna o processo mais fácil de discutir e mais transparente, dá oportunidade a melhores práticas gerenciais e estimula novos esforços para tornar mais científico o processo de projeto. Como vimos, projetar não é um processo linear com uma meta final totalmen-

te explícita e métodos que sejam definidos sem ambiguidade. Com muito mais frequência, é uma busca cíclica e iterativa da melhor solução possível. E o processo não envolve apenas o(s) projetista(s), mas também incontáveis participantes. Tem de haver espaço para pensar lógica e analiticamente, para usar analogias e pensamento associativo, razões e sentimentos, cabeça e coração, argumentos comerciais e invenções criativas. A solução final tem de satisfazer uma grande variedade de exigências e desejos parcialmente conflitantes. Gerenciar esse processo não é nada simples. O gerenciamento do processo criativo exige a disposição de tratar as regras com flexibilidade, cometer erros, dar ouvidos a ideias ainda não totalmente formadas e conviver com o caos, ainda que temporariamente. Exige também equilíbrio adequado entre a contribuição de generalistas e especialistas e entre arte e especialização. Isso explica a busca constante de novas formas de gerenciamento, em parte sob a influência da mudança do papel das partes envolvidas. Nesse contexto, o surgimento do *gerenciamento de projeto arquitetônico (Architectural Design Management*, ADM) é interessantíssimo (ver, por exemplo, a revista *Journal of Architectural Management Practice and Research*; Cooper, 1995; Augenbroe e Prins, 2000; Emmitt e Yeomans, 2001; Gray e Hughes, 1994, 2001; Tunstall, 2001; Van Doorn, 2004). O ADM envolve toda a gama de atividades realizadas pelo arquiteto, escritório de arquitetura ou equipe de projeto para assegurar que o processo de projeto caminhe bem e se obtenha o melhor projeto possível. Por definição, isso não significa a introdução de uma nova disciplina. Depois de estudo extenso da literatura, entrevistas com arquitetos e gerentes de projeto e vários estudos de caso, Van Doorn (2004) defende que o gerenciamento do projeto precisa ser responsabilidade coletiva de todos os envolvidos. Comumente, o escritório de arquitetura ou o gerente de projeto terão o papel de liderança. Na prática, será frequente acontecer de o arquiteto concentrar-se principalmente no projeto e no conceito arquitetônico, deixando aos outros o controle do processo. Um exemplo interessante é o processo de projeto da Escola Politécnica de Arnhem e Nijmegen. Nesse e em vários outros projetos, foram usados os serviços da parceria entre o escritório de arquitetura MVDRV e o Bureau Bouwkunde. A tarefa de projetar foi cumprida coletivamente. Houve um único contrato com o cliente. O MVRDV concentrou-se principalmente no conceito geral e na elaboração dos detalhes arquitetônicos. O Bureau Bouwkunde foi o principal responsável pelo gerenciamento do processo de projeto, pelos detalhes técnicos e pelo controle de custos. A empresa de consultoria Arcadis cuidou do gerenciamento do projeto como um todo (Pas, 2000).

O gerenciamento de projeto exige que as várias partes envolvidas tomem providências em nível estratégico, tático e operacional (Van Doorn, 2004). A condução bem-sucedida do processo de projeto exige:

- correspondência bem equilibrada entre a tarefa de projetar e os meios disponíveis;
- ajuste da forma de organização do projeto para se adequar à tarefa a projetar;
- adequar a escolha do arquiteto ao nível de ambição do cliente; por exemplo, verificar se o cliente procura primariamente ideias originais e soluções arquitetônicas que chamem a atenção ou se está mais preocupado com funcionalidade e durabilidade. Embora essas necessidades não sejam mutuamente exclusivas, os escritórios de arquitetura costumam especializar-se com mais ênfase numa ou noutra;
- consideração apropriada da seleção de especialistas, com base não só no custo como também no profissionalismo, na disposição de trabalhar em equipe e na habilidade de comunicação;
- acordo claro sobre tarefas e autoridade. Para obter a qualidade prevista e completar o projeto de maneira satisfatória, no prazo e dentro do orçamento, é importantíssimo o entendimento correto dos contratos com as outras partes para assegurar que a interpretação não tenha ambi-

guidades, fazendo-se ajustes intermediários quando necessário, com base nas informações recém-obtidas;

- clareza e abertura a respeito das exigências, dos desejos e dos interesses das várias partes. *Workshops* conjuntos e discussões em mesa-redonda, principalmente na fase inicial, ajudam a revelar com mais rapidez possíveis conflitos e a obter uma estimativa melhor da probabilidade de chegar a um acordo. O excesso de conflito aumenta o risco de fracasso. A falta de conflito constitui um desafio insuficiente para dar o melhor de si;
- desenvolvimento em fases do programa de necessidades, que deve ser oportuno e claro a respeito das necessidades de desempenho e da expectativa visual, mas, ao mesmo tempo, precisa deixar espaço suficiente para novas ideias durante a evolução do geral para o particular;
- controle contínuo para assegurar que o fluxo de informações seja oportuno, exato, completo e confiável, tanto em relação ao emissário e ao destinatário das informações quanto aos meios pelos quais as informações são transmitidas, como desenhos, documentos e informações em formato digital;
- aplicação de ferramentas para o gerenciamento apropriado do processo e considerações a ter em mente na hora de escolher.

Bibliografia

Alexander, C. (1963), The determination of components for an Indian village. In: J.C. Jones and D. Thornley (Eds.), *Conference on design methods*. Pergamon, Oxford.

Alexander, C. (1964), *Notes on the synthesis of form*. Harvard University Press, Cambridge, Mass.

Alexander, C. (1971), The state of the art in design methods. *DMG Newsletter* 5(3), 3-7.

Alexander, A.; S. Ishikawa; M. Silverstein (1977), A *pattern language*. Oxford University Press, New York.

Altman, I. (1975), *The environment and social behavior: privacy, personal space, territoriality and crowding*. Brooks-Cole, Monterey, California.

Archer, L.B. (1965), *Systematic method for designers*. The Design Council, London.

Argan, C.G. (1963), On the typology of architecture. *Architectural Design* 33(12), 564-565.

Augenbroe, G., M. Prins (Eds.) (2000), *Design management in the architectural and engineering office*. Proceedings of CIB W96 Commission on Architectural Management, Atlanta 2000. CIB, Rotterdam.

Aymonino, C.; A. Rossi (1965), *La formazione del cencetto di tipologia edilizia*. Instituto Universitario di Architettura, Venice.

4 Do programa ao projeto 137

Bax, M.F.T. (1995), From ideology to methodology. In: R.M. Oxman; M.F.T. Bax and H.H. Achten (Eds.), *Design research in the Netherlands*. Eindhoven University of Technology, Eindhoven.

Boekholt, J.T. (1984), *Bouwkundig ontwerpen* [Architectural design]. PhD Thesis, Faculty of Architecture, Eindhoven University of Technology.

Boekholt, J.T. (1987), *Ontwerpmethodieken. 1. Methodisch ontwerpen* [Design methodologies. 1. Methodical design]. In: Vademecum voor Architecten [Architects' vademecum].

Boekholt, J.T. (2000), *Ontwerpend leren, leren ontwerpen* [Learning by design, learn to design]. Bouwstenen n. 57. Faculty of Architecture, Eindhoven University of Technology.

Broadbent, G. (1978), *Design in architecture*. John Wiley & Sons, Chichester.

Broadbent, G., A. Ward (Eds.) (1969), *Design methods in architecture*. Lund Humphries, London.

Bruijn, W.N. de; D. Korfker (1969), *Voorbereiding en methodiek bij het ontwerpen van bedrijfsgebouwen* [Preparation and methodology for the design of industrial buildings]. v. I and II. Bouwwereld 29.8.69 and 12.9.69.

Burie, J.B. (1972), *Wonen en woongedrag. Verkenningen in de sociologie van bouwen en wonen* [Housing and lifestyle. Explorations in the sociology of building and housing]. Boom, Meppel.

Burie, J.B. (Ed.) (1978), *Handboek bouwen en wonen* [Manual of building and housing]. Van Loghum Slaterus, Deventer.

Canter, D.; K.H. Craik (1981), Environmental psychology. *Journal of Environmental Psychology*, 1-11.

Colquhoun, A. (1969), Typology and design method. In: C. Jencks; G. Baird (Eds.), *Meaning in architecture*. Barrie & Rockcliff: The Cresset Press, 267-277.

Cooper, D. (1971), *The death of the family*. Fletcher & Son, Norwich, UK.

Cooper, R. (1995), *The design agenda: a guide to successful design management*. Wiley, London.

Cotton, B.; R. Oliver (1994), *The cyberspace lexicon; an illustrated dictionary of terms from multimedia to virtual reality*. Phaidon, London.

Cross, N. (Ed.) (1984), *Developments in design methodology*. John Wiley & Sons, New York.

Cross, N. (1997), Descriptive models of creative design: application to an example. *Design Studies* 18, 427-455.

Darke, J. (1978), *The primary generator and the design process*. Proceedings EDRA 9, University of Arizona, Tucson.

Doorn, A. van (2004), *Ontwerplproces. Ontwerpmanageent in theory en praktijk.* [Design/process. Architectural Design Management – Theory and Practice]. SUN, Nijmegen.

Downing, F. (1994), Memory and the making of places. In: K.A. Franck; L.H. Schneekloth (Eds.), *Ordering space. Types in architecture and design*. Van Nostrand Reinhold, New York.

Duin, L. van; J. Zeinstra (Eds.). (1989), *Functioneel ontwerpen. Ontwikkeling en toepassing van*

138 ARQUITETURA SOB O OLHAR DO USUÁRIO

het doelmatigheidsbeginsel in de architectuur [Functional design. Development and application of the efficiency principle in architecture]. Faculty of Architecture, Delft University of Technology.

Duin, L. van; H. Engel (1991), *Architectuurfragmenten: typologie, stijl en ontwerpmethoden* [Architectural fragments: typology, style and design methods]. Faculty of Architecture, Delft University of Technology.

Eekhout, M. (1996a), *Inleiding over ontwerpen, ontwikkelen en onderzoeken* [Introduction to design, development and research]. Course on design methodology, 15 October, 1996.

Eekhout, M. (1996b), *POPO, ProcesOrganisatie voor ProduktOntwikkeling* [Process organisation for product development]. Faculty of Architecture, Delft University of Technology.

Eekhout, M. (1998), *Ontwerpmethodologie* [Design methodology]. Faculty of Architecture, Delft University of Technology.

Emmitt, S.; D.T. Yeomans (2001), *Specifying buildings: a design management perspective*. Butterworth-Heinemann, Boston.

Evans, B.; J.A. Powell; R.J. Talbot (1982), *Changing design*. John Wiley & Sons, New York.

Fang, N. (1993), *Architectural precedent analysis*. Publications Office, Faculty of Architecture, Delft University of Technology.

Fielden, G.B.R. (Ed.) (1963), *Engineering design*. HMSO, London.

Foqué, R. (1975), *Ontwerpsystemen* [Design systems]. Het Spectrum, Utrecht/Amsterdam.

Foqué, R. (1982), Beyond design methods. Arguments for a practical design theory. In: B. Evans, J.A. Powell, R. Talbot (Eds.), *Changing design*. John Wiley & Sons, New York.

Franck, K.A.; L.H. Schneekloth (Eds.) (1994), *Ordering space. Types in architecture and design*. Van Nostrand Reinhold, New York.

Gray, C.; W. Hughes (1994), *The successful management of design*. University of Reading, Whiteknights, CB VBD 194.

Gray, C.; W. Hughes (2001), *Building design management*. Butterworth-Heinemann, Oxford.

Gunsteren, L.A. van; P.P. van Loon (2000), *Open design. A collaborative approach to architecture*. Eburon, Delft.

Hall, A.D. (1968), *A methodology for systems engineering*. Van Nostrand, Princeton, New Jersey.

Hamel, R. (1990), *Over het denken van de architect* [How an architect thinks]. AHA Books, Amsterdam.

Heintz, J.L. (1999), *Coordinating collaborative building design*. PhD thesis, Delft University of Technology.

Hillier, B.; J. Musgrove, P. O'Sullivan (1972), Knowledge and design. In: W.J. Mitchell (Ed.), *Environmental design: research and practice*. University of California, Berkeley.

Jones, J.C. (1963), A method of systematic design. In: J.C. Jones and D. Thornley (Eds.), *Conference on design methods*. Pergamon, Oxford.

Jones, J.C. (1982), *Design methods: seeds of human futures*, 9th ed. John Wiley & Sons, Chichester.

4 Do programa ao projeto 139

Jones, J.C.; D. Thornley (Eds.) (1963), *Conference on design methods*. Pergamon, Oxford.

Jonge, D. de (1960), *Moderne woonidealen en woonwensen in Nederland* [Modern housing ideals and housing desires in the Netherlands]. Vuga, Arnhem.

Jong, T.M. de (1992), *Kleine methodologie voor ontwerpend onderzoek* [A small methodology for design research]. Boom, Meppel.

Jong, T.M. de (1993), *Onderzoekthema's gericht op ontwerp en beleid* [Research topics relating to design and policy]. Faculty of Architecture, Delft University of Technology.

Jong, T.M. de; D.J.M. van der Voordt (Eds.) (2002), *Ways to study and research architectural, urban and technical design*. Delft University Press, Delft.

Koutamanis, A. (1994), *Ontwerprepresentataties en ontwerpprocessen 1994-1995* [Design representations and processes 1994-1995]. Faculty of Architecture, Delft University of Technology.

Langdon, R. (Ed.) (1984), *Design policy*. The Design Council, London.

Langenhuizen, A.; M. van Ouwerkerk, J. Rosemann (Eds.) (2001), *Research by design*. Proceedings of the International Conference on Research by Design, Faculty of Architecture, Delft University of Technology, in cooperation with the European Association for Architectural Education. Delft University Press.

Lawrence, B.R. (1992), Characteristics of architectural design tools. *Architecture & Behaviour* 8(3), 229-240.

Lawson, B.R. (1994), *Design in mind*. Butterworth Architecture, Oxford.

Lawson, B.R. (1997) [1980], *How designers think. The design process demystified*, 3rd edn. Architectural Press, London.

Leupen, B.; C. Grafe; N. Körning; M. Lampe; P. de Zeeuw (1997), *Design and analysis*. 010 Publishers, Rotterdam.

Leusen, M. van (1994), *A system of types in the domain of residential buildings*. Publications Office, Faculty of Architecture, Delft University of Technology.

Loon, P.P. van (1998), *Interorganisational design*. Faculty of Architecture, Delft University of Technology.

Luckman, J. (1967), An approach to the management of design. *Operational Research Quarterly* 18(4), 345-358.

Meyer-Ehlers, G. (1972), *Wohnung und familie*. Verlags-Anstalt, Stuttgart.

Neufert, E.; P. Neufert; B. Baiche; N. Walliman (2000), The handbook of building types Neufert's architect's data, 3rd ed. Blackwell Science, Oxford.

Polak, B.M. (1981), *Functioneel ontwerpen* [Functional design]. Faculty of Civil Engineering, Delft University of Technology.

Pos, M. (2000), *Inquiry into the management of innovative architectural design*. Graduate thesis, Faculty of Architecture, Delft University of Technology.

Priemus, H. (1969), *Wonen, kreativiteit en aanpassing*. [Housing, creativity and adaptation]. Mouton, The Hague.

140 ARQUITETURA SOB O OLHAR DO USUÁRIO

Prigogine, I.; I. Stengers (1984), *Order out of chaos. Man's new dialogue with nature.* Bantam Books, Toronto.

Proshansky, H.M; W.H. lttelson; L.G. Rivlin (1970), *Environmental psychology. Man and his physical setting.* Holt, Rinehart and Winston, New York.

Puglisi, L.P. (1999), *Hyper architecture. Spaces in the electronic age.* Birkhäuser, Basel.

Ridder, H.A.J. de (1998), Ontwerpmethodologie in de civiele techniek [Design methodology in civil engineering]. In: M. Eekhout (Ed.), *Ontwerpmethodologie* [Design methodology]. Symposium, Faculty of Architecture, Delft University of Technology.

Robinson, J.W. (1994), The question of type. In: K.A. Franck; L.H. Schneekloth (Eds.), *Ordering space. Types in architecture and design.* Van Nostrand Reinhold, New York, 179-192.

Roozenburg, N.F.M.; J. Eekels (1991), *Produktontwerpen, structuur en methoden* [Product design, structure and methods]. Lemma B.V., Utrecht.

Rosemann, J. (2001), *The construction of research by design in practice.* In: Proceedings Part A, Research by Design. International Conference. Faculty of Architecture and EAAE/AEEA. Delft University Press.

Rosenman, M.A.; J.S. Gero (1993), Creativity in designing using a design prototype approach. In: J.S. Gero; M.L. Maher (Eds.), *Modelling creativity and knowledge based creative design.* Lawrence Erlbaum, New Jersey.

Rossi, A. (1982) [1967], *The architecture of the city.* MIT Press, Cambridge, Mass.

Schön, D.A. (1988), Designing: rules, types and worlds. *Design Studies* 9(3), 181-190.

Schön, D.A. [1983] (1991), *The reflective practitioner. How professionals think in action.* Aldershot, Avebury.

Sommer, R. (1969), *Personal space: the behavioral basis of design.* Englewood Cliffs, NJ: Prentice-Hall.

Symes, M. (1994), Typological thinking in architectural practice. In: K.A. Franck; L.H. Schneekloth (Eds.), *Ordering space. Types in architecture and design.* Van Nostrand Reinhold, New York, 165-178.

Tunstall, G. (2001), *Managing the building design process.* Butterworth-Heinemann, Oxford.

Turpijn, W.; H. Venema (1979), *Bewonersparticipatie* [Resident participation]. Van Loghum Slaterus, Deventer.

Tzonis, A. (1993), Huts, ships and bottleracks. Design by analogy for architects and/or machines. In: N. Cross; K. Dorst; N. Roozenburg (Eds.), *Research in design thinking.* Delft University Press, 139-164.

Vidler, A. (1977), The idea of type: the transformation of the academic ideal, 1750-1830. *Oppositions* 8, 95-115.

Vollers, K.J. (2001), *Twist and build: creating non-orthogonal architecture.* 010 Publishers, Rotterdam.

5
Avaliação de edificações

Em termos literais, avaliar significa determinar o valor ou estabelecer quanto alguma coisa vale. A palavra veio do mundo financeiro, onde avaliação significa cálculo do câmbio ou determinação do valor do dinheiro. No mundo da arquitetura, a avaliação refere-se principalmente à determinação do valor do ambiente construído ou de parte dele (*avaliação do produto*), ou do processo de projeto, construção e gerenciamento (*avaliação do processo*). Além desses temas, pode haver avaliações por diversas razões, tendo em vista diversos públicos-alvo: podem diferir em amplitude e profundidade, método, época da avaliação e com relação aos indivíduos envolvidos, como clientes, pesquisadores, usuários cotidianos, e assim por diante (Kernahan et al., 1992). Todas essas questões precisam ser levadas em conta quando se prepara uma avaliação. Deve haver o quadro mais claro possível do que será avaliado, por quê, como, quando, para quem e por quem. Neste capítulo, esses pontos de decisão são usados como base de várias ferramentas para preparar e realizar avaliações. O tema principal é a avaliação de edificações em uso. O capítulo traz um sumário dos fatores relevantes para esse tipo de avaliação e os métodos e técnicas usados para mensurá-los.

5.1 Produto e processo, *ex ante* e *ex post*

No mundo da arquitetura, as avaliações de produto podem tratar de questões como o programa de necessidades, uma planta ou um projeto, as especificações ou a construção terminada. Por exemplo, a avaliação pode conferir o programa de necessidades para verificar se corresponde aos desejos e exigências dos futuros usuários, à legislação e às normas, aos resultados da pesquisa e ao orçamento. Esses fatores são igualmente relevantes quando se avalia uma planta baixa. Do ponto de vista arquitetônico, outro critério primário de avaliação é a qualidade estética ou, em termos mais gerais, a qualidade arquitetônica, entendida aqui como síntese de forma, função e tecnologia. A avaliação de um programa de necessidades ou de um projeto é chamada de *avaliação ex ante*, ou avaliação antes do fato, isto é, antes do término da construção. Pode-se imaginá-la como uma avaliação de um "modelo" da construção, seja em papel, maquete ou, no caso de componentes da edificação, de um modelo em tamanho natural. A expressão usada na literatura americana é "pesquisa pré-projeto" ou, às vezes, "avaliação de impacto". Um exemplo bem conhecido é o relatório de impacto ambiental, no qual se examina o possível impacto do projeto sobre o ambiente, geralmente em comparação com a opção zero, ou seja, não fazer nada, e com outras variações da proposta. A "avaliação depois do fato", quando a edificação já está pronta e em uso, é chamada de *avaliação ex post*, ou *Avaliação Pós-Ocupação* (APO).

A distinção entre *ex ante* e *ex post* também pode ser feita no caso das avaliações do processo (Quadro 5.1). A avaliação do processo pode referir-se ao processo de construção como um todo, do início ao uso e gerenciamento, ou a elementos desse processo, como, por exemplo, o processo de projeto.

5.2 Por que avaliar?

A avaliação permite aprender lições que podem levar ao aprimoramento do projeto examinado e, em termos mais gerais, melhorar a qualidade do programa de necessidades, do projeto, da construção e do gerenciamento do ambiente construído. As razões do exercício podem ser ideológicas e econômicas, como, por exemplo, a promoção da saúde e do bem-estar ou a redução do volume de imóveis vagos num mercado em expansão. Além dessas metas práticas, também pode haver metas científicas, como contribuir para a formação de novas teorias ou desenvolver novas ferramentas, e metas secundárias derivadas dessas metas principais.

5.2.1 Verificar metas e expectativas

Os envolvidos no processo de planejamento frequentemente têm desejos e expectativas de todo tipo em relação à "sua" obra. O usuário quer que seja usável e cumpra as funções para as quais foi prevista, mas também que seja bom olhá-la e agradável permanecer nela ou visitá-la. O cliente tem desejos e expectativas semelhantes, mas muitas vezes não se disporá a pagar mais do que foi previamente orçado. Talvez também queira que a edificação contribua para

5 Avaliação de edificações 143

Quadro 5.1 Amostra de perguntas para avaliar edificações

	Ex ante	Ex post
Produto	• O programa faz uma descrição clara e completa da exigida ou desejada qualidade técnica, estética e para o usuário? • As necessidades correspondem aos desejos dos futuros usuários? • Pode-se esperar que o projeto leve a uma construção viável? • O projeto tem qualidade estética suficiente? • O custo do projeto é razoável? • O projeto obedece às normas e aos códigos de obra sobre edificações?	• A edificação está sendo usada da maneira prevista pelo cliente e pelo arquiteto? • Os usuários estão satisfeitos? • Como o uso real de energia se compara ao uso estimado previamente? • O que pensam leigos e especialistas sobre a qualidade arquitetônica da obra? • A obra obedece aos padrões de qualidade aceitos?
	Ex ante	**Ex post**
Processo	• Como organizar melhor o processo de projeto e construção? • Quem deveria se envolver no processo? • Quais as tarefas e os poderes dos vários participantes? • Que informações se devem obter com os futuros usuários? • Quanto tempo será necessário para as fases de programa de necessidades, projeto, escolha de empreiteira e execução? • Quais as informações necessárias, de quem e quando? • Quais as ferramentas disponíveis para assegurar que o processo aconteça com eficiência e eficácia? • Que fatores podem afetar o sucesso ou o fracasso do processo?	• Como se organizou a tomada de decisões? Quem tomou quais decisões, quando e com base em que informações? • Quanto tempo levou o processo, no total e fase a fase? • Quais as ferramentas usadas para preparar o resumo informativo, desenvolver e verificar as variantes de planta, coordenar as diversas atividades e monitorar custo e qualidade? • O que foi bem feito e o que saiu errado? • O que se pode aprender?

a identidade da empresa ou sirva de exemplo no campo das construções sustentáveis. Muitas vezes, o projetista imporá a si mesmo a meta de erigir uma edificação que, além de funcional e atraente, também seja suficientemente original para chamar a atenção na discussão arquitetônica. Portanto, todos os que participam do processo de projeto e execução têm metas e expectativas próprias, muitas vezes implícitas. A

avaliação *ex ante* permite uma estimativa da probabilidade de cumprir essas metas – que talvez sejam conflituosas entre si – e de qual programa de necessidades ou conceito de projeto tem mais probabilidade de sucesso. A avaliação *ex post* determina se as expectativas se realizaram e se as metas realmente se cumpriram. Quando a obra a ser realizada envolve uma edificação já existente, a avaliação antes e depois do fato dá uma ideia melhor da eficácia das providências tomadas (Shepley, 1997; Fraley et al., 2002).

5.2.2 Chamar a atenção para efeitos imprevistos e não intencionais

Além de conferir metas e expectativas explicitamente formuladas, a avaliação pode também trazer à luz fenômenos imprevistos e não intencionais, positivos e negativos. Isso se aplica tanto ao produto quanto ao processo, *ex post* e *ex ante*. A avaliação crítica pode dar uma noção dos pontos fortes e fracos, das oportunidades e ameaças (análise SWOT, do inglês *Strong, Weak, Opportunities and Threats*) ao projeto e dos fatores mais relevantes para o seu sucesso ou fracasso.

5.2.3 Compreender o processo de tomada de decisões

As decisões costumam basear-se em considerações as mais variadas. O papel desempenhado por emoções, intuição, juízos e preconceitos, ideais sociais e normas e valores é, pelo menos, tão importante quanto o dos argumentos racionais. A avaliação de uma edificação ou de um processo de projeto pode levar a uma melhor compreensão dos motivos, esperados ou reais, que embasam as decisões e os papéis dos vários participantes (Preiser, 1988; Vischer, 1989). Essa compreensão também é importante para a interpretação do resultado da avaliação de um produto e para as diretrizes de projeto e recomendações de políticas dela derivadas (Zimring, 1988).

Boxe 5.1 Objetivos da avaliação

No projeto
- Determinar se as expectativas se cumpriram
- Determinar se as metas foram atingidas
- Chamar a atenção para efeitos imprevistos e não intencionais
- Aumentar a compreensão dos processos de tomada de decisões
- Desabafar
- Oferecer material para servir de base a melhorias

Além do projeto
- Desenvolvimento teórico
- Desenvolvimento de ferramentas
- Diretrizes de projeto
- Recomendações para a elaboração de políticas
- Banco de dados de projetos de referência

As questões que exigem atenção são a importância da pesquisa na tomada de decisões, o uso de ferramentas, a influência de condições limitantes e a solução de conflitos de interesse.

5.2.4 Desabafar

Também há uma razão psicológica para avaliar uma obra ou o processo que levou à sua criação. Reformar ou construir novas edificações é empolgante, mas também provoca muita tensão. Todos os envolvidos terão dedicado muito tempo e energia na busca de soluções ótimas e coerentes com o orçamento, em fazer acordos e concessões, em mudar e rearrumar etc. Prever uma oportunidade de avaliação permitirá que todos desabafem e exprimam seu entusiasmo ou suas insatisfações.

5.2.5 Material para servir de base a melhorias

O resultado da avaliação do projeto pode ser aplicado de várias maneiras. Uma delas é usar o resultado para melhorar o produto ou o processo. A avaliação *ex ante* de um programa de necessidades ou de um projeto permite identificar os gargalos a tempo. As mudanças costumam ser mais fáceis e baratas na fase do programa de necessidades ou do projeto do que fazer aperfeiçoamentos depois de tudo pronto. O mesmo aplica-se à organização do processo de construir. Com a edificação terminada, o resultado da avaliação *ex post* pode ser

usado para resolver problemas do início do uso, sugerir pequenos ajustes ou melhorias radicais, chegando, talvez, a reformas ou à substituição por uma nova edificação (Kernahan et al., 1992; Teikari, 1995). Dependendo dos problemas identificados, as soluções possíveis podem ser funcionais (dividir ou combinar ambientes, acrescentar elevadores etc.), técnicas (melhor manutenção, serviços técnicos diferentes, isolamento das paredes), sociais (mudar o grupo-alvo, mover o pessoal internamente) ou envolver ajustes da proporção entre preço e desempenho (por exemplo, reduzindo o aluguel). Quando há um grande descompasso entre oferta e procura (ou realidade e desejo), a substituição por uma edificação nova ou a mudança para instalações melhores pode ser uma opção. A avaliação meticulosa aumentará a probabilidade de decisões bem-sucedidas e de lucro do investimento.

5.2.6 Desenvolvimento teórico

Além de permitir a otimização da edificação avaliada, há outros argumentos de nível mais alto a favor da avaliação, além do projeto específico. A avaliação possibilita que outros aprendam com a própria experiência durante o processo de construção e na fase de uso e gerenciamento. As avaliações individuais e a comparação com outras edificações e outros processos de planejamento e projeto podem dar uma contribuição significativa ao desenvolvimento teórico e à comprovação de teorias existentes, como, por exemplo, na relação entre disposição do ambiente construído e comportamento humano ou entre decisões de projeto e custo, impacto ambiental e qualidade estética (Shepley, 1997).

5.2.7 Ferramentas, diretrizes de projeto e recomendações para a elaboração de políticas

Nada é tão prático quanto uma boa teoria. O conhecimento e a compreensão são condições essenciais para decisões bem pensadas. Em consequência, o resultado da pesquisa da avaliação precisa ser "traduzido" de forma a permitir acesso rápido e fácil de clientes, projetistas, responsáveis pela implantação de políticas e por verificar projetos e, na verdade, de todos os envolvidos no processo de construção. É comum apresentar o resultado sob a forma de listas de verificação, selos de aprovação e manuais. Entre os exemplos que contêm informações de forma compacta, bem estruturada e explícita, temos o *Delftse checklist sociaal veilig ontwerpen* [Lista de verificação de Delft – projetar para a segurança pública] (Van der Voordt; Van Wegen, 1990a, 1990b, 1993; Fig. 5.1 e Boxe 5.2), *Keurmerk veilig wonen* [Selo de aprovação de habitação segura], concedido pela Comissão Orientadora de Experiências de Habitação Social (Reijnhoudt e Scherpenisse, 1998; Hooftman et al.,

1999) e o *Handboek voor toegankelijkheid* [Manual de acessibilidade] (Wijk et al., 2000). Há um resumo no Cap. 6. As ferramentas desse tipo são muito adequadas para desenvolver e verificar projetos para construção, evitar desastres, orientar a política e desenvolver leis, normas e códigos.

5.2.8 Banco de dados de projetos de referência

A documentação sistemática dos achados das avaliações pode levar à criação de um banco de dados de projetos interessantes que contenha várias informações fundamentais sobre os projetos e o resultado das avaliações. Em princípio, a evolução do campo da tecnologia da informação e comunicação permite armazenar no computador o resultado da pesquisa e ligá-lo a programas de desenho e análise. É

Fig. 5.1
Lista de verificação: projetar para a segurança pública

provável que, no devido tempo, venha a ser relativamente simples verificar, durante a fase de projeto, a qualidade vivencial dos desenhos para o usuário.

É claro que ninguém sugere que a pesquisa de avaliações e as diretrizes de projeto baseadas nessa pesquisa sejam usadas para criar um modelo

---

Boxe 5.2 Amostra de diretrizes de projeto: edifícios garagem

Os edifícios garagem têm a vantagem de deixar os carros menos visíveis na rua e permitir que o mesmo terreno seja usado com mais de um propósito. Por outro lado, os edifícios garagem têm a desvantagem de muita gente considerá-los inseguros. As providências a serem tomadas para aumentar a segurança e reduzir a possibilidade de vandalismo, furto de carros e acessórios e violência física incluem:

- integrar o estacionamento ao ambiente residencial;
- localizar a entrada em local com movimento;
- localizar a entrada no alinhamento das edificações; evitar becos e nichos escuros;
- evitar obstáculos que reduzam a visibilidade. De preferência, as colunas devem ser redondas e finas; colunas grossas e paredes de sustentação devem ser evitadas;
- dividir o estacionamento em pequenas unidades administráveis;
- dar acabamento atraente a paredes, pisos e tetos (cores claras, trabalhos artísticos);
- permitir boa iluminação adequada ao nível especificado em diretrizes e padrões como a norma holandesa NPR 2442;
- criar aberturas no telhado ou nas paredes (ou ambos) para permitir a iluminação natural;
- ajustar a acústica para evitar sons "ocos";
- criar boa ventilação;
- impedir a entrada de visitantes não autorizados. As saídas de emergência devem fechar-se sozinhas e só ser abertas por dentro;
- assegurar que a rota a seguir seja óbvia e assinalada com clareza;
- fazer acordos claros sobre o gerenciamento;
- fazer manutenção regularmente e determinar procedimentos claros para responder a reclamações etc.;
- conseguir supervisão da polícia ou de empresa de segurança privada, permanentemente ou em ocasiões especiais.

Fonte: Van der Voordt e Van Wegen (1990b).

ideal de edificação ou de processo de construção; tal modelo logo levaria à padronização e à uniformidade. É preciso levar em conta todo tipo de fator, bem além de itens padronizados como disposição básica, espaço para atividades previstas, clima interno agradável e preço razoável, cada um deles, por sua vez, afetado por outros fatores como localização, características da organização, preferências pessoais do cliente, do projetista e dos usuários e mudanças das condições limitantes. Além disso, cada projeto tem de alcançar um equilíbrio entre desejos e necessidades, parcialmente conflitantes. O resultado desse processo de equilíbrio é extremamente variável, o que faz não haver edificação "ideal". Mas a pesquisa de avaliações ensina que os processos complexos de tomada de decisão devem levar em conta, de forma meticulosa, a experiência e as lições de projetos anteriores. Portanto, a pesquisa de avaliações é importante para todos os envolvidos no processo de projeto, seja na produção de edificações (clientes, projetistas, especialistas, incorporadores, gerentes de processo e autoridades), seja no seu uso e gerenciamento (usuários cotidianos, gerentes das instalações, gerentes da fábrica etc.).

5.3 Avaliação da qualidade

Como já foi dito, avaliar significa determinar o valor de alguma coisa. Isso está intimamente ligado à determinação da qualidade: até que ponto

o produto satisfaz as necessidades especificadas. Estritamente falando, essa definição de qualidade nos permitiria dizer que uma obra é "boa" quando cumpre o programa de necessidades. Afinal de contas, este especifica as necessidades do cliente. Mas não basta meramente comparar o projeto ou edificação com o programa de necessidades. Na maioria dos casos, há vários desejos e necessidades nunca declarados explicitamente, seja porque o cliente não tinha consciência deles ou os ignorava, seja porque algumas necessidades são consideradas evidentes por si sós. Além disso, é comum o cliente não ter consciência de todas as diversas possibilidades, e as necessidades e desejos de todos os envolvidos não são todas redigidas de forma completa e explícita no programa de necessidades. Como exemplo, há os desejos de usuários e visitantes e as normas privadas impostas por vários grupos de poder. Assim, toda avaliação tem de levar em conta outros critérios, e não apenas o programa de necessidades. Seguiremos, portanto, as ideias de Burt (1978 apud Giddings e Holness, 1996) e usaremos uma definição mais ampla de qualidade:

> Qualidade é a totalidade de atributos que permitem satisfazer necessidades, inclusive o modo como os atributos isolados se relacionam, se equilibram e se integram na edificação como um todo e nos seus arredores.

São necessários quatro passos para determinar a qualidade de uma edificação (Van der Voordt; Vrielink, 1987):

1) Determinar os fatores a considerar na avaliação.
2) Medir as variáveis pertinentes.
3) Avaliar o resultado dessas medições.
4) Atribuir pesos de acordo com a importância de cada fator.

Feito tudo isso, é possível avaliar a qualidade de aspectos específicos e da obra como um todo, isto é, a soma ponderada dos valores atribuídos a cada aspecto isolado.

5.3.1 Fatores a avaliar

Antes de começar qualquer avaliação de produto, é importante decidir o que exatamente será avaliado. Desde a década de 1970, tem havido um crescimento notável das APOs (ver, por exemplo, Friedman et al., 1978; Keys e Wener, 1980; Zimring e Reitzenstein, 1980; Zimring, 1987; Preiser et al., 1988; Wener, 1989; Preiser, 1989, 1994; Teikari, 1995; Preiser e Vischer, 2004). Literalmente, APO significa avaliar uma edificação depois que começou a ser usada. As APOs tratam principalmente de aspectos funcionais, e os mais importantes são o valor de utilidade e o valor vivencial, isto é, as vivências e necessidades de quem usa e visita a edificação no dia a dia (Fig. 5.2). A avaliação atribuirá valores a itens como a disposição básica e a disposição de ambientes específicos, o modo como a forma

geral é percebida, o clima interno e fatores comportamentais (uso do espaço, privacidade, contato social, orientação espacial etc.). Em geral, o projeto é tratado como "variável independente" ou tem avaliação autônoma. Aspectos técnicos (estrutura de sustentação, serviços técnicos etc.) só são levados em conta no caso de afetarem o uso e o bem-estar dos usuários. Às vezes, o foco é a qualidade arquitetônica geral (Marans; Spreckelmeyer, 1982).

Os arquitetos e críticos de arquitetura veem as edificações principalmente do ponto de vista do projetista. Revistas holandesas como *De Architect* e *Archis* e revistas estrangeiras como *The Architectural Review*, *The Architects' Journal*, *Architektur Aktueff* e l'*Architettura* concentram-se em questões como conceitos e métodos de projeto, efeitos espaciais, proporções entre dimensões, cores e materiais, coerência ou falta de coerência entre componentes da edificação e considerações por trás disso tudo. Geralmente, o projeto e a abordagem do projetista envolvido são comparados a outros projetos do mesmo indivíduo e a projetos de referência (precedentes) de outros projetistas. Esse também é o tema central de muitos estudos e análises de projeto no curso sobre projeto arquitetônico oferecido pela Faculdade de Arquitetura da Universidade de Tecnologia de Delft (ver, por exemplo, Risselada, 1988). A maioria das análises de plantas inclui documentação, descrição e análise arquitetônica do projeto em questão,

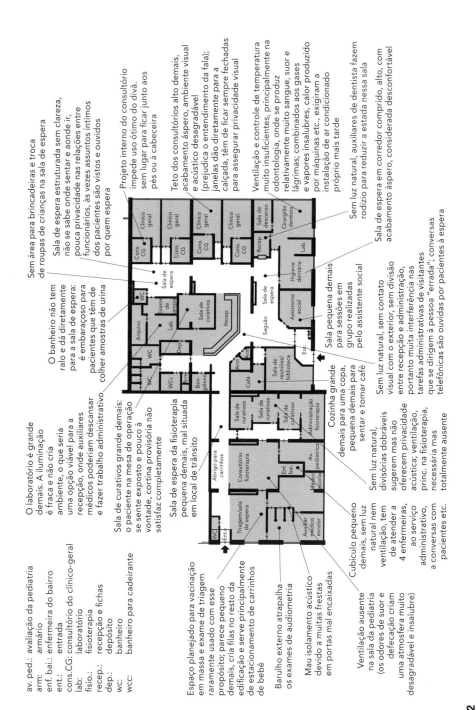

Fig. 5.2
Resultado de uma avaliação pós-ocupação. Planta baixa anotada de um posto de saúde: resumo de reclamações e gargalos determinados pela investigação avaliadora de usuários e visitantes
Fonte: Van Hoogdalem et al. (1981).

e muitas vezes também a comparação com outros projetos do mesmo arquiteto, no mesmo campo e/ou do mesmo ou de outros períodos. Com bastante frequência, porém, falta uma análise da qualidade funcional e da utilidade com base em dados empíricos.

Nos últimos anos, tem havido um aumento visível do alcance das avaliações rumo às *Avaliações de Desempenho da Edificação* ou à *Avaliação de Desempenho Total da Edificação* (ADE) (Preiser; Schramm, 1998). As ADEs tentam integrar os fatores estéticos e ligados ao usuário a fatores técnicos e econômicos. Há vários sumários na literatura sobre avaliação (Preiser, 1988; Benes; Vrijling, 1990; Baird et al., 1996; Stichting REN, 1992, 1993, 1994). Embora cada fonte mencione temas diferentes e os organize de maneira também diferente, todas têm muitos pontos em comum. O Boxe 5.3 tenta apresentar o máximo denominador comum. Embora os temas digam respeito principalmente à avaliação de edificações, muitos se aplicam tanto à avaliação do projeto ou do programa de necessidades como à avaliação da compatibilidade do local da edificação.

Em nome da simplicidade, os fatores a avaliar se dividem em quatro categorias:

   a] Funcionais (valor de utilidade, valor futuro).
   b] Estéticos (valor vivencial).
   c] Técnicos.
   d] Econômicos e jurídicos.

Essa divisão acompanha de perto a tradicional divisão tripla de Vitrúvio em *utilitas*, *venustas* e *firmitas*, e a tríade função, forma e tecnologia tão citada por arquitetos, com o acréscimo de custo, legislação e normas e códigos. A literatura sobre psicologia ambiental costuma incluir uma seção separada sobre fatores comportamentais, com itens como territorialidade, privacidade e contato social. O nosso resumo (Boxe 5.3) inclui esses itens na seção de aspectos funcionais. O Boxe 5.4 mostra a divisão dos custos relacionados à construção em custo de investimento e custo de exploração.

Esse resumo pode ser considerado uma versão ampliada de outro método muito usado de subdividir critérios de avaliação em *qualidade*, *custo* e *tempo*. O custo e o tempo estão incluídos na seção sobre fatores econômicos. Quanto custou a edificação? Foi preciso economizar para obedecer ao orçamento? Como o custo de investimento e de exploração se compara ao de obras semelhantes? Quanto tempo foi necessário para a fase de elaboração do programa de necessidades, o projeto e a execução? A qualidade envolve os três outros aspectos e se refere tanto às características objetivamente mensuráveis da edificação quanto ao valor, muitas vezes subjetivo, atribuído a essas características. Entre os fatores que se podem determinar de forma objetiva, estão as dimensões da edificação, os mate-

Boxe 5.3 Itens a incluir na avaliação de edificações

a. Funcionais
- Acesso viário e estacionamento
- Acessibilidade
- Eficiência
- Flexibilidade
- Segurança (ergonômica, pública)
- Orientação espacial
- Territorialidade, privacidade e contato social
- Bem-estar físico (iluminação, ruído, aquecimento, correntes de ar, umidade)

b. Estéticos
- Qualidade estética
- Ordem e complexidade
- Qualidade da representação
- Valor simbólico e semiótico
- Valor como história cultural

c. Técnicos
- Segurança contra incêndios
- Segurança construtiva
- Física da edificação
- Impacto sobre o meio ambiente
- Sustentabilidade

d. Econômicos e jurídicos
- Custo de investimento
- Custo de exploração
- Tempo investido
- Códigos e normas públicos e privados

riais usados nas paredes e na cobertura e as cores aplicadas a paredes e portas. Pode-se deixar para depois determinar se esses fatores são funcionais, esteticamente justificáveis e com baixo impacto ambiental.

> **Boxe 5.4** Decomposição do custo relativo à construção pelo Instituto de Padronização dos Países Baixos
>
> – Custo de investimento especificado na norma NEN 2631:
> - Terreno
> - Construção
> - Eventuais
> - Gestão
> - Estoque
> - Outros (reserva, juros durante a construção, custo inicial)
>
> – Custo de exploração especificado na norma NEN 2632:
> - Fixo (juros e retorno do capital, aluguel, custo de serviço)
> - Energia
> - Manutenção
> - Administração
> - Despesas administrativas específicas advindas da atividade imobiliária
> - Limpeza

Características do local e da edificação

Três níveis de escala são importantes para avaliar a qualidade de um local e de uma edificação: a edificação no seu ambiente, a edificação como unidade e ambientes específicos. Os Boxes 5.5 e 5.6 sumarizam as características pertinentes do local e da edificação. As listas podem ser usadas para assegurar que a descrição da edificação a avaliar é o mais exata possível.

Correspondência entre oferta e procura

Na verdade, a avaliação compara oferta e procura. A procura consiste de desejos, preferências, expectativas e metas daqueles diretamente envolvidos: parte está especificada no programa de necessidades, nas leis e nas normas; parte fica armazenada em corações e mentes; e parte oculta-se no subconsciente. A oferta é a obra construída. A comparação verifica até que ponto o terreno e a edificação correspondem às qualidades exigidas. Suponhamos que queremos determinar a funcionalidade de um hospital. Isso exigirá descobrir as características físicas da oferta, isto é, localização na cidade, área ocupada bruta, disposição da edificação, tamanho do *grid* ou da modulação e dimensões das salas. As necessidades – a procura – precisarão ser determinadas com o

154 ARQUITETURA SOB O OLHAR DO USUÁRIO

Boxe 5.5 Características do terreno

- Situação geográfica
- Localização relativa ao centro da cidade
- Acesso viário:
– Infraestrutura de tráfego (ruas, rotas para tráfego lento, capacidade, densidade de tráfego)
– Pontos e terminais de transporte público e frequência do serviço (avião, trem, bonde, metrô, ônibus, táxi)
- Estacionamento (número de vagas, tamanho, localização)
- Área e dimensões do terreno
- Proporção entre área construída e área livre
- Densidade construtiva
- Funções e propósitos previstos (capacidade em m², sortimento, grupo-alvo):
– Habitações
– Lojas
– Escolas
– Instalações recreativas (esportes e jogos, cinema, hotel e alimentação)
– Instalações culturais (teatro, museu, biblioteca)
– Instalações de acomodação (hotel, pousada)
– Comércio e indústria
– Serviços (assistência médica, bancos, correio etc.)
– Polícia, bombeiros, serviços de segurança privada
– Água e área verde (canais, parques, praças públicas, parques ecológicos, zoológicos para crianças)
- Características demográficas (habitantes, funcionários, visitantes):
– Distribuição de faixas etárias
– Composição das famílias
– País de origem
- Características socioeconômicas:
– Renda
– Renda disponível
– Rotatividade
– Emprego/desemprego
– Criminalidade
– Edificações desocupadas
– Nível de manutenção

- Ambiente (sol, vento, cheiros, ruído)
- Serviços públicos (gás, água, eletricidade)
- Leis e normas (zoneamento urbano, normas de estacionamento etc.)
- Tipo de propriedade (imóvel próprio, alugado, arrendado)

Boxe 5.6 Características da edificação

- Invólucro (paredes, telhado, andares)
- Estrutura de sustentação (sistema estrutural)
- Infraestrutura e equipamento:
– Elétrico
– Mecânico
– Outros (controle de temperatura, saneamento)
- Divisão espacial:
– Área de planta (bruta, líquida, útil, passível de locação)
– Proporção entre área bruta e líquida, área bruta e passível de locação (ver definições da norma NEN 2630)
– Compactação (proporção entre área de superfícies e área de planta)
– Disposição básica da edificação (massa, número de andares)
– Acesso (número e localização de entradas, saguões, corredores, escadas, elevadores)
– Relação entre ambientes, zoneamento
- Salas especiais:
– Função (propósito previsto, atividades, número de usuários)
– Formato e dimensões
– Área ocupada (bruta, líquida)
– Natureza do fechamento (aberto ou fechado, estrutural ou não, fixo ou flexível)
– Localização relativa a outras salas (distância, barreiras)
– Relação com o exterior (vista, luz natural, luz do sol, distância da entrada)
– Clima interno (iluminação, aquecimento, ventilação)
– Acabamento de paredes, pisos e tetos (material, cor)
– Equipamento permanente
– Equipamento temporário

exame de fatores como acesso viário, acessibilidade e usabilidade para os funcionários, pacientes e visitantes. A questão da adequação do terreno e da edificação, dados os vários desejos e necessidades, pode ser resolvida pela comparação entre os dois tipos de informação. Isso significa analisar as distâncias percorridas a pé, a frequência com que uma rota específica é percorrida, o espaço necessário para acomodar e usar coisas como camas, mesas de cabeceira etc., e depois comparar essa informação com o exigido ou desejado. O processo está representado esquematicamente no Quadro 5.2.

É importantíssimo vincular aspectos de qualidade a características físi-

Quadro 5.2 Comparação entre oferta e procura

Análise da procura	Natureza da oferta		
	Características do terreno	Características da edificação como um todo	Características de salas separadas
a. Funcionais • Facilidade de encontrar • Acessibilidade • Eficiência • Segurança • etc. b. Espaciais e estéticas • Qualidade estética • Beleza • Ordem • Complexidade • etc. c. Técnicas • Segurança contra incêndios • Segurança estrutural • Física da edificação • Impacto sobre o meio ambiente • Sustentabilidade d. Econômicas e jurídicas • Custo de investimento • Custo de exploração • Tempo investido • Leis, normas e códigos		Comparação entre oferta e procura	

cas do terreno e da edificação para que o resultado da avaliação seja corretamente interpretado e traduzido em diretrizes, normas ou conselhos para projetos. Não faz muito sentido determinar que há problemas, digamos, na orientação espacial ou na segurança pública, se não for possível tirar daí sugestões para aprimorar o planejamento, a elaboração do programa de necessidades, o projeto, a construção ou o gerenciamento das edificações. Infelizmente, é comum os estudos de avaliação deixarem de incluir ilustrações (fotos, plantas, cortes) e descrições meticulosas do objeto avaliado, e fica difícil ver quais características do projeto são responsáveis por quais efeitos positivos ou negativos.

Seleção de fatores a avaliar

Só em casos excepcionais se tentará produzir uma avaliação totalmente abrangente. A escolha de fatores a avaliar depende muito do propósito da avaliação. É comum haver razões práticas para a avaliação de um projeto, como, por exemplo, o temor de que a edificação permaneça desocupada, o descompasso entre a organização e o conceito dos ambientes dos escritórios ou a conta de luz excessivamente alta. Nesse caso, o rumo óbvio a tomar é concentrar-se num diagnóstico claro do problema e traçar um caminho para buscar soluções e melhorar a situação. Depois de aplicadas soluções inovadoras, geralmente a avaliação se concentrará nelas. Um exemplo

é a expansão recente de edificações inovadoras para escritórios (Vos; Dewulf, 1999; Vos; Van der Voordt, 2002). Os conhecidos estudos PROBE (*Post-occupancy Review of Buildings and their Engineering*, ou seja, revisão pós-ocupação de edificações e sua engenharia), realizados no Reino Unido na década de 1990, estavam particularmente interessados no controle de temperatura, nos serviços técnicos e no gasto de energia (Bordas; Leaman, 2001). Quando o objetivo é determinar diretrizes para edificações com uma função específica, faz sentido a avaliação concentrar-se em determinar as condições espaciais que melhor atendam a essa função. Alguns exemplos são o estudo de ambientes infantis de Sanoff e Sanoff (1981), o estudo de postos de saúde de Van Hoogdalem et al. (1985a) e o estudo de modificações do projeto de um hospital geral (Becker; Poe, 1980). Entre os exemplos mais próximos e recentes, temos as avaliações realizadas pela Universidade de Tecnologia de Delft de edificações projetadas para funcionar como casa de assistência para idosos (Houben; Van der Voordt, 1993; Van der Voordt, 1997, 1998).

5.3.2 Métodos de medição

Depois de esclarecidos os fatores a avaliar, é preciso determinar *como* tais fatores serão mensurados. Às vezes, é simples: por exemplo, quando é necessário apenas verificar características sem ambiguidade, como data da construção, área ocupada bruta ou cor de uma parede. Pode ser bem mais complexo determinar outros critérios de qualidade. Por exemplo, como medir a flexibilidade ou a qualidade para o usuário? A descrição clara do conceito é insuficiente. Esse tipo de conceito abstrato precisa tornar-se mais concreto com a tradução em variáveis que possam ser mensuradas, processo chamado de "operacionalização" no jargão do ramo. Por exemplo, se quisermos medir a flexibilidade de uma edificação, podemos definir o conceito de flexibilidade como "até que ponto a edificação permite mudanças na organização, realizadas sem a necessidade de demolir paredes". O próximo passo é determinar as variáveis pertinentes à flexibilidade assim definida. Pode-se pensar, por exemplo, na natureza da estrutura de sustentação e no tamanho da modulação ou *grid* (importan-

tes para verificar a facilidade de reorganizar a edificação), na facilidade de substituir uma parede (relevante para a possibilidade de ampliação), se a planta baixa pode ser alterada ou se as dimensões de ambientes específicos podem ser ajustadas (para permitir a multifuncionalidade do uso do espaço). Finalmente, deve ser possível justificar o modo como se medem variáveis concretas. Se não há um modo óbvio de realizar uma medição quantitativa, a única alternativa é recorrer à descrição qualitativa. O Boxe 5.7 mostra alguns indicadores para medir a qualidade para o usuário.

Todos os métodos de medição – entrevistas, questionários, observação, experiências e uso de equipamento de medição – têm vantagens e desvantagens. Portanto, é sensato usar vários métodos em paralelo. A escolha do método depende, em parte, da exten-

---

Boxe 5.7 Indicadores para medir a qualidade para o usuário

- Uso real de ambientes e instalações (frequência de uso, natureza de uso: para que atividades, individuais ou coletivas, para uma ou várias funções)
- Valoração absoluta e relativa de soluções alternativas, feita por usuários cotidianos
- Valoração feita pelo projetista e outros envolvidos: cliente, proprietário, gerente e especialistas
- Mudanças feitas na edificação desde a entrega
- Rentabilidade (dados sobre períodos de desocupação, mudanças de ocupação, listas de espera, aluguel)
- Tendência a mudar-se
- Dados sobre manutenção, vandalismo e furtos

são e da profundidade desejadas da avaliação e de fatores limitantes como tempo, dinheiro e especialização. As exigências de um diagnóstico rápido e geral são diferentes das imposições de uma investigação científica meticulosa. Os requisitos aceitos pela pesquisa científica são objetividade, possibilidade de verificação, validade e confiabilidade. O leitor encontrará, na literatura sobre metodologia de pesquisa, critérios detalhados de exercícios científicos e diversos métodos de mensuração. Além de introduções gerais a essa metodologia, há literatura voltada especificamente para a arquitetura (Zeisel, 1981; Bechtel et al., 1987; Baird et al., 1996). Foram desenvolvidas escalas para medir critérios de qualidade específicos, como a "norma imobiliária" para prédios de escritórios (Stichting REN, 1992, 1993, 1994). No Cap. 6, há um resumo de critérios de qualidade e métodos de medição importantes.

5.3.3. Valoração

Quando o resultado das medições se torna conhecido, é preciso usá-lo para chegar a um juízo de valor. Por exemplo, a temperatura de 30°C só faz sentido em relação a um desejo ou norma (por exemplo, não abaixo de 16°C, média de 22°C e não acima de 30°C durante mais de 10 dias por ano). É comum utilizar faixas de qualidade, como uma escala de 3 pontos (ruim, satisfatória, boa) ou 5 (insatisfatória, ruim, satisfatória, boa, excelente). Um exemplo é o método usado por entidades de pesquisa para avaliar os produtos de consumo. Essas entidades costumam testar os produtos de acordo com vários critérios e os avaliam numa escala de 5 pontos, como ++, +, +/–, –, – –. É preciso indicar para cada critério o embasamento dos valores da escala, como normas atuais, opinião de um grupo de usuários ou parecer de um especialista. Os critérios de avaliação não são estáticos; eles evoluem com o tempo em consequência da reflexão crítica dos especialistas e do desenvolvimento de novas noções. O Boxe 5.8 mostra algumas referências que podem ser usadas num juízo de valor.

5.3.4 Ponderação

Na maioria dos casos, quem faz a avaliação não percebe todos os fatores como igualmente importantes: alguns têm mais peso que outros. Portanto, é útil atribuir pesos aos diversos fatores, permitindo uma conclusão ponderada com base em várias qualidades, cada uma das quais com a importância que merece. Na literatura, esse método é chamado de multicritérios e usado em tarefas como escolher a localização da edificação ou optar por uma solução de projeto (Tab. 5.1).

O primeiro passo foi chamar a atenção para semelhanças e diferenças (Fig. 5.3). Em seguida, levantaram-se hipóteses sobre argumentos, vantagens e desvantagens subjacentes, no uso e como percebidos. As hipóteses

ARQUITETURA SOB O OLHAR DO USUÁRIO

> **Boxe 5.8** Questões a considerar na avaliação de qualidade
>
> - Programa de necessidades
> - Necessidades, desejos e preferências do cliente, dos usuários e visitantes
> - Experiência da gerência da edificação
> - Parecer de profissionais especializados (projetistas, consultores, críticos de arquitetura)
> - Diretrizes e recomendações da literatura profissional
> - Resultado de um estudo de avaliação (comparação com projetos de referência)
> - Normas e certificações
> - Leis e códigos (relativos à construção, saúde e segurança e a normas privadas)

Tab. 5.1 Exemplo de distribuição de pesos

	Critérios principais	%	Subcritérios
1. Ambiente físico	1.1 Funções públicas	5,8%	Tráfego total Tráfego local Acomodação Espaço de armazenamento
	1.2 Funções semipúblicas	3,1%	Instalações para compras Instalações culturais Instalações de hospedagem e alimentação Instalações sociais
	1.3 Funções privadas	3,1%	Instalações residenciais Escritórios Empresas
	1.4 Separação de funções	2,9%	Entre tipos de transporte público Tráfego ↔ acomodações Funções públicas ↔ semipúblicas Funções públicas ↔ privadas
	1.5 Acesso viário	5,5%	Acomodações públicas Espaço de armazenamento público [estacionamento] Funções semipúblicas Funções privadas
	1.6 Segurança	5,2%	Segurança de tráfego Capacidade de manejo Fatores ambientais
2. Ambiente social	2.1 Nível esperado de atividade	5,3%	Concentração de atividades
	2.2 Segurança pública	6,2%	Viabilidade de controle social

Tab. 5.1 Exemplo de distribuição de pesos (cont.)

	Critérios principais	%	Subcritérios
3. Imagem	3.1 Identidade individual do projeto	5,3%	Relação com outras áreas Originalidade Marcos Facilidade de reconhecimento
	3.2 Identidade cultural	2,4%	Uso de características históricas Soluções autônomas ligadas ao estilo
	3.3 Estrutura da edificação	0,7%	Escala: grande ou pequena Variedade ↔ unidade
	3.4 Imagem espacial visual	5,7%	Disposição do espaço público Intimidade urbana Vista Relação entre diversas edificações
	3.5 Forma, cores e materiais percebidos	3,6%	Coerência da composição total Vivacidade
	3.6 Projeto de áreas verdes	3,6%	Efeitos sazonais Vivacidade
	3.7 Características especiais	3,9%	Adequação à composição total Equilíbrio do projeto
4. Fatores de realização	4.1 Custo	8,3%	
	4.2 Período necessário para a realização	5,6%	
	4.3 Possibilidade de abordagem em fases	8,8%	
	4.4 Potencial de rendimento	6,7%	
Total		100%	

Fonte: Stichting Architecten Research (1991), *Kwaliteit van de openbare ruimte* [Qualidade do espaço público]. Competição de projetos para o distrito ferroviário de Tilburg.

foram apresentadas aos entrevistados nos centros visitados. Com o aumento da compreensão, ajustaram-se as hipóteses e registraram-se variantes de solução tipológica, com comentários. Em seguida, as anotações foram usadas na elaboração de diretrizes para criar programas de necessidades, projetar e avaliar postos de saúde. Mais tarde, o mesmo método foi aplicado a creches, instalações para deficientes mentais, lares para idosos etc.

5.4 Abordagem integrada

Este capítulo tratou extensamente da avaliação de edificações *ex ante* e *ex post*. Além de fazer um resumo de possíveis metas e itens a avaliar, também levou em conta como executar as avaliações. Ficou claro que há várias ferramentas disponíveis para fazer uma avaliação objetiva da qualidade de um projeto ou edificação. Embora as avaliações meticulosas ainda sejam exceção, pode-se concluir que o lado metodológico da avaliação de desempenho

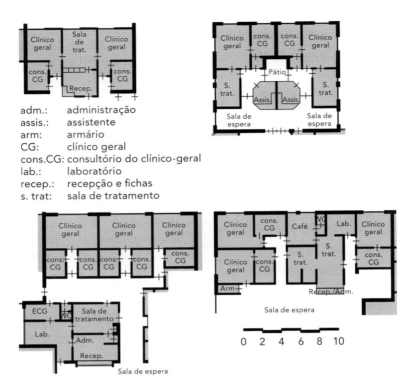

Fig. 5.3
Formas de dispor a área dos médicos num posto de saúde. Várias plantas baixas de edificações com a mesma função foram comparadas sistematicamente para produzir uma tipologia de variantes de solução. Vários tipos representativos de edificações em uso foram avaliados para identificar vantagens e desvantagens reais e percebidas. Pode-se usar a tipologia "comentada" resultante para auxiliar a tomada mais rápida de decisões
Fonte: Van Hoogdalem et al. (1985a).

da edificação e da avaliação pós-ocupação já passou do estágio de ser um novo campo profissional. Tanto alunos quanto professores de faculdades de Arquitetura podem beneficiar-se dessas técnicas, como, por exemplo, no ateliê de projeto, na formação geral ou na orientação desse tipo de estudo. Na prática, também, uma profunda avaliação de desempenho em diversas fases do processo de planejamento pode ajudar a melhorar a qualidade do ambiente construído (Fig. 5.5).

Também se observa que a ênfase deste capítulo recaiu sobre a qualidade funcional. Até certo ponto, isso decorre do tema do presente livro. Outra razão é que a qualidade funcional recebeu consideravelmente mais atenção, cientificamente falando, do que a avaliação da qualidade estética ou técnica. Embora a avaliação da qualidade estética seja e sempre será fortemente subjetiva, acreditamos que o exame mais científico de critérios pertinentes, definições, operacionalizações e

Boxe 5.9 Exemplo de pesquisa de avaliação não ligada a um único produto

Os postos de saúde são arranjos cooperativos nos quais um ou mais médicos, um serviço de enfermeiras de bairro e assistentes sociais se acomodam sob o mesmo teto. Os maiores também têm fisioterapeutas e outros profissionais da saúde (dentistas, farmacêuticos, psicólogos). Em meados da década de 1980, houve uma ampla investigação para elaborar diretrizes e criar programas de necessidades e projetos para esse tipo de centro de assistência médica (Van Hoogdalem et al., 1985b). A investigação seguiu os seguintes passos:
- investigação-piloto do Posto de Saúde Merenwijk, em Leiden;
- visitas a 50 postos de saúde especificamente construídos e mais uma ou duas entrevistas;
- análise comparativa das plantas baixas dessas 50 edificações;
- desenvolvimento de uma tipologia especial para a função;
- determinação de critérios para seleção de quatro postos representativos para mais estudos;
- avaliação extensa dos quatro postos selecionados (entrevistas, questionários, observação);
- avaliação geral dos outros postos (pesquisa rápida com funcionários e visitantes).

A análise comparativa foi realizada de forma iterativa e interativa com um estudo da literatura e de pesquisas de avaliação (Fig. 5.4).

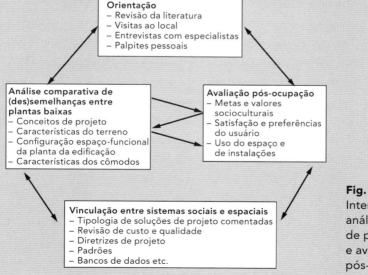

Fig. 5.4 Interação entre análise comparativa de plantas baixas e avaliação pós-ocupação

Boxe 5.10 Arcabouço integrador

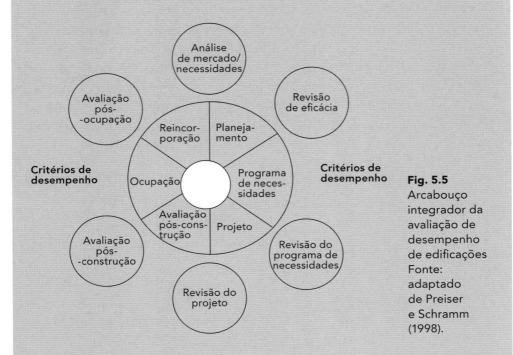

Fig. 5.5
Arcabouço integrador da avaliação de desempenho de edificações
Fonte: adaptado de Preiser e Schramm (1998).

O ciclo tem seis fases, cada uma delas com revisões internas e retornos para feedback:
- Planejamento: começa com um plano estratégico que determina as necessidades atuais e a longo prazo da sociedade, por meio de análises de mercado/necessidades. O retorno 1 inclui uma revisão de eficácia do resultado do planejamento estratégico em relação à qualidade, ao custo inicial de capital e ao custo operacional.
- Programa de necessidades: processamento de informações para determinar rumos para o projeto que conciliem as necessidades dos usuários e de outros interessados com as condições limitantes. O retorno 2 refere-se à revisão do programa de necessidades, envolvendo clientes e outros interessados.
- Projeto: desde o esboço das primeiras ideias até os documentos para a construção. O retorno 2 refere-se à revisão do projeto, isto é, uma avaliação ex ante dos efeitos das decisões do projeto sob vários pontos de vista.

- Construção: essa fase inclui a administração e o controle de qualidade para assegurar o cumprimento dos contratos. O retorno 4 inclui a avaliação pós-construção, que resulta em listas de itens que precisam ser completados antes da entrega e aceitação pelos clientes.
- Ocupação: durante essa fase, ocorrem a instalação e o início do funcionamento dos equipamentos, além do ajuste fino das instalações e dos ocupantes para obter o funcionamento ótimo. O retorno 5 inclui a avaliação pós-ocupação para dar feedback sobre o que "funciona" ou não. A APO pode ser usada para verificar hipóteses e expectativas, identificar problemas de desempenho do ambiente construído e maneiras de resolvê-los.
- Reincorporação: por exemplo, reciclagem da edificação para usos semelhantes ou diferentes, reforma de áreas públicas, acréscimo de novas funções ou demolição de edificações. O retorno 6 inclui novamente a análise de mercado/necessidades.

métodos de medição também tornaria mais fácil tratar desse aspecto ou pelo menos discuti-lo. Um exemplo é o uso de escalas de extremos como bonito/feio, empolgante/sem graça, original/tradicional, monótono/complexo. Seria interessante usar essas escalas na avaliação, por usuários, arquitetos, críticos de arquitetura e outros envolvidos no processo de construção, de algumas edificações recentemente terminadas e de outras muito antigas. Comparar o resultado das avaliações com as características das várias edificações poderia permitir a criação de um método mais científico de avaliar formas.

Bibliografia

Baird, G.; J. Gray; N. Isaacs; D. Kernohan; G. McIndoe (1996), *Building evaluation techniques*. McGraw-Hill, New York.

Bechtel, R., R. Marans, E. Michelson (1987), *Methods in environmental and behavioral research*. Van Nostrand Reinhold, New York.

Becker, E.D.; D.B. Poe (1980), The effects of user-generated design modifications in a general hospital. *Journal of Nonverbal Behavior*, 4, 195-218.

Benes, J, J.K. Vrijling (1990), *Voldoet dit gebouw? Het bepalen van functionele kwaliteit* [Is this building satisfactory? The determination of functional quality]. SBR Report 222. Stichting Bouwresearch, Rotterdam.

Bordas, B.; A. Leaman (Eds.) (2001), Assessing building performance in use. *Building Research & Information* 29, 2.

166 ARQUITETURA SOB O OLHAR DO USUÁRIO

Burt, M.E. (1978), *A survey of quality and value in buildings*. Building Research Establishment, Walford, UK.

Fraley, I.; J. Carmann; J. Anderzhon (2002), *Post-occupancy evaluations*. Making the most of design.

Friedman, A.; C. Zimring; E. Zube (1978), *Environmental design evaluation*. Plenum Press, New York.

Giddings, B.; A. Holness (1996), Quality assessment of architectural design and the use of design award schemes. *Environment by Design* 1(1), 53-68.

Haaksma, S.H.H. (1999), *Plannenmap voor de basis. Huis – Complex – Gebouw en Proces* [Portfolio of plans. House – Complex – Building and Process]. Faculty of Architecture, Delft University of Technology.

Hooftman, M.; C. van Zwam; P. Reijnhoudt, R. Scherpenisse (1999), *Politiekeurmerk Veilig Wonen. Bestaande bouw.* [Safe housing seal of approval. Housing stock]. Nationaal Centrum voor Preventie, Utrecht.

Hoogdalem, H. van; D.J.M. van der Voordt; H.B.R. van Wegen (1981), *Ruimtelijkfunctionele analyse van gezondheidscentra* [Spatial functional analysis of health centres]. Part 1: Procedure for research and experiment. Faculty of Architecture, Delft University of Technology.

Hoogdalem, H. van; D.J.M. van der Voordt; H.B.R. van Wegen (1985a), *Bouwen aan gezondheidscentra. Functionele grondslagen voor programma en ontwerp* [Building for health centres. Basic functional principles for programming and design]. Delft University Press.

Hoogdalem, H. van; D.J.M. van der Voordt; H.B.R. van Wegen (1985b), Comparative floor-plan-analysis as a means to develop design guidelines. *Journal of Environmental Psychology* 5, 153-179.

Houben, P.P.J.; D.J.M. van der Voordt (1993), New combinations of housing and care for the elderly in the Netherlands. *Netherlands Journal of Housing and Environmental Research* 8(3), 301-325.

Kernahan, D.; J. Gray; J. Daish with D. Joiner (1992), *User participation in building design and management*. Butterworth Architecture, Oxford.

Keys, C; R. Wener (1980), Organizational Intervention Issues. A four-phase approach to post-occupancy evaluation. *Environment and Behaviour* 12(4), 533-540.

Marans, R.; K. Spreckelmeyer (1982), Measuring overall architectural quality: a component of building evaluation. *Environment and Behaviour* 14(6), 652-670.

Preiser, W.F.E. (1988), Advances in post-occupancy evaluation: knowledge, methods and applications. In: H. van Hoogdalem; N.L. Prak; D.J.M. Van der Voordt; H.B.R. Van Wegen (Eds.), *Looking back to the future*. Proceedings of IAPS 10. Delft University of Technology, 207-212.

Preiser, W. (Ed.) (1989), *Building evaluation*. Plenum Press, New York.

Preiser, W. (1994), Built environment evaluation: conceptual basis, benefits and uses. *Journal of Architectural and Planning Research* 11(2), 91-107.

Preiser, W.F.E.; H.Z. Rabinowitz; E.T. White (1988), *Post-occupancy evaluation*. Van Nostrand Reinhold, New York.

Preiser, W.F.E.; U. Schramm (1998). Building performance evaluation. In: D. Watson et al. (Eds.), *Time-saver standards*, 7th edn. McGraw Hill, New York, 233-238.

Preiser, W.; J. Vischer (Eds.) (2004), *Assessing building performance: methods and case studies*. Elsevier, Oxford, UK.

Reijnhoudt, P.; R. Scherpenisse (1998), *Politiekeurrmerk Veilig Wonen. Nieuwbouw*. [Safe housing seal of approval. New houses]. Zijp, Zoetermeer.

Risselada, M. (1988), *Raumplan versus Plan Libre. Adolf Laos and Le Corbusier 1919-1930*. Delft University Press, Delft.

Sanoff, H.; J. Sanoff (1981), *Learning environments for children*. Edwards Bros., Humanics Limited, Atlanta.

Shepley, M. (1997), Design evaluation. In: S. Marberry (Ed.), *Healthcare design*. John Wiley & Sons, New York.

Stichting Architecten Research (1991), *Kwaliteit van de openbare ruimte. Resultaten ontwerpprijsvraag Spoorzone Tilburg* [Quality of public space. Results of the design competition for Tilburg's railway district]. Eindhoven.

Stichting REN (1992), *Real estate norm. Methode voor de advisering en beoordeling van kantoorlocaties en kantoorgebouwen* [Method for advising on and assessing office locations and office buildings], 2nd edn. Nieuwegein.

Stichting REN (1993), *Real estate norm bedrijfsgebouwen* [Industrial buildings], 1st edn. Nieuwegein.

Stichting REN (1994), *Real estate norm quick scan kantoorgebouwen* [Office buildings], 1st edn. Nieuwegein.

Teikari, M. (1995), *Hospital facilities as work environments*. Faculty of Architecture, University of Technology, Helsinki.

Vischer, J.C. (1989), *Environmental quality in offices*. Van Nostrand Reinhold, New York.

Voordt, D.J.M. van der (1997), Housing and care variants for older people with dementia. Current trends in the Netherlands. *American Journal of Alzheimer's Disease* 12(2), 84-92.

Voordt, D.J.M. van der (1998), Spatial implications of policy trends and changing concepts of housing and care for the elderly. In: J. Teklenburg; J. van Andel; J. Smeets and A. Seidel (Eds.), *Shifting balances, changing roles in policy, research and design*. Proceedings of IAPS 15. European Institute of Retailing and Services Studies, Eindhoven.

Voordt, D.J.M. van der; H.B.R. van Wegen (1990a), *Sociaal veilig ontwerpen* [Designing for safety]. Check list for developing and testing the built environment. Publications Office, Faculty of Architecture, Delft University of Technology.

Voordt, D.J.M. van der; H.B.R. van Wegen (1990b), Testing building plans for public safety: usefulness of the Delft checklist. *Netherlands Journal of Housing and Environmental Research* 5(2), 129-154.

168 ARQUITETURA SOB O OLHAR DO USUÁRIO

Voordt, D.J.M. van der; H.B.R. van Wegen (1993), The Delft checklist on safe neighborhoods. *Journal of Architectural and Planning Research* 10(4), 341-356.

Voordt, D.J.M. van der; D. Vrielink (1987), *Kosten-kwaliteit wijkwelzijnsaccommodaties* [Cost v. quality in district welfare accommodation]. Delft University Press.

Voordt, D.J.M. van der; D. Vrielink, H.B.R. van Wegen (1998), Comparative floorplan-analysis in programming and architectural design. *Design Studies* 18, 67-88.

Vos, P.G.J.C.; G.P.R.M. Dewulf (1999), *Searching for data*. A method to evaluate the effects of working in an innovative office. Delft University Press.

Vos, P.; T. van der Voordt (2002), Tomorrow's offices through today's eyes. Effects of innovation in the working environment. *Journal of Corporate Real Estate* 4(1), 48-65.

Wener, R. (1989), Advances in evaluation of the built environment. In: E. Zube and G. Moore (Eds.), *Advances in environment, behavior, and design*, Vol. 2. Plenum Press, New York.

Wijk, M.; J.J. Drenth, M. van Ditmarsch (2003), *Handboek voor toegankelijkheid* [Accessibility manual], 5th edn. Elsevier Bedrijfsinformatie, Doetinchem.

Zeisel, J. (1981), *Inquiry by design. Tools for environment-behavior research*. Brooks/Cole Publishing Company, Monterey, California.

Zimring, C. (1987), Evaluation of designed environments: methods for post-occupancy evaluation. In: R. Bechtel and W. Michelson (Eds.), *Methods in environmental and behavioural research*. Van Nostrand Reinhold, New York.

Zimring, C. (1988), Post-occupancy evaluation and implicit theories of organizational decision-making. In: H. van Hoogdalem et al (Eds.), *Looking back to the future*. Proceedings of IAPS 10. Delft University Press, 240-248.

Zimring, C.; J. Reitzenstein (1980), Post-occupancy evaluation: an overview. *Environment and Behaviour* 12(4), 429-450.

6

Avaliação de qualidade: métodos de medição

6.1 Critérios de qualidade funcional

Em geral, quem se envolve no programa de necessidades, no projeto e na avaliação de edificações preocupa-se em obter a melhor qualidade possível nas circunstâncias, sujeito a condições como tempo, dinheiro, leis e normas. Portanto, é essencial ter clareza sobre o que significa qualidade, que nível de qualidade se deseja e como traduzir esse nível em exigências de desempenho espacial e soluções de projeto. Este capítulo traz alguns critérios para *desenvolver* e *pôr à prova* projetos (programa de necessidades, projeto estrutural, projeto provisório e projeto executivo) e edificações terminadas, com ênfase na qualidade funcional.

A edificação funcional é aquela adequada às atividades para as quais foi prevista. Quem está dentro da edificação tem de ser capaz de agir com eficiência, conforto, salubridade e segurança. Isso significa que todos devem conseguir chegar à edificação e entrar com facilidade e mover-se dentro dela com conforto. A edificação deve manter harmonia suficiente com a percepção humana, na maneira como é vista, ouvida, cheirada e sentida. Todos também devem sentir-se fisicamente confortáveis, o que significa que a edificação não deve ser quente nem fria demais, suja, escura nem barulhenta. Todos devem ser capazes de ver como as partes da edificação se encaixam e de orientar-se lá dentro. É preciso cuidar de todo tipo de necessidade psicológica, como privacidade, contato social, liberdade de escolha e autonomia. A edificação também tem de permitir ajustes para adequar-se a mudanças das circunstâncias, novas atividades e usuários diferentes.

Tendo isso como base, o conceito de qualidade funcional pode ser dividido em nove aspectos:

a] Facilidade de acesso viário e estacionamento
b] Acessibilidade
c] Eficiência
d] Flexibilidade
e] Segurança
f] Orientação espacial
g] Privacidade, territorialidade e contato social
h] Saúde e bem-estar físico
i] Sustentabilidade

Os aspectos de "a" a "d" dizem respeito principalmente ao valor da edificação para o usuário (É fácil de usar?), "f" e "g" ao bem-estar psicológico, "h" ao bem-estar físico e "i" à qualidade ambiental. A segurança abrange vários aspectos: utilitários, psicológicos e físicos. Até certo ponto, os nove aspectos estão interligados. Por exemplo, acessibilidade e segurança são condições para a eficiência, e a facilidade de acesso viário e a orientação espacial são condições da acessibilidade psicológica.

A seguir, apresentam-se detalhes desses nove aspectos num formato padrão:

- Descrição ou definição do conceito.
- Ideias de como obter uma tradução espacial desse aspecto de qualidade e quais técnicas de projeto podem ser usadas para chegar ao valor previsto para o usuário.
- Fontes para leitura, por exemplo, sobre ferramentas para medir aspectos específicos da qualidade, achados interessantes da pesquisa e aplicações "exemplares".

6.1.1 Facilidade de acesso viário e estacionamento

A facilidade de acesso viário diz respeito a como chegar à edificação como um todo e a suas várias entradas. A facilidade de acesso interno (a ambientes e serviços específicos) é um dos componentes da acessibilidade. Muitas vezes, a distinção entre usuários regulares e visitantes ocasionais (por exemplo, clientes) será relevante. Pode-se fazer outra distinção entre a facilidade de acesso viário por transporte público (avião, navio, trem, bonde, metrô ou táxi) e particular (carro, bicicleta, a pé, talvez com algum auxílio à locomoção, como cadeira de rodas, andador e carrinho de bebê).

Os critérios para a facilidade de acesso viário são apresentados com detalhes em publicações como *Real Estate Norm* (REN) [norma imobiliária], para edificações industriais, e *Real Estate Norm Quick Scan* [exame rápido da norma imobiliária], para prédios de escritórios. A REN distingue quatro critérios:

1) Facilidade de acesso viário para veículos de transporte de cargas e automóveis particulares.
2) Facilidade de acesso viário pelo transporte público.
3) Canais de distribuição (aeroporto, porto marítimo, porto fluvial ou rodovia).
4) Facilidade de acesso viário em caso de desastres (bombeiros, ambulâncias).

Cada critério é operacionalizado por dois ou mais indicadores. Os indicadores da facilidade de acesso por transporte público incluem a proximidade de estação ferroviária, tipo de estação ferroviária e proximidade de pontos de ônibus e bonde ou estações do metrô com linhas que façam conexão com estações ferroviárias (Boxe 6.1).

Cada indicador é avaliado numa escala de cinco pontos que vai de 1 (desfavorável) a 5 (muito favorável). A escala a seguir pode ser usada para a proximidade de ponto de ônibus, bonde ou estação de metrô, ou para a

---

Boxe 6.1 Critérios de facilidade de acesso viário da REN

1. Facilidade de acesso viário para veículos de transporte de mercadorias e automóveis particulares:
   - Distância da autoestrada mais próxima
   - Distância da interseção mais próxima da autoestrada
   - Fluxo de tráfego e presença de obstáculos (engarrafamentos, semáforos, pontes, passagens de nível)
   - Natureza da rota que liga o terreno à autoestrada
2. Facilidade de acesso viário pelo transporte público
   - Distância até a estação ferroviária mais próxima
   - Número e natureza das conexões (trem local, interurbano, internacional)
   - Distância percorrida a pé até o ponto de ônibus ou bonde e até a estação de metrô mais próxima que faça a ligação com uma estação ferroviária
3. Canais de distribuição:
   - Distância até o aeroporto de transporte de cargas
   - Distância até o porto marítimo de transporte de cargas
   - Distância até o porto fluvial de transporte de cargas
   - Distância até um ponto de transbordo para a ferrovia
4. Desastre:
   - Tempo de resposta dos bombeiros
   - Tempo de resposta das ambulâncias

distância percorrida a pé até o ponto mais próximo que faça a ligação com a estação ferroviária:

1) 1 = 500 m ou mais
2) 2 = 300 m a 500 m
3) 3 = 200 m a 300 m
4) 4 = 100 m a 200 m
5) 5 = menos de 100 m

A REN não trata da frequência do serviço prestado pelo transporte público nem do horário de início e encerramento do serviço. Também não trata de critérios de medição da facilidade de acesso para quem precisa de auxílio para a locomoção. Para obter mais detalhes sobre essa última questão, o leitor deve consultar o *Handboek voor Toegankelijkheid* [Manual de acessibilidade] e a norma *NEN 1814, Toegankelijkheid van gebouwen en buitenruimten* [Acessibilidade de edificações e áreas externas].

Estacionamento

Assim que chega ao prédio, geralmente o usuário ou visitante há de querer estacionar. No nível local, a REN verifica o estacionamento público (número de vagas públicas para carros particulares e veículos de transporte de mercadorias num raio de 200 m) e o estacionamento no terreno da edificação (natureza das instalações, capacidade e dimensões). Usa-se uma escala de cinco pontos para a capacidade de estacionamento de veículos de passeio em prédios de escritórios, expressa em termos como o número de vagas no terreno da edificação por m^2 de área construída bruta:

1) 1 = 1:200 ou menos
2) 2 = 1:150 a 1:200
3) 3 = 1:100 a 1:150
4) 4 = 1:50 a 1:100
5) 5 = mais do que 1:50

A lei de zoneamento costuma incluir normas de estacionamento relativas ao tipo de local (A, B ou C), expressas como "uma vaga de estacionamento por tantos m^2 de área construída bruta", "uma vaga para tantos equivalentes a jornada integral" ou "uma vaga para tantos funcionários". Na tentativa de reduzir a poluição ambiental, às vezes as autoridades locais tentam reduzir a mobilidade e, portanto, especificam a capacidade máxima, e não a mínima. As normas de estacionamento diferem de acordo com o governo local ou o cliente particular envolvido.

6.1.2 Acessibilidade

Pode-se considerar boa a acessibilidade de uma edificação quando usuários regulares e visitantes esperados não têm dificuldade para chegar ao seu destino e conseguem participar das atividades previstas e usar as instalações necessárias para isso. A acessibilidade tem dois componentes: o físico e o psicológico.

a. Acessibilidade física

Costumam-se distinguir três componentes da acessibilidade física:

6 Avaliação de qualidade: métodos de medição   173

- Facilidade de acesso viário: facilidade com que usuários e visitantes conseguem chegar à frente da edificação.
- Acessibilidade em sentido estrito: facilidade com que pessoas e mercadorias entram na edificação (Figs. 6.2 e 6.3).
- Usabilidade: facilidade com que os indivíduos conseguem deslocar-se pela edificação e utilizar os ambientes e os serviços previstos para eles.

É importante levar em conta a variabilidade das características humanas ao dimensionar e projetar passagens e acessos a níveis diferentes. As pessoas têm compleição, força e resistência diferentes. Há quem use auxílios para se locomover; há quem empurre carrinhos de bebê, leve pacotes pesados ou bagagem. Nesse contexto, usam-se conceitos como "projetar para todos" ou "projeto universal": o ambiente construído deve ser acessível e usável por todos, seja qual for a capacidade ou a limitação física e mental (Preiser; Ostroff, 2001). Em princípio, todos deveriam ser capazes de utilizar, de forma igual e independente, o ambiente construído. "Acesso para todos" e "pensar inclusivamente" são expressões semelhantes que exigem que os projetos sejam ergonomicamente fundamentados e fáceis de utilizar. Os serviços devem permitir o uso por todo o público a que se destina; devem-se evitar pisos escorregadios e irregulares (para evitar quedas); os balcões não devem ser altos nem baixos demais; a sinalização tem de ser legível e compreensível etc.

Nos Países Baixos, os critérios que o ambiente tem de satisfazer para ser usado por todos são detalhados no *Handboek voor Toegankelijkheid* [Manual de acessibilidade] (Wijk et al., 2000) (Fig. 6.1) e na norma *NEN 1814, Toegankelijkheid van gebouwen en buitenruimten* (Dutch Standards Institution, 2000). A maioria dos países tem diretrizes semelhantes. Ver, por exemplo, o Padrão ANSI 117.1 do Instituto Americano de Padronização Nacional (American National Standards Institute, 1992), e as Diretrizes de Acessibilidade da Lei para Americanos com Deficiência (Americans with Disabilities Act Accessibility Guidelines, ADAAG). A maioria dessas normas contém critérios dimensionais e exigências e especificações de desempenho relativos a:

- passagem aberta mínima para portas e corredores;
- espaço de manobra necessário para dar meia volta e mudar de direção, também para quem leva bagagem e equipamentos com rodas (carrinhos de compras, de bebê, de chá, cadeira de rodas ou andador);
- transposição de diferenças de nível (proporção entre altura e largura dos degraus da escada, elevador para passageiros, elevador para cadeira de rodas, plataforma de elevação, rampa);

Altura de funcionamento

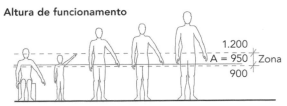

A = altura correta para instalar itens como maçanetas, interruptores, controles de telefone público ou elevador
Zona = faixa de alturas para instalar itens que não se encaixam exatamente na altura correta (A)

Alcance máximo **Área desimpedida**

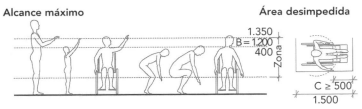

B = altura correta para instalar ganchos para roupas, estantes etc.
Zona = faixa de alturas para instalar itens que não se encaixam exatamente na altura correta (B)
C = área desimpedida necessária para utilizar equipamentos instalados num canto

Altura, corte e área desimpedida para corrimões

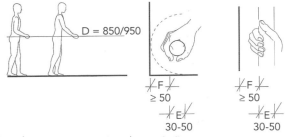

D = altura correta para instalar corrimões
E = diâmetro adequado dos corrimões
F = área desimpedida em volta de um corrimão ou maçaneta

Fig. 6.1
Seleção de padrões dimensionais do *Manual de acessibilidade*

- altura ótima de superfícies de trabalho, ganchos para casacos, armários de parede;
- instalações para deficientes visuais ou auditivos.

Além da facilidade de acesso viário, da acessibilidade e da usabilidade, é importante que todos consigam sair depressa ou usar uma via alternativa em caso de perigo. Nesses casos, às vezes se usa a palavra "egressibilidade". Em caso de desastre, deve ser possível fechar vias a pessoas e mercadorias.

Fig. 6.2
Edificação com boa acessibilidade. Em 1999, o Departamento de Emprego e Assuntos Sociais da cidade de Roterdã publicou o relatório *Over de drempel* [Sobre o patamar]. Esse estudo da experiência dos habitantes da cidade com a acessibilidade mostrou que, nesse quesito, a biblioteca da cidade recebeu nota alta. As largas portas giratórias dão boa acessibilidade a todos, inclusive cadeirantes e pessoas com carrinhos de bebê. Dentro da edificação, a boa acessibilidade é assegurada por elevadores e escadas rolantes

Fig. 6.3
(a e b) Edificação com pouca acessibilidade. Nem o centro cultural (a) nem o novo prédio do NEN (b), ambos em Delft, obedecem ao princípio "edificar para todos". É verdade que alguém teve a ideia de pôr vagas especiais para estacionamento ao lado da entrada e que cadeirantes podem chegar à entrada principal do NEN por meio de uma plataforma de elevação, mas seria preferível permitir o acesso simples a todos, sem a necessidade de soluções acessórias para categorias especiais

b. Acessibilidade psicológica

A acessibilidade psicológica é a capacidade da edificação de "convidar" o usuário ou potencial visitante a entrar e de facilitar o uso da edificação e das salas e equipamentos individuais. Os aspectos emocionais têm o seu papel – Todos se sentem bem-vindos? A edificação é um lugar agradável ou há quem ache repelentes pontos específicos? –, assim como os aspectos cognitivos – É fácil de achar o caminho lá dentro? A planta é simples de entender? Entre as características relevantes, temos a entrada reconhecível, a possibilidade de "prever" e as separações óbvias entre áreas públicas e particulares. Muitas vezes, é desejável que uma parte ou o todo de uma edificação *não* seja acessível, física ou psicologicamente, a todos. Pode-se conseguir isso com dispositivos técnicos (por exemplo, fechaduras e dobradiças à prova de ladrões, sistemas de alarme) ou jurídicos (como proibir a entrada de visitantes não autorizados). Às vezes, a inacessibilidade pode ter efeitos colaterais não intencionais. Como exemplo, consideremos a inacessibilidade de uma escadaria imponente, projetada para dar a impressão de poder ou grandeza. Quando se avalia a acessibilidade de uma edificação, é preciso dar atenção também a toda possível inacessibilidade não intencional.

Até onde se sabe, o critério de acessibilidade psicológica nunca foi totalmente elaborado com unidades mensuráveis em lugar nenhum, embora haja listas de verificação e de pontos merecedores de atenção que tratem de alguns aspectos do critério. Isso se aplica especialmente ao aspecto cognitivo da legibilidade da edificação em relação à orientação espacial e a todos os aspectos que influenciam o bem-estar físico e psicológico (segurança, distinção entre áreas públicas e privadas, percepção do clima interno). Cada um desses aspectos é tratado separadamente mais adiante.

6.1.3 Eficiência

Um prédio ou projeto de edificação é eficiente quando serve ao seu propósito, isto é, ao uso previsto. Também se fala de eficiência funcional em contraste com a eficiência construtiva ou econômica. A eficiência funcional exige não apenas um programa de necessidades eficiente, isto é, o suprimento adequado de atividades e condições legais e econômicas favoráveis, mas também que a edificação seja eficiente em termos espaciais e arquitetônicos, ou seja, que as atividades previstas sejam abrigadas com eficácia e eficiência. "Eficácia" aqui significa "fazer o que é certo". Aplicada a edificações, significa fazer escolhas no projeto que permitam apoio otimizado às atividades desejadas, maximizando a realização das metas da organização. "Eficiência" significa "fazer bem feito". Tem a ver com atingir a meta sem usar mais recursos que o necessário. Aplicada a organizações, "eficiência" significa obter a proporção ótima entre a produção da empresa e o gasto de recursos como mão de obra, energia e outros.

Eis os principais critérios da eficiência de uma edificação:

- Localização favorável ao propósito da edificação. A localização favorável permite rotas apropriadas para a chegada e a partida de pessoas e mercadorias, estacionamento adequado e efeitos de sinergia produzidos pela proximidade de funções e instalações interessantes. A Fig. 6.4 mostra um exemplo de eficiência numa casa de repouso.
- Esquemas de acesso adequado na edificação como um todo (localização lógica da entrada ou das entradas, instalações adequadas para a movimentação entre andares, vias de trânsito desimpedidas, capacidade suficiente em corredores, escadas e elevadores) e em ambientes específicos (portas que se abram num sentido conveniente, sem vias de trânsito em áreas ocupadas etc.).
- Disposição eficiente, isto é, percorrer a pé distâncias curtas porque funções relacionadas estão agrupadas, funções que exigem luz natural posicionadas junto a uma parede externa, hierarquia clara entre espaço público e privado, zonas separadas para níveis de atividade e temperaturas diferentes.

- Área construída suficiente para permitir a execução de todas as atividades desejadas. Isso se aplica tanto à edificação como um todo quanto a ambientes separados, espaço de trânsito, espaço para serviços técnicos e espaço construtivo. É importante dar atenção ao espaço necessário para dispor e usar o mobiliário fixo ou móvel.
- Dimensões verticais suficientes: pé-direito, altura das portas, altura das bancadas, superfícies de trabalho e armários de cozinha.
- Uso funcional de cores e materiais para facilitar a orientação espacial, a facilidade de reconhecimento, a identidade, a limpeza e a manutenção técnica.
- Equipamento e disposição adequados de água e eletricidade, instalações sanitárias, cortinas e venezianas, escurecimento das salas quando necessário.
- Plantas e serviços suficientes, materialização e detalhamento minuciosos das separações entre espaços (divisórias, paredes externas) para obter as condições físicas desejadas (temperatura, umidade, ar limpo, luz, ruído).

A exemplo de "funcionalidade", "eficiência" é uma palavra que abrange muitos aspectos. Facilidade de acesso viário, acessibilidade, seguran-

178 ARQUITETURA SOB O OLHAR DO USUÁRIO

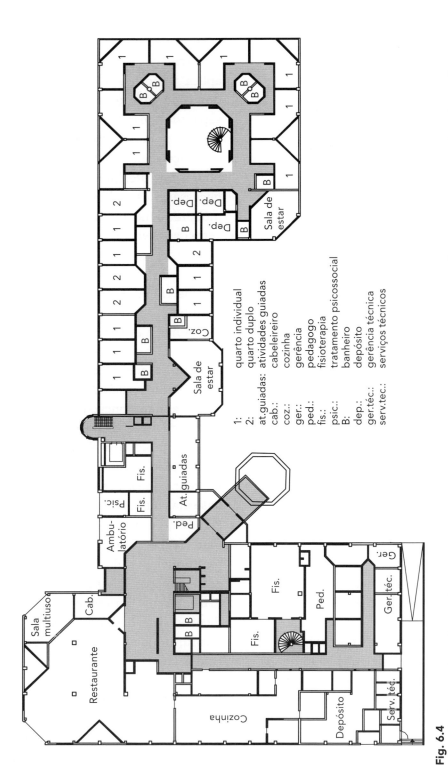

Fig. 6.4
Exemplo de uma planta baixa eficiente. Planta da Casa de Repouso Santa Elisabeth, em Amersfoort. O zoneamento claro de instalações comunitárias (à esq.) e acomodações (à dir.) reduz a distância a percorrer a pé entre atividades correlatas e simplifica a orientação espacial. O posicionamento das instalações sanitárias na parte de acomodações reduz a distância entre quartos e banheiros. Pode-se ver um certo grau de separação à direita da figura entre a área semipública de pedestres e o espaço usado para trânsito mais privado (a "passagem de pijama") entre quartos individuais e banheiros

ça e flexibilidade são todas condições necessárias a uma edificação eficiente. Em razão da sua importância, esses aspectos são tratados separadamente a seguir.

6.1.4 Flexibilidade

Vivemos numa sociedade dinâmica. As organizações estão constantemente sujeitas a mudanças, causadas, por exemplo, por expansões ou contrações. As funções se desatualizam ou são descartadas. Novas funções são acrescentadas. Com o passar do tempo, é comum organizar de outra maneira as atividades existentes. As exigências de qualidade mudam sob a influência de novas leis e normas, da evolução econômica ou tecnológica, das alterações do uso etc. Por outro lado, as edificações são relativamente estáticas. Segundo Brand (1994), pode-se considerar que uma edificação é constituída de seis componentes que variam drasticamente em sua longevidade: terreno (permanente); estrutura (de 30 a 300 anos); revestimento (20 anos); serviços (de 7 a 15 anos); planta baixa (de 3 a 30 anos); e o conteúdo da edificação. Para dar conta do dinamismo, as edificações devem ser flexíveis, tanto *internamente* (dentro da edificação) quanto *externamente* (capazes de expansão e contração), de preferência sem exigir muita demolição de paredes e gasto elevado. Isso aumentará o valor futuro da edificação. Não surpreende que muitos programas de necessidades dão prioridade à exigência de flexibilidade. Às vezes são apresentados argumentos a favor de edificações neutras quanto à função, adequadas para um grande número de funções muito diversificadas; porém, como forma e função estão sempre interligadas, parece que isso é ir longe demais.

Há vários outros quesitos ligados à flexibilidade de uma maneira ou de outra, alguns mais, outros menos sinônimos; outros, ainda, distintos pela extensão em que é preciso a ajuda de uma construtora para ajustar a edificação a novas necessidades (Quadros 6.1 e 6.2, Fig. 6.5). Os quesitos mais frequentes são:

- *Flexível*: fácil de ajustar para adequar-se à mudança das circunstâncias.
- *Ajustável*: o mesmo, concentrando-se ou não num grupo-alvo específico. Na construção de moradias, a edificação "ajustável" ou "adaptável" costuma ser definida como "não especialmente adaptada com antecedência a pessoas com deficiência, mas projetada de tal modo que a adaptação posterior possa ser feita com facilidade e a custo relativamente baixo se e quando o ocupante tornar-se deficiente".
- *Alterável*: feita de modo a ser alterada quando se desejar.
- *Variável*: que permite mudanças nas dimensões, forma, localização etc.; o contrário de fixo. Também definido como "capaz de se ajustar, sem custo exor-

180 ARQUITETURA SOB O OLHAR DO USUÁRIO

Quadro 6.1 Arcabouço conceitual da flexibilidade das edificações na fase de uso

Flexibilidade de:	A mudança exige:		
	Nenhuma operação de construção	Operações de construção moderadas que não exijam a contratação de uma construtora	Operações de construção que exijam uma construtora
Disposição das salas	Neutralidade de disposição Multifuncionalidade	Flexibilidade de disposição	Variabilidade de disposição
Limites entre salas	Limites polivalentes	Limites flexíveis	Limites variáveis
Divisão da edificação	Neutralidade da divisão Neutralidade do invólucro Neutralidade da função	Flexibilidade da divisão Flexibilidade espacial Flexibilidade construtiva	Variabilidade da divisão Variabilidade do invólucro

Fonte: Boerman et al. (1992).

bitante, por meio de movimentação, remoção ou acréscimo, pelo construtor, de elementos arquitetônicos que não sejam estruturais".

- *Multifuncional:* adequada ou passível de uso em funções diferentes sem exigir mudanças da estrutura ou de serviços já instalados.
- *Polivalente:* capaz de ajustar-se a mudanças ou diferenças de preferência ou necessidade dos usuários quando se alteram as relações entre espaços diferentes sem a ajuda de uma construtora (por exemplo, com portas de correr ou divisórias sanfonadas).
- *Neutra:* capaz de ajustar-se a mudanças sem alterar a locali-

zação das várias funções e sem que os elementos arquitetônicos necessários para essas funções tenham de ser movidos, removidos ou aumentados. Alguns exemplos:

- *Neutralidade da disposição:* possibilidade de dispor os ambientes de várias maneiras.
- *Neutralidade da divisão:* possibilidade de dividir a edificação de diversas maneiras.
- *Neutralidade funcional:* possibilidade de dar à edificação uma função diferente.
- *Neutralidade do invólucro:* possibilidade de incorporar plantas baixas diferentes ou conseguir diversas disposições no mesmo invólucro.

Quadro 6.2 Exemplos de técnicas de projeto para incorporar a flexibilidade

Técnica	Descrição
Neutralidade de disposição	Área extra de ocupação Proporção generosa entre comprimento e largura Comprimento suficiente das paredes para permitir unidades de mobiliário Pé-direito mais alto Tomadas elétricas extras Acessórios removíveis
Flexibilidade de disposição	Acessórios desmontáveis
Variabilidade de disposição	Provisão para fiação futura
Limites polivalentes entre salas	Portas de correr, divisórias de correr, divisórias dobráveis
Limites flexíveis entre salas	Divisórias removíveis ou desmontáveis
Limites variáveis entre salas	Divisórias removíveis
Neutralidade da divisão	Espaços neutros quanto à divisão Altura neutra de parapeitos Acabamento das paredes adequado a várias funções Instalação sonora adequada a várias funções Fiação e serviços extras Zoneamento
Flexibilidade da divisão	Separação entre elementos estruturais e serviços embutidos Paredes, elevações e telhado desmontáveis Modulação estrutural generosa Dimensionamento maior para alvenaria estrutural
Variabilidade da divisão	Paredes, elevações e telhado removíveis Fiação desmontável em local de fácil acesso Métodos alternativos de fixar paredes Evitar diferenças de nível entre andares Paredes externas neutras, flexíveis ou variáveis Espaço ou instalações para acréscimo posterior de elevadores

Fontes: Boerman et al. (1992) e Geraedts e Cuperus (1999).

É claro que o custo de quaisquer medidas tomadas para obter flexibilidade deve ser cuidadosamente pesado em relação ao benefício, isto é, à economia com ajustes posteriores.

6.1.5 Segurança

Podem-se distinguir os seguintes tipos de segurança:

- Segurança ergonômica ou do usuário: probabilidade mínima de cair, ficar preso ou se ferir.
- Segurança pública: subjetiva (sensação de segurança) e objetiva (pouco risco de crime).
- Segurança contra incêndios: probabilidade mínima de fogo (prevenção) e, caso haja incên-

182 ARQUITETURA SOB O OLHAR DO USUÁRIO

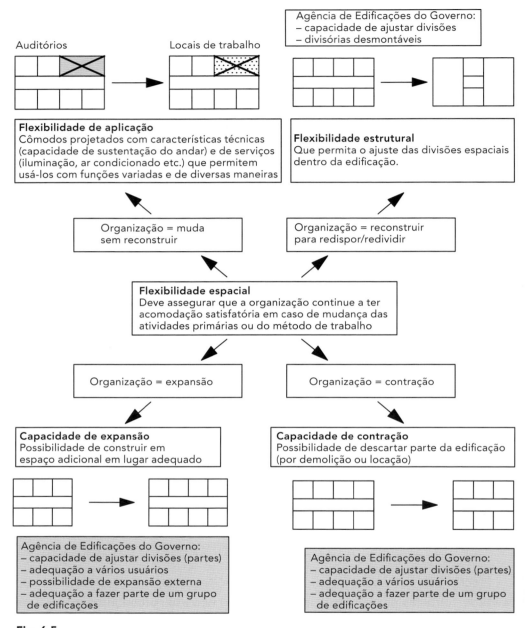

Fig. 6.5
Exemplos de soluções flexíveis
Fonte: Lotze (1997, baseado em Nicolai e Dekker, 1991).

dio, probabilidade pequena de se espalhar depressa, reação rápida da brigada de incêndio, equipamento adequado de combate ao fogo e formas de escapar com rapidez e segurança.

- Segurança construtiva: sistema estrutual com resistência, rigidez e estabilidade suficientes.

- Segurança de tráfego: transporte horizontal e vertical de pessoas e mercadorias o mais seguro possível. A segurança de trânsito *dentro* das edificações refere-se à segurança do usuário.
- Segurança química: possibilidade mínima de explosões ou vazamento de materiais perigosos (por exemplo, em fábricas ou laboratórios); proteção contra poluição do ar, da água e do solo.

Os critérios de segurança contra incêndios incluem itens como presença de detectores de fumaça, uso de materiais resistentes a chamas, compartimentalização da edificação, vias de escape fáceis de reconhecer e existência de um plano de segurança contra incêndios. Os critérios de segurança construtiva dizem respeito principalmente às propriedades estruturais e à durabilidade da estrutura. A segurança química impõe exigências como armazenagem segura de material perigoso e proteção dos espaços onde há risco. Para os propósitos deste livro, consideramos esses aspectos técnicos demais para receber mais atenção aqui e nos concentramos na segurança do usuário e na segurança pública.

Segurança do usuário

Além de fatores pessoais do indivíduo, como mobilidade reduzida, visão limitada e tendência a ser estabana-do, a segurança do usuário também é afetada por fatores ambientais, como pisos escorregadios, falta de apoio em escadas e áreas de trânsito (parapeitos, corrimãos), degraus íngremes, obstáculos como soleiras altas ou projeções perigosas, iluminação insuficiente e gerenciamento inadequado do espaço. A contribuição significativa da boa acessibilidade à segurança do usuário faz com que as publicações que tratam da acessibilidade também sejam importantes para a verificação da segurança. Em resumo, os pontos principais são:

- Ambientes acessíveis com segurança (sem obstáculos como soleiras altas).
- Passagens seguras (espaço vazio suficiente, sem o risco de se ficar preso).
- Evitar arestas e cantos vivos.
- Escadas seguras (proporção favorável entre altura e largura dos degraus, balaustradas, pisos antiderrapantes).
- Corrimãos e balaustradas onde apropriado.
- Acabamento nivelado e antiderrapante dos pisos.
- Lugares inseguros bem isolados.
- Iluminação suficiente.
- Evitar fios soltos.
- Nada de vidro (ou usar vidro de segurança em vez de vidro comum) em pontos vulneráveis.
- Providências para funções específicas; por exemplo, em hospitais e casas de repouso, tornei-

ras termostáticas para evitar queimaduras, mesas de cabeceira seguras, assentos dobráveis em banheiros e elevadores, medidas para evitar a fuga de pacientes dementes, sistema de fácil funcionamento para chamar enfermeiras.

Segurança pública

Uma edificação é segura para o público quando se pode usá-la sem ser nem se sentir ameaçado. Quem está numa edificação pode sofrer (ou temer sofrer) violência, ataque sexual, assalto, vandalismo, furto ou arrombamento. Há critérios detalhados de segurança pública em *Checklist – Sociaal veilig ontwerpen* [Lista de verificação – Projetar para a segurança pública] (Van der Voordt; Van Wegen, 1990), publicado pela Universidade de Tecnologia de Delft. O princípio básico por trás da lista de verificação é que a probabilidade (ou medo) de criminalidade é maior quando há um ou mais potenciais criminosos presentes, a vítima é atraente ou vulnerável e o ambiente tem barreiras insuficientes entre vítima e criminoso. A lista divide em cinco grupos as providências a tomar na fase de projeto ou, depois que a edificação entra em uso, pelo gerenciamento (Fig. 6.6):

- presença de vigilância protetora ("controle social");
- visibilidade;
- atratividade do ambiente;
- envolvimento dos usuários no "seu" ambiente;
- acessibilidade e rotas de escape.

"Controle social" significa a presença real ou provável de pessoas que se envolverão se houver necessidade. Em conjunto com a "visibilidade", essa necessidade pode ser chamada de "visão e supervisão" ou "ver e ser visto". Todos se sentem mais seguros e com mais controle da situação quando têm uma visão clara do entorno ou vizinhança e podem ser vistos pelos

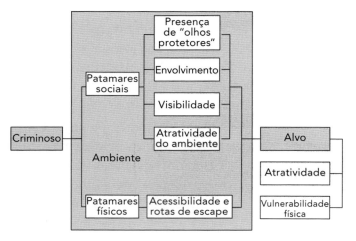

Fig. 6.6
O ambiente construído como intermediário entre a vítima e o potencial criminoso. Um ambiente construído bem projetado e gerenciado estimula o comportamento positivo e pode contribuir para a criação de barreiras físicas e psicológicas entre possíveis criminosos e suas vítimas

outros, porque isso permite prever perigos possíveis, usar um caminho alternativo, fugir ou pedir ajuda. Ser visto dá a confiança ou pelo menos a esperança de que, em caso de ameaça, alguém se envolverá, de forma direta (por exemplo, impedindo que potenciais criminosos ajam agressivamente) ou indireta (pedindo ajuda ou chamando a polícia). Ver e ser visto aumenta a probabilidade de que os criminosos sejam presos, o que reduz a sensação de insegurança e o nível de comportamento criminoso.

A atratividade e o envolvimento são fatores importantes ao se projetar um indicador psicológico para potenciais criminosos. A acessibilidade e as rotas de fuga dizem respeito a indicadores físicos e afetam a segurança de duas maneiras. É importante restringir o acesso físico de indesejáveis e assegurar que as possíveis vítimas possam escapar de uma situação ameaçadora. Isso exige um equilíbrio cuidadoso entre acessibilidade e fechamento.

A publicação *Checklist – Sociaal veilig ontwerpen*, da Universidade de Delft, distingue dois tipos de providência:

- Tecnoprevenção (isto é, prevenção por meios técnicos): reforço, fechaduras e dobradiças à prova de arrombamento, iluminação de segurança.
- Socioprevenção (isto é, prevenção por meios sociais): presença real ou provável de pessoas que se envolverão se houver

necessidade. Entre os possíveis modos de conseguir isso, estão funções que atraiam o público, vigilância e gerenciamento adequado (por exemplo, remoção rápida de pichações e conserto de avarias).

Em muitas providências se usam métodos simultaneamente técnicos e sociais, como botões de alarme ligados a intercomunicadores ou câmeras de vigilância.

6.1.6 Orientação espacial

Em geral, todos se sentem melhor quando a disposição da edificação é inteligível. A disposição compreensível facilita saber onde estamos e como chegar aonde queremos. Numa edificação complexa, é mais difícil entender a própria posição e o caminho certo a seguir. Por outro lado, a edificação bem projetada pode dar uma contribuição significativa à orientação espacial.

Na obra clássica *A imagem da cidade*, o urbanista Kevin Lynch (1960) desenvolveu critérios claros para a legibilidade de cidades e bairros. Ele recomendou a aplicação de identidade, estrutura e significado. *Identidade* é uma qualidade em si e refere-se à facilidade de reconhecimento de um objeto como unidade separada que se distingue dos outros. A identidade tem um papel importante ao dar apoio à orientação espacial e contribuir para com valores emocionais e culturais.

186 ARQUITETURA SOB O OLHAR DO USUÁRIO

Por exemplo, a torre Eiffel define a imagem de Paris: esse marco único torna a cidade reconhecível em qualquer lugar do mundo. *Estrutura* refere-se ao modo como os objetos se relacionam entre si e a posição ocupada por objetos específicos num todo interligado. As estruturas simples são mais fáceis de reconhecer, compreender e lembrar do que as complicadas, e nelas também é mais simples encontrar o caminho certo. *Significado* refere-se à relação prática e psicológica entre o objeto e o usuário. Aqui se pode pensar em valores afetivos (atraente ou não atraente, bonito ou feio), importância emocional (como as lembranças agradáveis ou dolorosas associadas a um lugar específico), valor simbólico (como a associação de um prédio alto ao comércio ou ao poder das grandes empresas) e importância cultural ou histórica. Lynch acredita que os espaços são mais legíveis quando os três ingredientes estão presentes em quantidade suficiente.

Lynch usou esses conceitos como base de vários princípios de projeto urbano que também podem ser usados em edificações. Por exemplo, assim como as cidades têm uma estrutura urbana, as edificações também têm uma estrutura espacial com corredores análogos a ruas, salas análogas a pequenas edificações e saguões ou locais de reunião análogos a praças. Aqui os caminhos também criam a disposição, a sequência de espaços e eventos e o esqueleto da edificação. Com a disposição do espa-

ço, dá-se estrutura à sequência de experiências, ao relacionamento dentro da edificação e ao relacionamento entre edificação e contexto.

Combinar os princípios de Lynch com as ideias de Paul e Passini (1992) e Van der Voordt (2001) resulta na seguinte lista de pontos de atenção e critérios para desenvolver e conferir plantas baixas:

- Formas gerais limpas e rotas de acesso fáceis de entender.
- Unidades funcionais reconhecíveis.
- Identidade individual das salas no que tange à função, ao projeto e à disposição (equipamentos, iluminação, escolha de cores e materiais), evitando a repetição de ambientes e departamentos idênticos.
- Distinção clara entre espaços públicos, semipúblicos e privados.
- Diferenciação por meio de cores e materiais usados em pisos, paredes e tetos.
- Pontos de reconhecimento suficientes: placas e elementos "naturais", tais como funções visíveis, mobiliário urbano ou obras de arte.
- Aplicação dos princípios da Gestalt (Boxe 6.2), como:
  - singularidade: propriedades únicas que dão identidade própria ao elemento;
  - continuidade: características produzidas pela continuação,

em que elementos separados são percebidos e visualizados como um todo coerente;

– dominância: o modo como um elemento predomina em razão do seu tamanho ou da sua importância.

- Qualidades cinestéticas: propriedades formais que criam uma sensação de movimento, como uma curva acentuada ou um ângulo reto.

- Clareza direcional: características espaciais que mostram o sentido em que se avança; por exemplo, uma diferença de projeto entre os dois lados de um corredor ou o uso de pavimento ornamental para indicar a direção.

- Ampliar o "alcance visual" com orifícios para observar e conexões visíveis.

- Apoio maior a pontos de decisão importantes (onde é preciso optar entre virar à esquerda ou à direita ou ir para outro andar); por exemplo, pendurando na parede uma planta baixa estilizada com uma marca "você está aqui" e as funções mais importantes mostradas com cores diferentes.

- Sinalização apropriada com bom contraste entre a cor de símbolos ou letras e o fundo, nomes claramente especificados, combinações de símbolos e textos fáceis de reconhecer e repetição das informações (Fig. 6.7).

Boxe 6.2 Leis da Gestalt

a. Princípio figura/fundo: um elemento é mais fácil de visualizar quando reconhecível como figura separada contra um fundo mais amplo.

b. Lei da proximidade: quanto menor o espaço ou o tempo entre dois ou mais elementos, mais forte a tendência a agrupá-los e vê-los como um só.

c. Lei da similaridade: dois ou mais objetos similares são percebidos e recordados como unidos. Os objetos podem ser similares na forma, na cor ou no uso do material, por exemplo, mas também em propriedades não físicas, como a função.

d. Lei da continuação: elementos situados numa linha contínua podem ser prontamente percebidos como uma unidade.

e. Lei da simplicidade da forma: ao perceber ou recordar, tendemos a reduzir estímulos perceptivos complicados a formas geométricas simples. Por exemplo, um quadrado com uma pequena reentrância será lembrado como um quadrado simples; um círculo quase completo, como se fosse completo. Formas já simples, portanto, serão mais fáceis de lembrar.

Fig. 6.7
Sinalização num hospital: mapa simplificado e indicação dos andares

- Informação coerente, isto é, uso coerente das cores e pictogramas para indicar lugares semelhantes, tanto nos ambientes propriamente ditos quanto nas informações sobre o espaço subterrâneo (folhetos, painéis informativos).
- Providências organizacionais, como um balcão de recepção e guichês de informações.

6.1.7 Privacidade, territorialidade e contato social

O ambiente construído tem o papel importante de manter ou evitar o contato social. Pode estimular o contato ao oferecer condições físicas e sociais favoráveis. O inverso também acontece: um ambiente que gere contato demasiado pode ser percebido como apinhado demais; quando há pouquíssimo contato, os indivíduos podem se sentir socialmente isolados. Osmond (1966) falou de espaços "sociopetal" (que estimulam o contato) ou "sociofugal" (que estimulam o comportamento de evitar contato) (Fig. 6.8).

Já se escreveu muito, principalmente nas décadas de 1960 e 1970, sobre a relação entre espaço e contato social. Em A *dimensão oculta*, do antropólogo americano Edward Hall, publicado em 1966, estabelece-se uma relação entre o modo como os indivíduos se comportam entre si e o ambiente espacial. Hall criou o termo "proxêmica", palavra-ônibus que abrange o ambiente espacial como dispositivo para regular a interação social. Ele distinguia três componentes:

Fig. 6.8
Exemplo de espaço sociofugal. Nessa estação do metrô de Paris, o espaço entre os assentos distancia literalmente as pessoas. Os usuários criam espaço a mais ocupando os assentos alternadamente, forma de comportamento que ilustra a necessidade de privacidade e territorialidade. Por outro lado, a probabilidade de contato diminui

- privacidade: controle do acesso de outros à própria pessoa;
- espaço pessoal: área invisível ("bolha de espaço") em torno do corpo do indivíduo, dentro da qual os outros não são admitidos rotineiramente;
- territorialidade: demarcar uma área como propriedade pessoal do indivíduo, protegendo-a ou escondendo-a dos outros.

Privacidade

A privacidade pode ser considerada o controle pessoal e o gerenciamento seletivo de acesso a si mesmo ou ao grupo próprio (Altman, 1975). As definições de privacidade costumam enfatizar os elementos de separação e controle. No entanto, em essência, a privacidade trata da autodeterminação e da liberdade de escolha entre aceitar e evitar o contato com os outros. Na situação ideal, mantém-se um equilíbrio otimizado entre ser introvertido e extrovertido. No melhor dos casos, há congruência entre o grau de privacidade disponível e o grau de privacidade desejado (Altman, 1975). Privacidade demais ou contato de menos levam à solidão e ao isolamento social. Por outro lado, privacidade de menos leva à irritação, à sensação de desconforto, à sobrecarga de estímulos e à aglomeração (Fig. 6.9). Westin (1970) ressaltou a importância da privacidade para a oportunidade de vazão emocional (chorar, rir, gritar) e autoavaliação. A privacidade dá ao indivíduo a oportunidade de processar as experiências e pensar no comportamento futuro. Portanto, também satisfaz a necessidade de processar e interpretar informações obtidas com o contato com os outros e, assim, determina a relação entre o indivíduo e esses outros.

Podem-se distinguir três formas de privacidade (ver também a Fig. 6.10):
- privacidade visual: liberdade de escolha entre ver outros ou ser visto pelos outros;

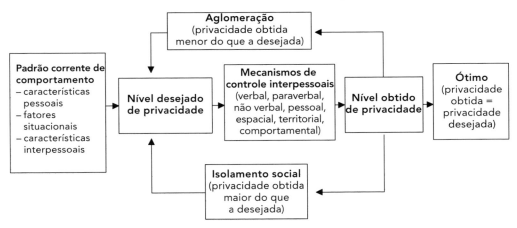

Fig. 6.9
Modelo de privacidade de Irwin Altman

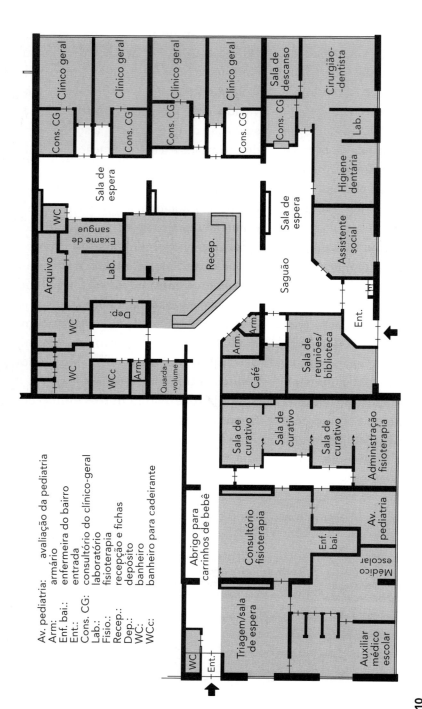

Fig. 6.10

Privacidade (e sua falta) num posto de saúde. As condições espaciais do posto de saúde da ilustração não são favoráveis à privacidade.
a) Auditiva: o isolamento sonoro insuficiente faz com que se possa escutar quase palavra por palavra as conversas em outro local de trabalho; o balcão de recepção fica tão perto da sala de espera que quem aguarda consegue escutar conversas confidenciais que ocorrem no balcão.
b) Visual: a rota entre salas de exame, ambulatório e consultórios passa pela sala de espera, o que faz com que os pacientes que aguardam vejam regularmente pessoas levando frascos de urina ou amostras de sangue. c) Territorial: quando alguém que acaba de receber más notícias sai em lágrimas do consultório, não há alternativa para sair do posto a não ser pela sala de espera. Não há outro espaço de trânsito separado

- privacidade auditiva: não ser incomodado por ruídos feitos por outros nem ser ouvido por outros sem querer;
- privacidade social ou territorial: capacidade de exercer controle pessoal sobre contatos sociais por meio de ligações ou separações espaciais.

O nível desejado de privacidade é conseguido com mecanismos de controle espacial e psicológico (Boxe 6.3). Quando alguém se sente observado, pode pedir ao observador que olhe para outro lado ou fechar as cortinas. Quem se sente incomodado pela música alta do rádio que vem de fora, pode sentar-se em outro lugar (distanciar-se, literalmente), fechar a janela (mecanismo de regulação espacial) ou pedir educadamente ao outro que baixe um pouco o volume do rádio (mecanismo de regulação social). Entre os exemplos de regulação da privacidade territorial, temos a aplicação de códigos de conduta (pendurar placas de "Não perturbe"), definir o próprio espaço e marcar o espaço pessoal com acréscimos pessoais. Dessa maneira, o ambiente de cada um é, por assim dizer, "apropriado" e, portanto, torna-se mais privado.

Boxe 6.3 Privacidade em edificações na área da saúde

No campo do atendimento médico, costumam-se fazer coisas que normalmente só ocorrem em particular, como o contato físico com os pacientes, despir-se na frente de um estranho e ter conversas confidenciais. A tensão assim criada exige um comportamento discretíssimo por parte dos profissionais envolvidos e a garantia de um nível suficiente de privacidade e respeito à fronteira entre "eu" e "os outros". O comportamento que ultrapassa essa fronteira está sujeito a todo tipo de limitação, determinada principalmente em termos culturais e comportamentais. Por exemplo, há todo tipo de regra não escrita sobre o que se pode ou não dizer ou perguntar e sobre as circunstâncias em que alguém pode ou não tocar outra pessoa. Aqui o projeto e a disposição do ambiente espacial têm papel importante. É claro que funções diferentes exigem mobiliário e equipamento próprios. Por exemplo, um consultório que também é usado para conversas confidenciais exige um certo aconchego na mobília e na decoração. Os ambientes desse tipo são menos associados à situação em que pessoas se despem para ser examinadas. Por outro lado, uma sala de exames mais clinicamente equipada sugere melhor o mundo médico, no qual despir-se é aceito como normal e necessário. Por essa razão, muitos médicos preferem uma separação clara entre consultório e sala de exame.

> Além da abordagem discreta por parte do profissional envolvido e da disposição conveniente da sala utilizada, a privacidade também pode ser assegurada por uma planta baixa bem pensada. Por exemplo, portas corretamente localizadas em relação à mesa de exames e que se abrem para o lado certo podem ser importantíssimas para a privacidade visual. Um princípio importante desenvolvido por Ruth Cammack (1977), médica e arquiteta inglesa, envolve a divisão em três zonas:
>
> 1. Zona pública: área visitada por pacientes e onde os pacientes passam algum tempo, como saguão, espaços de trânsito, salas de espera e banheiros.
> 2. Zona da equipe: área usada exclusivamente pelos profissionais da equipe, onde são armazenadas informações confidenciais, como o departamento administrativo, salas de descanso, salas de reunião e copa – locais onde os indivíduos conversam, muitas vezes confidencialmente, *sobre* os pacientes.
> 3. Zona de interação ou encontro: área onde há contato entre profissionais e pacientes. Essa é a área em que "o público" transforma-se em pacientes individuais e "a equipe" transforma-se em médicos e enfermeiros individuais, e onde ocorrem discussões confidenciais *com* os pacientes.
>
> De acordo com Cammack, para assegurar a máxima privacidade, é preciso esforço para conseguir:
>
> • uma distinção clara entre as zonas públicas, da equipe e de interação;
> • entradas separadas para a zona pública e a zona da equipe;
> • rotas separadas entre a zona da equipe e a de interação e entre a zona pública e a de interação;
> • nenhuma ligação direta entre a zona pública e a zona da equipe.
>
> Fonte: Van Hoogdalem et al. (1985).

Espaço pessoal e comportamento territorial

Altman (1975) descreveu o comportamento territorial como regulação das fronteiras entre o espaço próprio do indivíduo e o espaço pertencente a outros. A personalização (tornar própria uma coisa) indica que um espaço pertence a um indivíduo ou grupo específico. Na biologia, a palavra "territorialidade" costuma denominar o comportamento territorial dos animais, que se apropriam de um espaço determinado e o defendem contra intrusos, muitas vezes de forma agressiva. Embora generalizar o comportamento animal para as atividades humanas costume ser injustificável, as

6 Avaliação de qualidade: métodos de medição 193

palavras e os métodos usados na biologia podem também ser usados no estudo do comportamento humano e das relações espaciais. Para os seres humanos, territorialidade significa a necessidade de lugar próprio, sob controle próprio, temporário ou não, em diferentes graus (Boxe 6.4). São exemplos, em ordem crescente de privacidade e permanência, uma mesa reservada

---

Boxe 6.4 Efeitos psicológicos de escritórios não territoriais

Uma característica típica das soluções flexíveis para o local de trabalho é a combinação de compartilhamento de mesas com a rotação das mesas. O pessoal trabalha aqui e ali, seja qual for a hora e o lugar. Isso dá a alguns uma sensação positiva de liberdade, mas outros acham a necessidade constante de mudar um fardo. O compartilhamento da mesa não combina com a necessidade de personalização e de território individual. É comum os usuários tentarem reivindicar um lugar conhecido chegando mais cedo ou deixando itens para trás na sua ausência. O mesmo local de trabalho (flexível) para todos oferece menos oportunidades para exprimir o próprio *status*. Alguns funcionários são muito lacônicos, enquanto outros questionam. O princípio da "mesa limpa" torna a personalização (personalizar a mesa) difícil ou totalmente impossível. Embora o pessoal consiga lidar adequadamente com isso a longo prazo, este é um ponto negativo. O efeito do trabalho flexível sobre a interação social é misto. Em geral, a capacidade de escolher a própria mesa é apreciada. Além da dinâmica, também dá aos indivíduos a oportunidade de estabelecer novos contatos. Em consequência, podem conhecer melhor os colegas mais distanciados e adquirir novos conhecimentos e experiência: ponto importante que conta tanto do ponto de vista individual quanto para "aprender" as organizações. Ao mesmo tempo, o contato íntimo entre colegas que se sentam próximos e trabalham bem juntos pode ser prejudicado de forma não intencional. A avaliação do escritório da Interpolis, em Tilburg, revela que a autonomia no trabalho e os contatos informais aumentaram enquanto a cooperação melhorou. Por outro lado, a oportunidade de contato formal pouco mudou. O mesmo aplica-se à oportunidade de trabalho concentrado e à participação na tomada de decisões. O "ajuste escritório-pessoa" (até que ponto o local de trabalho se ajusta aos desejos e às necessidades pessoais dos funcionários) é vivenciado de maneira muito mais positiva do que na antiga situação. Apesar disso, não se conseguiu mensurar nenhuma melhora do bem-estar geral.

Fonte: Van der Voordt (2003).

num restaurante, o local próprio de trabalho no escritório, o quarto próprio numa casa de repouso e a própria casa.

A territorialidade e o espaço pessoal estão intimamente relacionados. Ambos se referem à distância entre um indivíduo e outro. O território é visível, razoavelmente estático e preso a uma localização específica. O espaço pessoal, por outro lado, é invisível, móvel, preso a um indivíduo específico e "portátil". No livro *Personal Space*, Sommer (1969) desenvolveu com mais detalhes o conceito de espaço pessoal e mostrou como reconhecer o mecanismo no modo como os indivíduos usam o ambiente construído. Hall, citado anteriormente, distinguiu quatro tipos de distância usados pelos indivíduos na interação com os outros, diferindo no grau de intimidade e no volume e no tipo de informações trocadas:

- Íntima (0 a 15 cm)
  - Características: contato corporal real ou potencial, percepção de odores corporais, voz baixa. Essa distância observa-se, por exemplo, entre mãe e filho ou entre amantes. Em público, geralmente é considerada indesejável, mas quando ocorre, por exemplo, num metrô, trem ou elevador, os mecanismos de defesa entram em funcionamento (virar a cabeça, evitar contato ocular e ficar perfeitamente imóvel).

- Pessoal (45 a 75 cm, aumentando até 125 cm)
  - A essa distância (comprimento do braço) ainda é possível tocar alguém. Não há distorção visual. Os detalhes podem ser percebidos com clareza. O volume da voz é moderado. O calor corporal não é perceptível. Podem ocorrer conversas pessoais.
- Social (125 a 200 cm)
  - Essa distância é usada para conversas mais impessoais; numa recepção, por exemplo.
- Público (3,5 a 7,5 m ou mais)
  - A essa distância, a escolha de palavras e frases faladas é mais cuidadosa. As vozes são relativamente altas. Detalhes da pele, do cabelo e dos olhos não são mais visíveis com clareza. Essa distância é mantida, por exemplo, numa aula ou palestra. A distâncias ainda maiores, é necessário um microfone.

Princípios de projeto

O arcabouço conceitual acima delineado pode ser usado para auxiliar o desenvolvimento e a conferência das plantas baixas e dos *layouts* a fim de garantir que permitam um nível ótimo de privacidade e contato. Os critérios de condições espaciais favoráveis são:

- distinção reconhecível entre áreas públicas, semipúblicas e privadas;

6 Avaliação de qualidade: métodos de medição   195

- lugares privados disponíveis onde os indivíduos possam ir, sozinhos ou com mais um ou dois;
- áreas privadas com proteção visual, auditiva e territorial suficiente;
- possibilidade de trancar salas privativas e espaços de armazenamento (armários, cofres);
- locais de encontro para atividades comunitárias;
- lugares cuja localização, projeto e disposição estimulem encontros acidentais e espontâneos.

6.1.8 Saúde e bem-estar físico

De acordo com a Organização Mundial da Saúde, saúde não é apenas ausência de doença e enfermidade, mas um estado de bem-estar físico, mental e social ótimo. As características da edificação podem afetar a saúde e o bem-estar de maneira positiva ou negativa com fatores como iluminação, ruído, qualidade do ar interior, cores e materiais. Os famosos estudos de Ulrich (1984, 1991, 2000) mostram que a vista da janela pode influenciar a recuperação de pacientes hospitalizados. Houve estudos posteriores sobre o efeito positivo de ambientes agradáveis que levaram aos chamados *ambientes curativos* (Malkin, 1992; Hasking; Haggard, 2001; College Bouw Ziekenhuisvoorzieningen, 2002). Para um resumo dos efeitos, veja o Quadro 6.3.

Uma abordagem especial é projetar de acordo com os princípios do *feng shui* (Lip, 1997). Essa abordagem vem da China. A hipótese subjacente é que a posição correta de edificações, entradas e objetos internos e o uso correto de cores e materiais podem promover saúde e bem-estar. Aqui, correto significa o uso certo da energia: por exemplo, um espelho reflete energia, um vaso sanitário absorve toda a energia. O chamado *ba-gua* é usado para entender como a energia flui. O tempo também importa, de acordo com o calendário astrológico. Em certos dias, é melhor não começar a lançar alicerces, porque isso trará infelicidade.

Uma série de estudos avaliou o efeito negativo de ambientes mal projetados e a *Síndrome do Edifício Doente* (SED) (Hedge et al., 1986; Burge et al., 1987; Molhave, 1987; Valjborn, 1989; Norback et al., 1990; De Boo, 1990; Ryan; Morrow, 1992). Em 1982, a Organização Mundial da Saúde reconheceu oficialmente a SED como enfermidade em que os presentes numa edificação apresentam sintomas, doenças ou se sentem mal sem razão aparente. Os sintomas tendem a ficar mais graves de acordo com o tempo que o indivíduo passa na edificação e melhoram ou até desaparecem quando fica longe dela. A SED resulta em perturbação substancial do desempenho dos trabalhadores e das relações pessoais e em queda considerável de produtividade

Quadro 6.3 Efeitos ambientais sobre a saúde e o bem-estar

	Fator ambiental	Efeito favorável comprovado sobre a saúde e o bem-estar	Pacientes	Equipe	Visitantes	Vizinhos
Iluminação e vistas						
1	Boa luz natural	Recuperação mais rápida do biorritmo depois de anestesia; melhor condição física	X			
		Melhor absorção de vitaminas e sais minerais; aumento de produtividade de 2% a 3%		X		
2	Vista da luz natural	Melhor sensação de tempo, clima e localização	X	X	X	
3	Iluminação artificial apropriada	Reforço de identidade; melhora da atmosfera; aumento da segurança dentro e em torno das edificações	X	X	X	X
		Aumento de produtividade		X		
4	Uso de cores funcional e ergonômico	Redução da agitação; aumento do caráter; reconhecimento e senso de direção	X	X	X	
		Aumento de produtividade	X			
5	Qualidade da luz	Melhora da atmosfera; apoio à função; relaxamento	X	X	X	X
Atmosfera e identidade						
6	Quarto particular para pacientes	Mais privacidade; menos infecções; recuperação mais rápida	X			
		Menos movimento de pacientes; necessidade reduzida de apoio	X	X	X	

6 Avaliação de qualidade: métodos de medição 197

Quadro 6.3 Efeitos ambientais sobre a saúde e o bem-estar (cont.)

	Fator ambiental	Efeito favorável comprovado sobre a saúde e o bem-estar	Pacientes	Equipe	Visitantes	Vizinhos
7	Sala com propósitos especiais	Reunião; distração; relaxamento; regeneração; recreação ativa; expressão cultural; redução do estresse	X	X	X	
		Conversas particulares; privacidade; alívio mental	X	X	X	
		Reflexão e oração; alívio mental; força espiritual; consolo				
	Escritórios celulares (< 4 pessoas)	Menos perturbação; mais concentração; 2% a 4% mais produtividade da mão de obra		X		
8	Projeto adequado ao nível desejado de interação social	Estímulo a reuniões; distração; relaxamento ou simplesmente privacidade; individualidade	X	X	X	X
9	Integração de artes	Relaxamento; contemplação; apreciação da organização	X	X	X	

Som e vibrações

	Fator ambiental	Efeito favorável comprovado sobre a saúde e o bem-estar	Pacientes	Equipe	Visitantes	Vizinhos
10	Paz e tranquilidade, menos poluição sonora	Menos perturbação do sono; menos irritação; menos estresse e problemas de ritmo cardíaco; recuperação mais rápida	X			
		Melhor concentração; menos cansaço		X	X	
		Aumento de produtividade		X		
11	Escolha individual da música	Distração; relaxamento; menos necessidade de analgésicos	X			

198 ARQUITETURA SOB O OLHAR DO USUÁRIO

Quadro 6.3 Efeitos ambientais sobre a saúde e o bem-estar (cont.)

	Fator ambiental	Efeito favorável comprovado sobre a saúde e o bem-estar	Pacientes	Equipe	Visitantes	Vizinhos
Autonomia						
12	Circuito elétrico para aparelhos auditivos	Aumento de autonomia; boa informação; relaxamento	X	X	X	
13	Controle pessoal de venezianas, aquecimento etc.	Aumento da noção de controle e autonomia	X	X		
Ar						
14	Localização de instalações delicadas em lugares menos críticos	Menos risco de transferência de infecções; menos problemas de contaminação biológica, física e química	X	X	X	
15	Separação entre fontes de contaminação	Menos risco de transferência de infecções; menos problemas de contaminação biológica, física e química	X	X	X	
16	Menos fontes de poluição do ar	Menos irritação das vias aéreas; menos infecções; menos problemas com odores	X			
		Risco menor de desenvolvimento de doenças a longo prazo	X	X		
		Aumento de produtividade de 3% a 8%; redução considerável de faltas por doença		X		
17	Fluxo de limpo a sujo	Aumento de produtividade de 3% a 8%; redução considerável de faltas por doença	X	X	X	

6 Avaliação de qualidade: métodos de medição **199**

Quadro 6.3 Efeitos ambientais sobre a saúde e o bem-estar (cont.)

	Fator ambiental	Efeito favorável comprovado sobre a saúde e o bem-estar	Pacientes	Equipe	Visitantes	Vizinhos
18	Odor agradável	Impressão positiva do espaço; lembrança positiva da estada	X	X	X	
Clima						
19	Ambiente interno uniformemente bom	Conforto, bem-estar; ganho de produtividade de 10% a 15%; redução de faltas por doença	X	X	X	
Acessibilidade						
20	Boa sinalização	Capacidade de encontrar o caminho; aumento da autonomia	X		X	
21	Piso plano não escorregadio	Melhor sensação de equilíbrio; movimentação mais segura; menos quedas acidentais	X	X	X	
22	Entrada protegida de vento e chuva	Segurança física; aumento da autonomia	X	X	X	
Ergonomia						
23	Espaço a mais para movimento apropriado e uso de equipamento de auxílio no trabalho pesado	Movimento apropriado; menos lesões e acidentes; menos faltas por doença; mais satisfação no trabalho	X	X		
24	Tamanho ergonômico dos locais de trabalho	Postura correta; relaxamento; menos problemas físicos; maior produtividade	X	X		
25	Tamanho ergonômico das rotas	Movimento sem obstruções; menos acidentes; aumento da privacidade física e social	X	X	X	

200 ARQUITETURA SOB O OLHAR DO USUÁRIO

Quadro 6.3 Efeitos ambientais sobre a saúde e o bem-estar (cont.)

	Fator ambiental	Efeito favorável comprovado sobre a saúde e o bem-estar	Pacientes	Equipe	Visitantes	Vizinhos
Espaço verde						
26	Bom acesso a jardins	Relaxamento; recreação; melhora do estado físico	X	X	X	
27	Vista para o verde + objetos naturais	Relaxamento; regeneração; apreciação; recuperação física mais rápida	X	X	X	

Fontes: adaptado de Versteege e Van Heel (2004); ver também Devlin e Arneill (2003).

(Clements-Croome, 2000). A seguir, há um breve resumo de algumas normas e diretrizes dos Países Baixos relativos à saúde e à prevenção de doenças.

Luz

As variáveis ambientais relativas à iluminação são a qualidade da luz (natural, artificial, luz do sol), a quantidade de luz (para permitir que tudo seja visto de forma adequada e para evitar ofuscamento e contraste excessivo entre claro e escuro), a direção da luz e a sua cor. Além dessas características ligadas a estímulos, as propriedades do ambiente também afetam o modo como a luz é percebida: o modo como se reflete (dependendo da cor e do material usados) e até que ponto os próprios usuários podem influenciar a iluminação. Os critérios a usar para desenvolver ou conferir projetos estão especificados em várias normas e diretrizes, como os padrões NEN holandeses e a lei holandesa sobre Condições

de Trabalho [*Arbeidsomstandighedenwet* ou Arbo]. Por exemplo, a Arbo afirma que ambientes onde pessoas passam períodos significativos devem satisfazer os seguintes requisitos:

- área total de janelas ou aberturas para entrada de luz, por exemplo, num átrio ou estufa, > 1/20 da área ocupada;
- largura total das janelas > 1/10 do perímetro do ambiente; se a largura total < 1/10 do perímetro, deve-se compensar a diferença com área a mais de janelas.

Essas exigências para a entrada de luz natural não se aplicam a locais de trabalho para membros da equipe com muitos contatos (recepção), espaços fechados (frigoríficos) e salas onde a entrada de luz natural deve ser evitada (por exemplo, uma câmara fotográfica escura). Os ambientes usados durante menos de duas horas por dia e os que têm parede de vidro dando para ambientes que satisfaçam as exigências também estão excluídos. Devem-se instalar quebra-luzes para evitar o desconforto da luz solar direta. Os toldos externos são mais eficazes, porque protegem da luz e do calor. Há mais detalhes na norma holandesa NEN 3087, *Visuele ergonomie in relatie tot verlichting* [Ergonomia visual relativa à iluminação], que também traz diretrizes para a iluminação orientada, o nível de iluminação exigido para locais de trabalho e as exigências de iluminação para quem trabalha com monitores de computadores (ver também a norma ISO 9241, *Ergonomische eisen voor kantoorar-beid met beeldschermen* [Exigências ergonômicas para trabalho de escritório que envolva o uso de monitores]).

Ruído

Ruído demais distrai e reduz o valor para o usuário. Alguns ambientes precisam de atenção especial para assegurar que a fala seja inteligível. O nível de ruído de fundo pode não ser alto demais, nada além da faixa de 30 dB para escutar fala ou música ou 35 dB para conversas telefônicas ou discussões confidenciais. A razão entre sinal e ruído, isto é, a razão entre a potência do sinal (por exemplo, a pessoa que fala) e qualquer ruído ou interferência (por exemplo, ruído de fundo) também é importante. A melhora de 1 dB na razão entre sinal e ruído produz uma melhora imediata de 15% da inteligibilidade. A maioria é capaz de acompanhar uma conversa sem dificuldade com uma razão entre sinal e

ruído de –3 dB. Também é importante ter um tempo curto de reverberação, isto é, o tempo necessário para o nível de som a alguma distância da fonte cair 60 dB depois que a fonte foi ligada de repente. O tempo de reverberação pode ser reduzido evitando-se paredes paralelas e superfícies lisas e "duras" que refletem o som e com o uso de material que absorva ondas sonoras. Outra ferramenta de projeto para criar silêncio é a separação espacial entre lugares silenciosos e lugares movimentados. Um sistema de amplificação para quem usa aparelho auditivo pode ser útil numa sala onde se usam rádio, televisores ou aparelhagem de cinema e microfones.

Mas o nível sonoro baixo demais também pode criar problemas. Em escritórios onde muita gente trabalha na mesma sala, um certo nível de ruído de fundo é desejável para assegurar privacidade auditiva. Por exemplo, o ruído de fundo pode evitar que uma conversa seja acompanhada palavra a palavra por quem não deveria.

A lei holandesa de condições de trabalho também faz várias exigências relativas a acústica e nível de ruído. Por exemplo, os números a seguir mostram o nível máximo de ruído recomendado para escritórios:

- auditório   35 dB
- sala pequena   40 dB
- ala grande /sala de desenho   45 dB
- grande salão de escritórios   50 dB
- sala de computadores   55 dB

Ruído acima de 45 dB distrai, provoca perda de concentração e reduz a inteligibilidade da fala. As maneiras de evitar isso são isolar a fonte sonora (fechá-la dentro de um ambiente ou movê-la para outra sala onde não haja pessoas trabalhando o tempo todo) e usar material que absorva o som. O ruído acima de 80 dB é prejudicial e começa a tornar-se doloroso a 140 dB, nível que se encontra em fábricas e oficinas, mas raramente em escritórios. Níveis elevados de decibéis tornam desejável implantar algum tipo de plano de prevenção de ruído, informar e instruir os funcionários, distribuir protetores auditivos e tomar outras providências técnicas e organizacionais.

Clima interno

O bem-estar fisiológico de quem utiliza ou visita uma edificação é afetado pela temperatura do ar, a quantidade de calor irradiado, a presença ou ausência de correntes de ar e a umidade relativa. Em conjunto, essas variáveis determinam o nível de "conforto térmico". Um clima interno atraente exige ajuste meticuloso da temperatura interna para adequar-se às atividades que ocorrem no espaço em questão (andar, ficar sentado e parado, entrar e sair), um nível satisfatório de umidade do ar (ventilação) e a prevenção de correntes de ar e excesso de umidade e do resfriamento produzido por paredes e pisos excessivamente frios em locais onde se fica durante um período significativo. Os critérios a serem usados ao desenvolver ou verificar projetos encontram-se nas normas NEN holandesas e na lei holandesa de condições de trabalho já mencionada. Por exemplo, fazem-se as seguintes exigências para a ventilação de salas usadas como escritório:

- escritório já em uso antes de 1º de outubro de 1990: 9×10^{-3} m^3/seg por m^2;
- escritório que entrou em uso depois de 1º de outubro de 1990: $1,2 \times 10^{-3}$ m^3/seg por m^2;
- escritório só usado ocasionalmente e que não contenha equipamento: $10,0 \times 10^{-3}$ m^3/seg por sala.

O volume de troca de ar fresco exigido depende do equipamento da sala. Máquinas de fax, impressoras a *laser*, fotocopiadoras etc. podem gerar calor e emissões prejudiciais. O nível de emissão é um critério importante ao comprar ou substituir esse tipo de equipamento. Outro fator a considerar é a natureza das atividades realizadas e se há fumantes. Aplicam-se as seguintes diretrizes:

- trabalho leve: pelo menos 30 m^3 de troca de ar fresco por hora por pessoa;
- trabalho pesado: pelo menos 50 m^3 de troca de ar fresco por hora por pessoa;
- áreas com fumantes: pelo menos mais 10 m^3 de troca de ar fresco por hora por pessoa.

De preferência, a umidade relativa deve ficar na faixa entre 30% e 70% (ou, melhor ainda, entre 40% e 60%), para desestimular a proliferação de micro--organismos. Os funcionários que usam lente de contato costumam ter problemas quando o ar é seco demais.

6.1.9 Sustentabilidade

Além de usar a flexibilidade como meio de prever mudanças futuras, a sustentabilidade é outro aspecto importante do valor futuro; é um pré-requisito da usabilidade e da qualidade de vida futuras. Nas últimas décadas, vem aumentando a consciência de que não se pode sustentar um crescimento econômico constante com os recursos limitados do planeta Terra. As atividades humanas podem provocar todo tipo de problema ambiental, como poluição do ar, exaurimento de matérias-primas, aquecimento global, chuva ácida e, a longo prazo, desastres ecológicos. No início da década de 1970, foram publicadas três obras de referência: *Os limites do crescimento* (Meadows et al., 1972), *Manifesto pela sobrevivência* (Goldsmith, 1972) e *O negócio é ser pequeno* (Schumacher, 1973). Em 1972, as Nações Unidas organizaram em Estocolmo a primeira conferência sobre o ambiente humano. Em 1987, a Comissão Mundial sobre Meio Ambiente e Desenvolvimento (CMMAD) publicou um relatório sobre *Nosso futuro comum*, o chamado Relatório Brundtland. Esse relatório definiu o desenvolvimento sustentável como aquele que atende às necessidades do presente sem comprometer a capacidade das gerações futuras de atender às suas necessidades. As resoluções da conferência das Nações Unidas no Rio de Janeiro (1992) foram reunidas na chamada *Agenda 21*, assinada por todos os países participantes. Hoje, parece que há consenso generalizado sobre a necessidade de estratégias ambientais de longo prazo para obter um desenvolvimento sustentável.

Em sentido estrito, a sustentabilidade concentra-se na qualidade ambiental, isto é, energia, água, material, mobilidade e lixo. Em sentido mais amplo, o foco é nos três P: Planeta (qualidade ambiental), Prosperidade (qualidade econômica, incluindo lucro, transparência, possibilidade de pagamento e honestidade) e Povo (qualidade social, como saúde, segurança, liberdade, participação e qualidade de vida) (ver, por exemplo, a Fig. 6.11).

De acordo com Kees Duijvestein, professor de Edificação Sustentável da Faculdade de Arquitetura de Delft, a edificação sustentável deve levar em conta um quarto P, Projeto, concentrando-se na qualidade (com questões como beleza, biodiversidade, robustez e relação entre escalas). Em Delft, indivíduos de várias disciplinas trabalham juntos no Centro de Pesquisa Interdisciplinar "Cidade Ecológica", seguido recentemente por um programa de pesquisa interdisciplinar sobre transformações urbanas sustentáveis. São produtos interessantes o manual

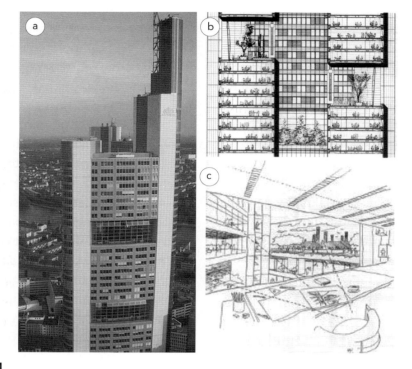

Fig. 6.11
Commerzbank, Frankfurt, Alemanha. Projeto de Norman Foster (1991-1997). (a-c) O Commerzbank de Norman Foster é um exemplo de projeto sustentável com consciência energética na escala de um arranha-céu. Em andares diferentes, há jardins de inverno que permitem que enorme quantidade de luz penetre profundamente na edificação e também oferecem uma vista agradável aos que trabalham no seu interior. Esses jardins têm diversas funções que contribuem para o bem-estar dos usuários. As fachadas acionáveis criam ventilação natural em toda a estrutura
Fonte: cortesia de Dieter Leistner/Architekton.

Materiais para o projeto urbano sustentável e o *Método de maximização ambiental*, ferramenta de projeto para planejadores urbanos que leva em conta uma abordagem ecológica de longo prazo.

6.2 Métodos de medição
6.2.1 Questionários

Quando há um grupo grande e variado envolvido na avaliação, os questionários são muito adequados por serem um modo relativamente barato de colher muitas informações de um grande número de pessoas. Outras vantagens são a possibilidade de análise estatística por computador e a anonimidade, que leva à redução da probabilidade de desvios (por exemplo, porque algumas respostas são consideradas socialmente desejáveis). As desvantagens são a oportunidade limitada de explicar e de fazer perguntas complementares e a possibilidade de poucas respostas. Os pontos de atenção ao preparar um questionário são a construção lógica, a adequação das perguntas ao nível de conhecimento dos possíveis entrevistados,

6 Avaliação de qualidade: métodos de medição   205

evitar perguntas que sugiram a resposta e verificações internas de coerência e confiabilidade.

6.2.2 Entrevistas individuais

O que há de especial na entrevista é o contato direto entre o pesquisador e o entrevistado, o que possibilita esclarecer perguntas e respostas e fazer perguntas complementares. Outra vantagem é a disponibilidade de informações não verbais, isto é, a expressão irritada ou a elevação da voz. As desvantagens são o aumento da possibilidade de perguntas que sugiram a resposta e de respostas evasivas, e o fato de que a necessidade de preparação, deslocamento, administração e análise torna as entrevistas extremamente caras e trabalhosas. Na maioria dos casos, as respostas recebidas não se prestam prontamente à análise quantitativa.

6.2.3 Entrevistas em grupo

Esse tipo de entrevista pode poupar muito tempo porque se fala com várias pessoas simultaneamente. A oportunidade que os indivíduos têm de reagir uns aos outros pode resultar numa discussão estimulante e rica em informações. Por outro lado, a dinâmica de grupo – por exemplo, a presença de um ou mais indivíduos dominantes – pode impedir que todos os entrevistados recebam o mesmo volume de atenção, e opiniões e interesses conflitantes podem ser suprimidos. Portanto, é preciso dar muita atenção

ao tamanho e à composição do grupo. As armadilhas são a probabilidade de respostas socialmente desejáveis e a "redução da dissonância cognitiva", fenômeno em que os indivíduos racionalizam opiniões e comportamentos para reduzir o conflito percebido internamente entre a situação real e a situação desejada.

6.2.4 Observação

A observação é um bom modo de verificar a realidade dos dados extraídos de documentos e discussões, de ter uma impressão própria das características do local e de construir e recolher dados sobre o comportamento real em ambiente "natural" ou numa situação mais experimental. Entre os exemplos, temos a medição da ocupação de prédios de escritórios, a observação do fluxo de pedestres em *shopping centers* e a análise de atividades por lugar e hora (quem faz o quê, onde e quando – "mapeamento comportamental"). Quando necessário, a observação pode ser reforçada pelo uso de equipamento de medição, como fita métrica, fotômetro, higrômetro ou medidor de nível sonoro. A observação também é cara em termos de tempo e dinheiro, e o comportamento dos indivíduos pode ser influenciado pela presença do observador. Outra desvantagem é que, em geral, é impossível ver a motivação subjacente do comportamento observado e os sentimentos que o acompanham.

6.2.5 Estudo da documentação

Frequentemente haverá material interessante disponível sob a forma de um programa de necessidades por escrito, plantas baixas, relatórios de reuniões, resumos de custos e artigos sobre políticas. Pode-se extrair muita informação desses documentos sem ter de incomodar ninguém com perguntas de todo tipo. Esse método é relativamente barato e simples de organizar. Uma possível desvantagem é que nem sempre há documentos disponíveis. Uma aplicação específica do estudo da documentação é o método da análise comparativa (Van Hoogdalem et al., 1985). A comparação de um grande número de edificações com mais ou menos a mesma função possibilita desenvolver uma tipologia de variantes de solução. A discussão dessas variantes com usuários e outros envolvidos pode dar uma ideia das vantagens e desvantagens no uso e no gerenciamento. Uma combinação de análise comparativa e avaliação de alguns casos representativos é um modo excelente de desenvolver material para projetos e levantamento de necessidades (Vander Voordt et al., 1998).

6.2.6 *Workshops*

Os *workshops*, na verdade, são um tipo de discussão em grupo com a importante vantagem da interação intensa entre pesquisadores e pesquisados. Neles é possível usar pequenas tarefas, sessões de *brainstorming*, representação de papéis etc.; eles são compatíveis com a avaliação *ex ante*, gerando ideias para o programa de necessidades e o projeto e identificando a tempo possíveis gargalos. Os *workshops* podem utilizar técnicas audiovisuais modernas como as "salas de decisão" (*decision rooms*) em que se usam computadores para criar listas digitalizadas de opiniões e ideias anônimas e permitir aos participantes que reajam às posições e declarações uns dos outros.

6.2.7 Pesquisa de campo

A pesquisa de campo pode ser excelente nas avaliações *ex ante* como modo de gerar ideias e comparar com projetos de referência as decisões próprias (provisórias). Também é muito usada como preparação para a escolha de arquiteto. Embora seja menos comum, a pesquisa de campo também pode auxiliar a avaliação *ex post*, como, por exemplo, para compreender melhor outras variantes de solução e compará-las à própria situação.

6.2.8 Realidade virtual

Além da imensa variedade de métodos de resposta para medir a percepção e o uso das edificações, também há alguns métodos para apresentar aos entrevistados o estímulo, isto é, a edificação em questão: diretamente no local ou indiretamente, por meio de desenhos, imagens, fotografias, maquetes em tamanho natural, maquetes em escala, modelos computadorizados etc.

Principalmente na pesquisa *ex ante*, o uso das técnicas de realidade virtual pode ser útil. É claro que sempre há a questão de até que ponto a reação a representações do mundo virtual é um indicador válido e confiável da reação ao mundo real. A pesquisa psicológica mostrou que as informações espaciais podem ser investigadas no computador por meio de animações e visualização tridimensional. É digna de nota a pesquisa de Jansen-Osmann e Berendt (2002) sobre conhecimento a distância. Eles compararam a reação a ambientes tridimensionais simulados em computador com resultados experimentais obtidos em espaços físicos. A simulação em computador confirmou os dados dos testes de campo anteriores e mostrou que um número maior de curvas numa rota aumentava a estimativa de comprimento daquela rota. Nesse caso, foi demonstrado que os ambientes virtuais computadorizados são uma ferramenta de pesquisa válida e econômica. Em consequência, os pesquisadores podem usar esses ambientes virtuais para investigar os processos espaciais na avaliação *ex ante*.

Em vez da realidade virtual, pode--se usar também a palavra "ciberespaço". O livro *The Cyberspace Lexicon* [O léxico do ciberespaço] define ciberespaço como uma realidade virtual que constitui um novo espaço para a comunicação e ação humanas. Myron Krueger, pioneiro da realidade virtual, desenvolveu uma série de ambientes interativos que enfatizam a participação física e multissensorial nos eventos computadorizados. Foram usados tapetes sensíveis a pressão, raios de luz infravermelha, *lasers* e outros mecanismos de controle e alimentação ligados ao computador para estudar o movimento e a atividade humanos num espaço existente, como um tipo de avaliação *ex post*. Os avanços recentes nas técnicas eletrônicas para criar e apresentar informações visuais logo permitirão que imagens de alta resolução geradas em computador sejam vistas na superfície interna de vidros especialmente projetados. Novos desenvolvimentos possibilitarão a projeção dessas imagens diretamente na retina do observador (www. arcspace.com/studio/jantzen/index. htm).

6.3 Listas de verificação e escalas de avaliação

Em princípio, todos os métodos examinados na Seção 6.2 são adequados para determinar se uma edificação atende às metas e expectativas e se tem alguma outra qualidade especial. Também se desenvolveram instrumentos voltados especificamente a alguns critérios de qualidade arquitetônica e valor de utilidade. Esta seção discute vários instrumentos de medição aceitos, sejam internacionais, sejam voltados para os Países Baixos. Alguns pretendem ter uso geral e outros são específicos para um único aspecto, um tipo específico de edificação ou um grupo-alvo especial. O Quadro 6.4 mostra um resumo dos instrumentos

208 ARQUITETURA SOB O OLHAR DO USUÁRIO

Quadro 6.4 Instrumentos para medir a qualidade das edificações

Método	Fontes	Aspectos considerados	Notas
A.1 Real Estate Norm (REN) [Norma Imobiliária]	Stichting REN (1992, 1993)	Funcionalidade, conforto, segurança, 140 subitens	Foco em prédios de escritórios; há outra REN para edificações industriais
A.2 Real Estate Norm Quick Scan (REN QS) [Exame Rápido da Norma Imobiliária]	Stichting REN (1994)	Funcionalidade, qualidade espacial e estética, qualidade técnica, meio ambiente; 50 subitens	Foco em prédios de escritórios
A.3 *Vastgoed Kwaliteitsanalyse* (VAK) [Análise de qualidade de imóveis]	Feld e Huffmeijer (1997)	Qualidade funcional, qualidade técnica, custo	Combinação da REN com aspectos técnicos
B. Building Quality Assessment (BQA) [Avaliação de qualidade de edificações]	Baird e Isaacs (1994); Bruhns e Isaacs (1996)	Empresa, localização, construção, espaço, clima interno, planta baixa; cerca de 60 subitens	Foco em prédios de escritórios
C. Serviceability Tools and Methods (STM) [Métodos e Ferramentas de Manutenção]	Davis e Szigetti (1996)	Locais e espaços de trabalho, imobiliárias, legislação e regulamentação, 108 subitens	Baseia-se nos estudos ORBIT de Becker e Sims (1990)
D. Achieving Excellence Design Evaluation Toolkit (AEDET) [Ferramentas de Avaliação de Projetos para Obter a Excelência]	NHS Estates (2002)	Funcionalidade (usos, acesso, espaços), impacto e padrão de construção, com 10 itens principais e 65 subitens	Foco em edificações de assistência médica
E. Métodos de avaliação da construção de escolas	Sanoff et al. (2001)	Contexto, volume, interface, facilidade de encontrar o caminho, espaço social, conforto, acesso a meios de comunicação, aparência visual, segurança pessoal e patrimonial, impressão geral	Foco em edificações escolares, isto é, a edificação como um todo e áreas como ambientes de aprendizado, áreas sociais, áreas ao ar livre
F.1 Healthy Building Quality (HBQ) [Qualidade em edificações saudáveis]	Vischer (1989); Bergs (1993)	Qualidade do ar, controle de temperatura, espaço disponível, privacidade, luz, ruído, percepção do trabalho	Baseia-se no método de edificação em uso de Jaqueline Vischer
F.2 *Toets gezond kantoor* [Verificação de qualidade para escritórios]	Rolloos et al. (1999)	Ver acima	Ver acima

Quadro 6.4 Instrumentos para medir a qualidade das edificações (cont.)

Método	Fontes	Aspectos considerados	Notas
G. Certificatie systeem kantoor gebouwen [Sistema de certificação de prédios de escritórios]	Centraal Beheer (1993)	Fatores econômicos, técnicos, comerciais e sociais, 138 subitens	Desenvolvido para prédios de escritórios
H. Evalueren bij een architecten-bureau [Avaliação por arquitetos]	Leenheer (1997)	Segurança do usuário, orientação, interação social, conveniência, segurança pública, expectativas	Foco em moradia assistida para idosos
I. Handboek voor toegankelijkheid [Manual de acessibilidade]	Wijk et al. (2003) (5. ed.)	Acessibilidade plena, desenho universal	Antigo Geboden Toegang; aplicável a edificações, habitações e espaços ao ar livre
J. Checklist – Sociaal veilig ontwerpen [Lista de verificação - Projetar para a segurança pública]	Van der Voordt e Van Wegen (1990)	Segurança pública (objetiva e subjetiva)	Usada como base pela Marca de Aprovação da Polícia para Habitações Seguras
K. VAG- Kwaliteitswijzer [Indicador de qualidade]	Hilhorst (1997)	Usabilidade, acessibilidade, segurança, conforto	Desenvolvido para ambientes residenciais e habitacionais
L. Woonkeur [Lista de verificação da qualidade da habitação para o usuário]	Certificação SKW (2000)	Usabilidade, acessibilidade, segurança, conforto	Integração entre o Selo de Cidadãos Idosos, a Pontuação de Cidadãos Idosos, o Manual de Acessibilidade e o Indicador VAC de Qualidade

descritos e indica, para cada um, onde encontrar uma descrição mais completa e os critérios de qualidade aos quais o instrumento se aplica.

6.3.1 REN e REN Quick Scan

No início da década de 1990, algumas empresas imobiliárias (Zadelhoff, Jones Lang Wootton e Starke Diekstra) desenvolveram a *Real Estate Norm* (REN) [Norma imobiliária]. A REN pretendia dar sustentação à análise de situações de abrigo existentes e permitir a familiarização com empreendimentos comerciais e edificações no mercado. A ênfase é na qualidade funcional (eficiência). O método pode ser usado para preparar e conferir programas de necessidades e analisar um portfólio. O instrumento também pretende auxiliar a comunicação entre clientes e especialistas. São duas seções principais: local e edificação. A seção Local é subdividida em ambiente e terreno; a Edificação, em edificação como um todo, local de trabalho e áreas de serviço. Esses componentes são examinados sob três pontos de vista: uso, conforto e segurança. A avaliação também examina leis e normas, aspectos econômicos e (com brevidade) alguns aspectos estéticos. O método distingue um total de 40 aspectos relativos ao local e 94 relativos à edificação propriamente dita. Cada aspecto é avaliado numa escala de cinco pontos. O método torna-se mais visual com fotografias tiradas de cada item para representar uma das classes de qualidade. Então, o avaliador (o usuário ou o seu orientador) atribui pesos próprios – A, B ou C – a cada quesito, em que A = importantíssimo, B = de importância moderada e C = relativamente sem importância. Os diversos aspectos primários e secundários podem ser usados para estabelecer um perfil tanto para a oferta quanto para a procura. Comparar os dois perfis permite um juízo da adequação de uma edificação existente e das alternativas disponíveis para a acomodação de escritórios ou, talvez, se é melhor um uso alternativo ou a demolição. Originalmente a REN foi pensada para prédios de escritórios; para edificações industriais, foi desenvolvida uma segunda REN, que divide os aspectos de qualidade funcional em três seções principais (local, terreno e edificação). A REN industrial distingue 50 aspectos do local e 63 aspectos da edificação.

Essa norma imobiliária permite uma avaliação bastante completa, mas é trabalhosa. Por essa razão, foi desenvolvido um método simplificado, o REN *Quick Scan* [Exame Rápido da Norma Imobiliária], por iniciativa da Agência de Edificações do governo holandês, da Nationale Nederlanden Real Estate e da Fundação REN. O REN Quick Scan reduz o número de itens a avaliar para cerca de 50 aspectos de qualidade e algumas informações gerais, sendo o todo dividido em cinco módulos:

1) Informações gerais, como informações sobre o usuário, a área ocupada e dados financeiros.
2) Qualidade funcional (valor de utilidade) do local, da edificação e dos locais de trabalho.
3) Qualidade visual espacial (valor vivencial) do local, da edificação e dos locais de trabalho.
4) Qualidade técnica, isto é, as condições gerais da propriedade e de seu projeto.
5) Qualidade ambiental, como uso de energia, uso de materiais e uso de fontes de energia sustentável.

A "*Vastgoed Kwaliteitsanalyse (VAK)*" ou "análise de qualidade imobiliária" combina uma pesquisa funcional baseada na REN com um estudo técnico. Esse método foi desenvolvido pela Damen Consultants para o Ministério da Defesa holandês em meados da década de 1990. O acréscimo do exame técnico permite realizar análises financeiras para ter uma ideia confiável do custo envolvido no ajuste das edificações às mudanças do exército. O método usa projetos de referência para mostrar o custo de exploração de edificações num período de 25 anos e permite comparações entre as alterações necessárias e as opções alternativas, como a substituição por uma nova edificação.

6.3.2 Método Building Quality Assessment (BQA, Avaliação de Qualidade de Edificações)

O Centro da Nova Zelândia desenvolveu o método BQA para a pesquisa em desempenho de edificações. A meta e a organização geral são comparáveis às da REN. A exemplo da REN, o BQA foi criado para ajudar a avaliar acomodações e compará-las com alternativas como um modo de determinar sua relativa adequação como acomodação de escritórios. O método distingue seis seções: a empresa e suas necessidades, local, construção, espaço, clima interno e planta baixa. É dada atenção a características como apresentação da edificação, espaço, acesso, serviços de apoio, instalações para funcionários, ambiente de trabalho, saúde e segurança, aspectos técnicos e aspectos gerenciais. As seis seções são subdivididas em vários fatores, quase 60 no total, cada um dos quais recebe uma breve definição. Há exemplos de itens relevantes para cada fator. Cada item é classificado numa escala de 10 pontos. O avaliador pode atribuir pesos próprios (de 1 a 100) a cada categoria e a cada fator dentro da categoria ou usar pesos baseados em pesquisas realizadas pelos responsáveis pela pesquisa original. O uso desse método permite a comparação de edificações de maneira padronizada, ao mesmo tempo que leva em conta na avaliação as prioridades próprias. O método é muito detalhado. A sua vantagem é permitir juízos sutis e ressaltar pontos fracos e fortes. A desvantagem é ser extremamente trabalhoso e inflexível na maneira de tratar características organizacionais específicas. Também dá pouca atenção aos custos fixos e variáveis da construção (Vijverberg, 1999).

6.3.3 Serviceability Tools and Methods (STM) [Métodos e Ferramentas de Manutenção]

Em 1993, Gerald Davis e Françoise Szigetti desenvolveram um conjunto de "ferramentas e métodos de manutenção" no International Centre for Facilities, no Canadá. O método foi pensado para melhorar a comunicação a respeito de locais de trabalho e instalações de apoio e baseia-se nos estudos da ORBIT (Organisations, Buildings and Information Technology; tecnologia de organizações, edificações e informações), realizados por Franklin Becker e colegas (Becker et al., 1985;

Becker; Sims, 1990). Tentava-se criar um método sistemático para avaliar edificações com base nesses estudos das relações entre características organizacionais e necessidades habitacionais. O STM começa determinando o perfil da organização (tarefas, missão, estrutura organizacional e processos de trabalho). Para cada perfil, formulam-se exigências para a edificação e suas instalações. Depois, a adequação da edificação à organização envolvida é avaliada pela comparação entre o perfil do usuário e o perfil da edificação. O método distingue três seções:

- ambientes e locais de trabalho;
- imóveis e seu gerenciamento;
- leis e normas.

Dentro dessas três seções, o método distingue 19 aspectos principais e 108 aspectos secundários. Uma série de perguntas de múltipla escolha permite que cada aspecto secundário seja classificado numa escala de nove pontos, permitindo, assim, uma avaliação detalhada sob medida para as necessidades específicas daquela organização. As desvantagens do método são a complexidade e a necessidade de apoio de especialistas (Agência de Edificações do Governo, 1994).

6.3.4 Achieving Excellence Design Evaluation Toolkit (AEDET) [Ferramentas de Avaliação de Projetos para Obter a Excelência]

No Reino Unido, o Centro de Arquitetura e Projeto de Assistência Médica dos Imóveis do NHS (Sistema Nacional de Saúde do país) desenvolveu um conjunto de ferramentas para avaliar, da proposta inicial à avaliação final, o projeto de edificações de assistência médica. Esse conjunto de ferramentas visa ajudar a tomada de decisões melhores e dá suporte ao desenvolvimento de especificações de projeto e à avaliação das propostas de edificação para assistência médica. Pode ajudar a desenvolver um sistema nacional de *benchmarking* para avaliar a qualidade do projeto de edificações com esse fim. O conjunto de critérios para avaliar projetos foi sintetizado a partir de várias fontes, como os métodos The Patient Journey Modelling [Modelagem da Jornada do Paciente], Better By Design [Melhor por Projeto], os critérios técnicos e de usuário do NHS Design Quality Portfolio [Portfólio de Qualidade de Projeto do NHS], o PFI Design Development Protocol [Protocolo PFI de Desenvolvimento de Projeto] e o Model Design Quality Specification [Modelo de Especificações de Qualidade de Projeto]. A Fig. 6.12 mostra os critérios e o arcabouço básico.

6 Avaliação de qualidade: métodos de medição

Fig. 6.12
Dez critérios do AEDET

O conjunto de ferramentas deve ser usado em vários estágios fundamentais do processo de desenvolvimento do projeto e dar apoio às avaliações não financeiras exigidas em casos comerciais. Ele envolve uma série de perguntas básicas com o apoio de listas de perguntas relacionadas que precisam ser levadas em conta. As perguntas são respondidas com a inserção de notas numéricas (de 1 a 6) numa planilha do Excel. A planilha calcula automaticamente a média das respostas em cada uma das 10 seções e as insere numa tabela e num gráfico de radar: o "Perfil de Avaliação do Projeto" (Fig. 6.13).

Nos Países Baixos, o College Bouw Ziekenhuisvoorzieningen [Colégio de Construção de Instalações de Assistência Médica] também usa as ferramentas do AEDET. Essa entidade governamental é responsável pelas avaliações de custo e qualidade das edificações de assistência médica. Os questionários do AEDET foram levemente adaptados. O valor médio de todos os 10 itens do AEDET é incluído num índice de qualidade (Quality Index, QIND), juntamente com um teste de padrões de custo e questões de política pública, flexibilidade, sustentabilidade e valor futuro (College Bouw Ziekenhuisvoorzieningen, 2003).

6.3.5 Métodos de avaliação da construção de escolas

Sanoff et al. (2001) desenvolveram vários métodos para avaliar a qualidade de edificações escolares, inclusive uma lista de verificação com seis fatores (para facilitar visitas bem estruturadas), um formulário de observação, uma escala de classificação de edificações escolares e uma pesquisa fotográfica. Os seis fatores são contexto, estudo de massas (volumes), interface, orientação espacial, espaço social e conforto. Com o uso de uma série de perguntas com listas de verificação e uma escala de classificação numérica, é possível atribuir notas a cada fator avaliado. Por exemplo: "A escala da edificação é compatível com a escala das edificações vizinhas?" "Todas as rotas de circulação são compreensíveis e convenientes?" A escala de classificação tem seis níveis e as notas variam entre "muito insatisfatório" e "muito satisfatório". O formulário de observação contém várias perguntas que devem ser respondidas com sim ou não; por exemplo: "A edificação propriamente dita é flexível,

Fig. 6.13
Gráfico de radar com um perfil de avaliação de projeto. O exemplo mostra notas hipotéticas. Fonte: <www.chad.nhsestates.gov.uk>.

inclui alguns espaços grandes e abertos, algumas salas pequenas e alguns espaços multifuncionais". A escala de classificação contém nove itens, como características físicas, áreas externas, ambientes de aprendizagem, áreas sociais, acesso aos meios de comunicação, segurança pessoal e patrimonial, e cada um deles é subdividido em alguns subitens, como controle de nível de ruído interno e externo e tamanho dos grupos de aprendizagem em sala de aula. Em cada subitem, os indivíduos devem usar uma escala de seis níveis para classificar sua satisfação geral com a qualidade. Por exemplo, a pesquisa fotográfica inclui algumas fotos do exterior e de espaços como o espaço social e o refeitório: as avaliações são classificadas em escalas bipolares, como interessante ou entediante, novo ou comum.

6.3.6 Healthy Building Quality (HBQ) [Qualidade em Edificações Saudáveis]

No final da década de 1980, houve uma preocupação crescente com a síndrome do edifício doente. Para descobrir até que ponto as queixas sobre problemas de saúde eram total ou parcialmente causadas por características da edificação, a Agência de Edificações do Governo holandês (GBA) desenvolveu o método da "Qualidade em Edificações Saudáveis" (Bergs, 1993), que se baseou no método "edificação em uso", de Jaqueline Vischer, desenvolvido no Canadá (Vischer, 1989). Vischer distinguia sete parâmetros para medir a qualidade dos locais de trabalho: qualidade do ar, controle de temperatura, espaço disponível, privacidade, luz e ruído (subdivididos em ruído problemático e diferenças em nível de som entre diversos locais de trabalho). A GBA ajustou o método para adequar-se à situação holandesa e, mais tarde, ampliou-o, acrescentando uma seção sobre percepção do trabalho. Um método relacionado é a "verificação da saúde do escritório", desenvolvido pelas entidades holandesas TNO e SBR para a pesquisa científica e profissional (Rolloos et al., 1999).

6.3.7 Sistema de certificação para prédios de escritórios

No começo da década de 1990, a Centraal Beheer (1993), seguradora holandesa sediada em Apeldoorn, criou um sistema para certificar prédios de escritórios. O sistema distingue quatro grupos principais de fatores: econômico, técnico, comercial e social. Esses fatores decompõem-se em 138 características, cada uma das quais com o seu próprio peso. As notas ponderadas de cada característica são totalizadas numa nota por grupo de aspectos, como, por exemplo, expectativa de vida. Cada total é multiplicado por mais um fator ponderado. Finalmente as notas ponderadas de cada grupo de aspectos são somadas para obter-se uma nota total para cada grupo de fatores. Esse método possibilita perceber os pontos fracos e fortes

de uma edificação no nível de características individuais, fatores e grupos de fatores. A própria Centraal Beheer aplica o método para planejar a manutenção e os investimentos futuros em suas edificações.

6.3.8 Avaliações de um escritório de arquitetura

Em geral, as avaliações são efetuadas por pesquisadores ou especialistas. Só raramente uma edificação é submetida a avaliação sistemática pelo escritório de arquitetura envolvido na construção. Alguns escritórios consideram isso uma falha, principalmente quando a edificação pertence a uma categoria relativamente nova. Isso levou o escritório EGM Onderzoek, de Dordrecht, a desenvolver um método de avaliar diferentes maneiras de combinar residência e assistência médica para idosos (Leenheer, 1997). O método utiliza um questionário extenso dividido em seções que cobrem temas gerais, segurança do usuário, orientação e interação social, além de facilidade de uso, segurança pública e vista. Duas listas de perguntas são preparadas, uma para análise de documentos e pesquisa local da edificação, outra para entrevistas com usuários de várias combinações de residência e assistência médica. As ferramentas usadas pelo método foram principalmente desenvolvidas anteriormente, isto é, em modelos derivados de pesquisas sobre a adequação funcional de hospitais para idosos (Lüthi et al., 1994) e a Lista de Verificação de

Delft – *Sociaal veilig ontwerpen* (Van der Voordt; van Wegen, 1990). A princípio, o método não pretendia determinar uma pontuação total de qualidade e, portanto, não usa escalas de pontos múltiplos nem fatores de ponderação. Ele permite a realização relativamente rápida do diagnóstico, leva a perceber gargalos rapidamente e tira lições para projetos futuros.

6.3.9 Manual de acessibilidade

No começo da década de 1970, foi publicada a primeira edição de *Geboden toegang* [Chamada de inscrições], manual holandês de projeto e construção para garantir a acessibilidade e a facilidade de uso por deficientes. O manual, voltado exclusivamente para deficientes, era extremamente necessário numa época em que se dava pouca ou nenhuma atenção à acessibilidade de quem sofresse transtornos funcionais, área em que tem havido muitas melhorias nas últimas décadas, de modo que hoje a abordagem é muito mais profissional e integrada. Agora a acessibilidade de todos, inclusive deficientes, é considerada requisito básico de qualidade. A primeira edição do *Handboek voor toegankelijkheid* [Manual de acessibilidade] (Wijk et al.) saiu em 1995. Nesse manual, a abordagem integrada foi traduzida num conjunto de critérios dimensionais, exigências de desempenho e recomendações para projetos, tornando-o extremamente adequado para uso na

verificação da acessibilidade universal de um projeto ou edificação. As edificações que satisfazem os critérios se qualificam para o prêmio do símbolo internacional de acessibilidade, selo de aprovação da acessibilidade universal. A quinta edição (2003) também dá muita atenção às diretrizes ergonômicas. Em outros países, já foram publicados manuais semelhantes.

6.3.10 Lista de verificação de segurança pública

Embora a ideia de que as características do ambiente construído influenciam a segurança pública date da Antiguidade, a exploração dos vínculos entre os dois se desenvolveu rapidamente nas décadas de 1970 e 1980, em paralelo a dezenas de estudos, propostas de políticas e medidas concretas. No início de 1990, houve a publicação em Delft da "Lista de verificação – projetar para a segurança pública", que resumia as noções obtidas de maneira a torná-las acessíveis a planejadores, projetistas e outros responsáveis pela conferência dos planos. A lista de verificação trazia oito critérios importantes para verificar a segurança pública de um ambiente construído real ou planejado, tanto objetivos (a probabilidade de ocorrer um crime) quanto subjetivos (a sensação de insegurança). Os oito critérios eram:

1) Presença de possíveis criminosos;
2) Atratividade de possíveis alvos ou vítimas;

3) Vulnerabilidade dessas vítimas;
4) Presença de vigilância protetora (controle social);
5) Visibilidade;
6) Envolvimento de moradores e transeuntes no "seu" ambiente;
7) Atratividade do ambiente;
8) Presença de entradas e rotas de escape.

Em cada critério, havia indicadores de potenciais situações arriscadas, ilustrados com exemplos práticos. A lista de verificação foi usada pelo Stuurgroep Experimenten Volkshuisvesting (SEV) [Experiências Holandesas de Habitação Pública, um grupo de orientação], em cooperação com outras entidades, para desenvolver uma "*Politiekeurmerk Veilig Wonen*"[Marca de aprovação da polícia para habitações seguras], comparável à marca inglesa "Secured by Design" [Projetado para ser seguro]. Esse selo de aprovação cobre um grande número de itens, divididos em necessidades básicas e complementares. Cada item pode ganhar pontos. Para se qualificar para o selo de aprovação, a edificação tem de satisfazer todas as necessidades básicas e ganhar mais do que um número mínimo de pontos nas necessidades complementares. O selo tem duas versões: uma para edificações novas, outra para edificações existentes. Atualmente o selo só é conferido para ambientes residenciais. Tanto a *Lista de Verificação de Delft* quanto a *Marca de Aprovação da Polícia* contêm muito material útil para avaliar a segurança pública de uma edificação.

6.3.11 Indicador VAC de qualidade

Já há muitos anos, os *Vrouwen Advies Commissies* (VACs) [Comitês Femininos de Assessoramento] locais vêm publicando recomendações, solicitadas ou não, sobre a qualidade das habitações para o usuário. Em apoio a essa iniciativa voluntária e para aumentar o nível de profissionalismo, o VAC nacional desenvolveu o indicador VAC de qualidade (Hilhorst, 1997), que reúne um grande número de pontos relativos à qualidade da vivência do usuário em ambientes residenciais.

6.3.12 Aprovação de habitações

Embora as listas de verificação e os selos de aprovação (certificações) sejam auxílios importantes à asseveração da qualidade e ao aumento geral do profissionalismo, eles também sofrem alto grau de oposição. Os projetistas sentem que a sua liberdade é restringida, em parte porque a multiplicidade de regras e diretrizes significa que ainda não são muito fáceis de usar, mesmo que seja apenas por incoerências ocasionais, geralmente pequenas. Por essa razão, nos Países Baixos começou-se a harmonizar e integrar o grande número de regras e diretrizes relativas à acessibilidade, como o *Seniorenlabel* e a *Seniorenscore*, a *Politiekeurmerk Veilig Wonen* e os vários padrões NEN. O *Seniorenlabel*, ou Selo de Cidadãos Idosos, é um selo de aprovação da adequação habitacional para uso por todas as idades, com foco na acessibilidade e na segurança de novas edificações (Van de Donk, 1994). A *Seniorenscore*, ou Pontuação de Cidadãos Idosos, é um selo semelhante para edificações existentes (Scherpenisse et al., 1997). Essa harmonização transformou-se no *Keurmerk integrate woningkwaliteit* [Selo de aprovação de qualidade habitacional integral], que, por sua vez, foi recentemente reelaborado no selo de aprovação *Woonkeur* (SKW Certification, 2000). As exigências dessa certificação podem ser usadas tanto para o desenvolvimento de desenhos (como projetos habitacionais) quanto para conferir a realização do projeto ou desenho.

O Quadro 6.4 resume as listas de verificação mencionadas.

Outros instrumentos

Há muitas fontes disponíveis além dos instrumentos supramencionados. Na Carolina do Norte, Henry e Joan Sanoff desenvolveram um manual com diretrizes para projetar ambientes educacionais para crianças. O manual discute várias áreas de atividade, investiga abordagens educativas e traduz metas em soluções espaciais. Há várias publicações com resumos claros de números e diretrizes importantes para um ambiente residencial adequado a crianças. Desenvolveram-se escalas de avaliação especial para hospitais, hotéis, teatros etc., além de temas específicos como verificar as plantas de construção em quesitos como flexibilidade, economia de energia, utilização de fontes sustentáveis de energia e de materiais favoráveis ao meio ambiente, ergonomia etc. Entre os desenvolvimentos recentes, tem-se uma série de avaliações de escritórios inovadores, para os quais foram elaborados métodos de desempenho de edificações (Vos; Dewulf, 1999; Preiser; Vischer, 2004). Apesar das muitas diferenças de abordagem, há certos temas recorrentes, o que indica certo grau de consenso a respeito de quais são os aspectos relevantes para a medição da qualidade de uma edificação.

Bibliografia

6.1 Critérios de qualidade funcional

6.1.1 Facilidade de acesso viário e estacionamento

Chrest, A.P; M.S. Smith; S. Bhuyan (1996), *Parking structures: planning, design, construction, maintenance and repair*. Chapman and Hall, New York.

CROW (1994-1996), *Parkeren bij bedrijven* [Company parking arrangements]. A series of publications about parking, dealing with different locations and building functions. Ede.

6 Avaliação de qualidade: métodos de medição 219

Dutch Standards Institution (2000), NVN 2443, *Parkeren en stallen van personenauto's op terreinen en in garages.* [Parking and garaging private cars on-site and in garages]. Delft.

Kuzmyak, R. (2003), Traveler response to transportation system changes. In: *Parking management and supply.* Transportation Research Board, Washington.

Stichting REN (1992), *Real Estate Norm. Methode voor de advisering en beoordeling van kantoorlocaties en kantoorgebouwen* [Method for advising on and assessing office locations and office buildings]. Nieuwegein.

6.1.2 Acessibilidade

American National Standards Institute (1992), A117.1, *Specifications for making buildings and facilities accessible to, and usable by, physically handicapped people.* New York.

Associação Brasileira de Normas Técnicas (2004), NBR 9050:2004 - Acessibilidade a edificações, mobiliário, espaços e equipamentos urbanos. ABNT, Rio de Janeiro.

Dutch Standards Institution (2000), NEN 1814, *Toegankelijkheid van gebouwen en buitenruimten* [Accessibility of buildings and outside areas], 2nd edn. Delft.

Imrie, R.; P. Hall (2001), *Inclusive Design. Designing and Developing Accessible Environments.* Spon Press, London.

Lidwell, W.; K. Holden; J. Butler (2003), *Universal principles of design.* Rockport, Gloucester.

Preiser, W.; E. Ostroff (Eds.) (2001), *Universal design handbook.* McGraw-Hill, New York.

Steinfeld, E.; G.S. Danford (1999), *Enabling environments.* Plenum Publishers, New York.

Wijk, M.; J.J. Drenth, J. van Ditmarsch (2003), *Handboek voor toegankelijkheid* [Accessibility manual], 5th edn. Elsevier Bedrijfsinformatie, Doetinchem.

Zajicek, M; A. Edwards (2003), *Proceedings of the 2003 Conference on Universal Usability.* ACM, New York.

Obs.: Para a acessibilidade psicológica, consulte jornais como o *Journal of Environmental Psychology* e o *Environment and Behaviour.*

6.1.3 Eficiência funcional

Associação Brasileira de Normas Técnicas (1995), NBR 13531:1995 - Elaboração de projetos de edificações - Atividades técnicas. ABNT, Rio de Janeiro.

Associação Brasileira de Normas Técnicas (2004), NBR 15127:2004 - Corpo humano - Definição de medidas. ABNT, Rio de Janeiro.

Benes, J.; J.K. Vrijling (1990), *Voldoet dit gebouw? Het bepalen van functionele kwaliteit.* [Is this building satisfactory? The determination of functional quality]. SBR Rapport 222. Building Research Foundation, Rotterdam.

Duin, L. van; J. Zeinstra (Eds.) (1989), *Functioneel ontwerpen. Ontwikkeling en toepassing van het doelmatigheidsbeginsel in de architectuur* [Functional design. Development and application of the efficiency principle in architecture]. Publications Office (Architecture), Delft University of Technology.

220 ARQUITETURA SOB O OLHAR DO USUÁRIO

Kroemer, K.H.E.; H.B. Kroemer; K. Kroemer-Eibert (2002), *Ergonomics: how to design for ease and efficiency*. Prentice Hall, Upper Saddle River, New Jersey.

Kubba, S. (2003), *Space planning for commercial and residential interiors*. McGraw-Hill, New York.

Marmot, A.; E. Joanna (2000), *Office space planning: designing for tomorrow's workplace*. McGraw-Hill, New York.

Polak, B.M. (1973), *Functioneel ontwerpen* [Functional design]. Amsterdam/Brussel.

Obs.: Além da literatura geral sobre projeto eficiente e funcional, há incontáveis publicações que tratam de tipos específicos de edificação, como creches, escolas, postos de saúde, moradias para idosos, casas de repouso, hospitais, hotéis etc. e várias listas de verificação para esses tipos específicos (ver a Seção 6.3).

6.1.4 Flexibilidade

Boerman, J.; W. Lans; A. Thomsen; D.J.M. van der Voordt (1992), *Veranderbaargebruik* [Changeable use]. Internal report, Faculty of Architecture, Delft University of Technology.

Brand, S. (1994), *How buildings learn: What happens after they are built*. Viking, New York.

Building Research Foundation, Rotterdam (1985), *Verkavelbare dragers* [Divisible load bearers]. Rotterdam.

Eldonk, J.; H. Fassbinder (1990), *Flexible fixation*. Van Gorcum, Maastricht/Assen.

Geraedts, R.; Y. Cuperus (1999), *Flexibiliteit en kantoorhuisvesting*. [Flexibility and office accommodation] Internal report, Faculty of Architecture, Delft University of Technology and ABN AMRO, Amsterdam.

Helm, J.J.; van der, R.P. Geraedts (1996), *Flexis. Communicatie over en beoordeling van flexibiliteit tussen gebouwen en installaties* [Communication and assessment of flexibility between buildings and plant]. SBR 375, Building Research Foundation, Rotterdam.

Nicolai, R.; K.H. Dekker (1991), *Flexibiliteit als bouwstrategie* [Flexibility as a building strategy]. Nationaal Ziekenhuis lnstituut, Utrecht.

Proveniers, A., H. Fassbinder (1992), *New wave in building: a flexible way of design, construction and real estate management*. Department of Building and Architecture, Eindhoven University of Technology.

Vreedenburgh, E. (Ed.) (1992), *De bouw uit de knoop* [Building untangled]. Faculty of Architecture, Delft University of Technology.

6.1.5 Segurança

Barling, J.; M.R. Frone (Eds.) (2004), *The psychology of workplace safety*. American Psychological Association, Washington.

Dutch Standards Institution (1983), *NEN 5088 and NEN 5089, lnbraakveiligheid van gebouwen* [Burglar protection for buildings]. Delft.

Perry, P. (2003), *Health and safety: questions and answers*. Telford, London.

Poyner, B. (1983), *Design against crime. Beyond defensible space*. Butterworths, London.

6 Avaliação de qualidade: métodos de medição   221

Ridley, J.; J. Channing (2003), *Safety at work*. Butterworth-Heinemann, Amsterdam.

Servicepunt Veilig Wonen (1997), *Politiekeurmerk Veilig Wonen* [Police safe housing seal of approval]. Public Housing Experiments Steering Group, Rotterdam.

Soomeren, P. van; H. Stienstra (1987/1989), *Beveiliging van gebouwen* [Protection of buildings]. A series of publications on the protection of houses, shops, offices, industrial buildings and school buildings. Building Research Foundation, Rotterdam.

Voordt, D.J.M. van der; H.B.R. van Wegen (1990), *Sociaal veilig ontwerpen* [Designing for public safety]. Faculty of Architecture, Delft University of Technology.

Voordt, D.J.M. van der; H.B.R. van Wegen (1993), The Delft checklist on safe neighborhoods. *Journal of Architectural and Planning Research* 10(4), 341-356.

Voskamp, P. (1995), *Handboek gezondheid en veiligheid in kantoren* [Manual for health and safety in offices]. Recommendations, guidelines, standards and regulations. SDU Uitgevers, The Hague.

6.1.6 Orientação espacial

Lynch, K. (1960), *The image of the city*. MIT Press, Cambridge, Massachusetts.

Paul, A.; R. Passini (1992), *Wayfinding; people, signs and architecture*. McGraw-Hill Ryerson, Toronto.

Passini, R. (1984), *Wayfinding in architecture*. Van Nostrand Reinhold, New York.

Voordt, D.J.M. van der (2001), Lost in a nursing home. lAPS Bulletin for People Environment Studies No. 18 (Spring 2001). Special issue on *Environmental Cognition* 19-21.

Obs.: Várias listas de verificação são apresentadas na Seção 6.3.

6.1.7 Privacidade, territorialidade e contato social

Altman, I. (1975), *The environment and social behavior*. Brooks/Cole, Monterey, California.

Cammack, R. (1979), Confidentiality in health centres and group practices, the implications for design. *Journal of Architectural Research* 4(1), 5-17.

Deasy, C.M.; T.E. Lasswell (1985), Designing places for people. *A handbook on human behavior tor architects, designers, and facility managers*. Whitney Library of Design, New York.

Gifford, R. (1997), *Environmental psychology, principles and practice*. 2dn edn. Allyn and Bacon, Boston.

Hall, E.T. (1966), *The hidden dimension*. Doubleday, New York.

Hoogdalem, H. van; D.J.M. van der Voordt; H.B.R. van Wegen (1985), *Bouwen aan gezondheidscentra. Functionele grondslagen voor programma en ontwerp* [Building health centres. Functional principles for programming and design]. Delft University Press.

Kupritz, V.W. (2000), Privacy management at work. A conceptual model. *Journal of Architectural and Planning Research* 17(1), 47-63.

Lang, J. (1987), *Creating architectural theory. The role of the behavioral sciences in environmental design*. Van Nostrand Reinhold, New York.

222 ARQUITETURA SOB O OLHAR DO USUÁRIO

Osmond, H. (1966), Some psychiatric aspects of design. In: L.B. Holland (Ed.), *Who designs America?* Doubleday, New York, 281-318.

Sommer, R. (1969), *Personal space: the behavioral basis of design.* Prentice Hall, Englewood Cliffs, New Jersey.

Voordt, D.J.M. van der (2003), *Costs and benefits of innovative workplace design.* Center for People and Buildings, Delft.

Westin, A. (1970), *Privacy and freedom.* Ballantine, New York.

Obs.: Várias listas de verificação são apresentadas na Seção 6.3.

6.1.8 Saúde e bem-estar físico

Associação Brasileira de Normas Técnicas (1985), *NBR 5382:1985 - Verificação de iluminância de interiores.* ABNT, Rio de Janeiro.

Associação Brasileira de Normas Técnicas (1987), *NBR 10152:1987 - Níveis de ruído para conforto acústico.* ABNT, Rio de Janeiro.

Associação Brasileira de Normas Técnicas (2000), *NBR 10151:2004 - Acústica: Avaliação do ruído em áreas habitadas, visando o conforto da comunidade - Procedimento.* ABNT, Rio de Janeiro.

Associação Brasileira de Normas Técnicas (2005), *NBR 15220:2005 – Desempenho térmico de edificações.* ABNT, Rio de Janeiro.

Boo, H. de (1990), *Ziekmakende gebouwen.* [Sick making buildings]. Faculty of Architecture, Delft University of Technology.

Burge, P.S.; A. Hedge; S. Wilson; J. Harris-Bass; A.S. Robertson (1987), Sick building syndrome. A study of 4373 office workers. *Annals Occupational Hygiene* 31, 493-504.

Clements-Croome, D. (2000), *Creating the productive workplace.* E&EF Spon, New York.

College Bouw Ziekenhuisvoorzieningen (2002), *Heilzaam bouwen,* Healing environment. Bijlage bij Signaleringsrapport Integraal Evaluatiesysteem. Utrecht.

Devlin, A.S.; A.B. Arneill (2003), Health care environments and patient outcomes. A review of the literature. *Environment and Behavior* 35(2), 665-694.

Evans, G.W.; J. Mitchell McCox (1998), When buildings don't work: the role of architecture in human health. *Journal of Environmental Psychology* 18(1).

Hasking, S.; L. Haggard (2001), *Healing the hospital environment.* Spon Press, London.

Hedge, A.; E.M. Sterling; T.D. Sterling (1986), Building illness indices based on questionnaire responses. *Proceeding IAQ/86, Managing Indoor Air for Health and Energy conservation* 32-43.

Lip, E. (1997), *What is feng shui?* Academy Editions, London.

Lüthi, P.; M.N. Niclaes; D.J.M. van der Voordt (1994), *Ouderen in ziekenhuizen. Problemen en oplossingen voor de bouw.* [Elderly in hospitals. Spatial problems and solutions]. Stichting Architektenonderzoek Gebouwen Gezondheidszorg, Amsterdam.

Malkin, J. (1992), *Hospital interior architecture. Creating healing environments for special patient populations.* Van Nostrand Reinhold, New York.

Molhave, L. (1987), The Sick Buildings. *Proceedings of the 4th International Conference on Indoor Air Quality and Climate, Berlin* 2, 469-473.

Norback, D.; I. Michel, U. Widstrom (1990), Indoor air quality and personal factors related to the sick building syndrome. *Scandinavian Journal of Work, Environment and Health* 16, 121-128.

Ryan, C.M.; L.A. Morrow (1992), Dysfunctional buildings or dysfunctional people. *Journal of Clinical and Consulting Psychology* 60, 220-224.

Seppänen, O.; M. Tuomainen; J. Säteri (Eds.) (2000), *Healthy Buildings 2000*. Workshop summaries. SIY Indoor Air Information, Helsinki.

Sterling, E.M. (1986), Indoor air quality – Total environment performance. *Canadian Journal of Real Estate* 21-25.

Ulrich, R.S. (1984), View from a window may influence recovery. *Science* 224, 42-421.

Ulrich, R.S. (1991), Effects of health facility interior design on wellness. *Journal of Health Care Design* 3, 97-109. Reprinted in S.O. Marberry (1995), *Innovations in healthcare design*. Van Nostrand Reinhold, New York.

Ulrich, R.S. (2000), Evidence based environmental design for improving medical outcomes. *Proceedings of the Conference Healing by Design*. McGill University Health Centre, Montreal.

Valjborn, O. (1989), Building sickness syndrome. A guide to approach a complaint building. *NIVA Course on Sick Building Syndrome*. Copenhagen.

Versteege, S., L. van Heel (2004), Healing environment. *Een fundament voor veilig, duurzaam en gezond ontwikkelen*. [A basis for safe, sustainable and healthy development] In: P.G. Luscuere (Ed.), *Evidence based design for healing environments*. Faculty of Architecture, Delft University of Technology.

Voskamp, P. (Ed.) (2000), *Handboek ergonomie* [Ergonomics manual]. Samsom Bedrijfsinformatie, Alphen a/d Rijn.

Wijk, M., I. Luten (2001), *Tussen mens en plek. Over de ergonomie van de fysieke omgeving* [People and place]. DUP blueprint, Delft.

Obs.: Várias listas de verificação são apresentadas na Seção 6.3.

6.1.9 Sustentabilidade

Birkeland, J. (2002), *Design for sustainability*. A source book of integrated ecological solutions. Earthscan Publications, London.

Duijvestein, K. (2002), The environmental maximisation method. In: T.M. de Jong and D.J.M. van der Voordt (eds), *Ways to study architectural, urban and technical design*. Delft University Press, Delft, 313-318.

Goldsmith, E. (1972), *Blueprint for survival*. Houghton Mifflin, Boston.

Graham, P. (2003), *Building ecology: first principles for a sustainable built environment*. Blackwell Science, Oxford.

224 ARQUITETURA SOB O OLHAR DO USUÁRIO

Guy, S.; S. Moore (Ed.) (2004), *Sustainable architecture*. Spon Press, London.

Hyde, R.; S. Watson; W. Cheshire; M. Thompson (2004), *The environmental brief*. Spon Press, London.

Meadows, D.H.; D.L. Meadows; J. Randers (1972), *The limits to growth*. Universe Books, New York.

Priemus, H. (Ed.) (1999), Environmental sustainability. *International Planning Studies* 4(2), 173-280. Special issue.

Reid, D. (1995), *Sustainable development*. Earthscan, London.

Schumacher, E.F. (1973), *Small is beautiful*. Blond & Briggs, London.

Sunnika, M.; G.A.M. Vijverberg (2002), Sustainable buildings in Europe-government policies and regulations. *Open House International* 27(2), 30-37.

Williamson, T.; A. Radford; H. Bennetts (2002), *Understanding sustainable architecture*. Span Press, London.

Wooley, T.; S. Kimmins; P. Harrison (1997/2000), *Green building handbook, Vols. 1 and 2. Guides to building products and their impact on the environment*. Span Press, London.

World Commission on Environment and Development (1987), *Our common future*. Oxford University Press, Oxford.

6.2 Métodos de medição

Baird, G.; J. Gray; N. Isaacs; D. Kernahan; G. McIndoe (1996), *Building evaluation techniques*. McGraw-Hill, New York.

Bechtel, R.; R. Marans; E. Michelson (1987), *Methods in environmental and behavioral research*. Van Nostrand Reinhold, New York.

Hoogdalem, H. van; D.J.M. van der Voordt; H.B.R. van Wegen (1985), Comparative floorplan-analysis as a means to develop design guidelines. *Journal of Environmental Psychology* 5, 153-179.

Jansen-Osmann, P.; B. Berendt (2002), Investigating distance knowledge using virtual environments. *Environment and Behavior* 34(2), 178-193.

Jong, T.M. de; D.J.M. van der Voordt (Eds.) (2002), *Ways to study and research architectural, urban and technical design*. Delft University Press, Delft.

Preiser, W.F.E; H.Z. Rabinowitz; E.T. White (1988), *Post-occupancy evaluation*. Van Nostrand Reinhold, New York.

Sanoff, H; C. Pasalar, Hashas (2001), *School building assessment methods*. North Carolina State University, USA.

Voordt, D.J.M. van der; D. Vrielink, H.B.R. van Wegen (1998), Comparative floorplan-analysis in programming and architectural design. *Design Studies* 18, 67-88.

Yin, R.K. (1994), *Case study research. Design and methods*, 2nd edn. Sage. Thousand Oaks, California.

Zeisel, J. (1981), *Inquiry by design. Tools tor environment-behavior research*. Brooks/Cole, Monterey, California.

6 Avaliação de qualidade: métodos de medição **225**

6.3 Listas de verificação e escalas de avaliação

Associação Brasileira de Normas Técnicas (1999), *NBR 5674:1999* - Manutenção de edificações - Procedimento. ABNT, Rio de Janeiro.

Associação Brasileira de Normas Técnicas (2010), *NBR 15575:2010* – Edifícios habitacionais de até cinco pavimentos - Desempenho. 2. ed. ABNT, Rio de Janeiro.

Baird, G.; J. Gray; N. Isaacs; D. Kernahan; G. McIndoe (1996), *Building evaluation techniques.* McGraw-Hill, New York.

Baird, G.; N. Isaacs (1994), A checklist for the performance evaluation of buildings and building services. In: *Engineering tor better building performance.* CIBSE Australia and N.Z. Third Regional Conference, Melbourne, Australia.

Becker, F.D.; G. Davis; F. Duffy; W. Sims (1985), *ORB/T-2: organizations, buildings and information technology.* The Harbinger, Norwalk, Connecticut.

Becker, F.D.; W.R. Sims (1990), *Matching building performance to organizational needs in performance of buildings and serviceability of facilities.* American Society for Testing and Materials, Philadelphia.

Bergs, J.A. (1993), *Evaluatie-onderzoek kantoorgebouwen. Handleiding voor onderzoek met de GBK-methode* [Evaluative research into office buildings. Guide to research using the GBK method. DHV Bouw, Amersfoort.

Bruhns, H.; N. Isaacs (1996), Building quality assessment. In: G. Baird; J. Gray; N. Isaacs; D. Kernahan; G. McIndoe, *Building evaluation techniques.* McGraw-Hill, New York, 53-58.

Centraal Beheer (1993), *Certificatiesysteem voor kantoorgebouwen* [Certification system for office buildings]. Apeldoorn.

College Bouw Ziekenhuisvoorzieningen (CBZ) (2003), *Quality Index to Uitvoeringstoets inzake.* (QIND) [Test on quality]. Utrecht.

Davis, G.; F. Szigetti (1996), Serviceability tools and methods. In: G. Baird et al. (Eds.). *Building evaluation techniques.* McGraw-Hill, New York, 58-68.

Donk, B. van de (1994), *Seniorenlabel. A seal of approval as suitable for all ages.* Stuurgroep Experimenten Volkshuisvesting, Rotterdam.

Government Buildings Agency (1994), *Comparative study REN – STM – BQA.* The Hague.

Hilhorst, H.L.C. (1997), *VAC-Kwaliteitswijzer.* An integrated view of the user quality of housing and residential environments. National Contact of the VACs, Utrecht.

International Organization for Standardization (2004), *ISO 9699:1994* - Performance Standards in Buildings. International Organization for Standardization, Geneva.

Leenheer, R. (1997), *Evalueren bij een architectenbureau* [Evaluation by a firm of architects]. Faculty of Architecture, Delft University of Technology.

NHS Estates (2002), *Achieving excellence design evaluation toolkit.* United Kingdom. Preiser, W.F.E., J.C. Vischer (eds) (2004), *Assessing building performance.* Elsevier, Oxon.

Rolloos, M.; C. Cox; R.H. de Gans (1999), *Toets gezond kantoor* [Office health check]. *Facility Management Magazine*, February, 35-38.

226 ARQUITETURA SOB O OLHAR DO USUÁRIO

Sanoff, H.; J. Sanoff (1981), *Learning environments for children*. Humanics, Atlanta, Georgia.

Sanoff, H.; C. Pasalar; M. Hashas (2001), *School building assessment methods*. North Carolina State University, USA.

Scherpenisse, R.; J. Singelenberg; E. Nolte; J. Drenth (1997), *Opplussen*. Adjusting existing housing. Stuurgroep Experimenten Volkshuisvesting, Rotterdam.

SKW Certification (2000), *Handboek woonkeur* [Housing approval manual]. Almere.

Stichting REN (1992), *Real Estate Norm. Methode voor de advisering en beoordeling van kantoorlocaties en kantoorgebouwen* [Real estate norm. Method for advising on and assessing office locations and office buildings], second version. Nieuwegein.

Stichting REN (1993), *Real Estate Norm Bedrijfsgebouwen* [Industrial buildings]. Nieuwegein.

Stichting REN (1994), *Real Estate Norm Quick Scan Kantoorgebouwen* [Office buildings]. Nieuwegein.

Vijverberg, G. (1999), Methoden voor kwaliteitsmeting. [Quality assessment methods]. *Facility Management Magazine* 12, March, 42-45.

Vischer, J.C. (1989), *Environmental quality in offices*. Van Nostrand Reinhold, New York.

Voordt, D.J.M. van der; H.B.R. van Wegen (1990), *Sociaal veilig ontwerpen* [Designing for public safety]. Checklist for the development and checking of the built environment. Faculty of Architecture, Delft University of Technology.

Vos, P., G.R.R.M. Dewulf (1999), *Searching for data*. A method to evaluate the effects of working in an innovative office. Delft University Press.

Wijk, M.; J. Drenth, M. van Ditmarsch (2003), *Handboek voor toegankelijkheid* [Accessibility manual], 5th edn. Elsevier Bedrijfsinformatie, Doetinchem.

Zeisel, J. (1981), *Inquiry by design. Tools for environment-behavior research*. Brooks/Cole, Monterey, California.

Índice onomástico

A
Aalto 57
Alberts 57
Alexander 26, 113, 114, 125, 126, 136
Altman 114, 136, 189, 192, 221, 222
Anderzhon 166
Ang 83, 84, 107
Anna 27, 69
Archer 118, 119, 136, 137
Argan 132, 136
Arneill 222, 223
Arnheim 31, 69
Augenbroe 134, 136
Aymonino 133, 136

B
Baiche 108, 139
Baird 137, 151, 159, 165, 224, 225, 226
Bakema 22, 33, 35, 70
banco de dados 144, 146
Barbieri 23, 43, 54, 69, 70
Barling 220
Barrett 103, 107
Barrie 52, 70, 137
barroco 52
bauhaus 31, 131
Bax 116, 137
Bechtel 165, 166, 168, 224
Becker 157, 165, 211, 212, 224, 226
beleza 3, 11, 23, 28, 30, 32, 37, 46, 50, 52, 68, 69, 156, 203
bem-estar físico 152, 170, 176, 195, 222
Benes 151, 165, 219
Bennetts 223
Benthem 26, 27
Benthem Crouwel Architects 27
Benton 70
Berendt 207, 224
Bergs 208, 214, 224
Bhuyan 218
Bijvoet 23, 24
Birkeland 223
blobismo 64, 65, 66
blobitetura 65, 66
Blyth 75, 94, 96, 99, 103, 107
Boekholt 118, 120, 121, 137
Boer, de 39

Boerman 180, 220, 221
Bofill 53
Bolle 63, 70
Bonnema 25
Boo, de 195
Bordas 157, 165
Bosma 42, 70
BOT - Construir Operar Transferir 78, 82, 85
BQA - Avaliação de Qualidade de Edificações 208, 211, 225,
Brand 179, 220
Brinkman 23, 31
Broadbent 114, 118, 137
Broek, van den 22, 33, 70
Brown 61, 72
Bruhns 208, 225
Bruijn, de , , 100, 108, , 126
Building Research Foundation - Fundação de Pesquisa em Edificações (SBR) 80, 83, 84, 86, 88, 103, 104, 107, 219, 220
Burge 195, 222
Burgee 61
Burie 114, 137
Burt 148, 166
Butler 219

C
CAD - Projeto Auxiliado por Computador 65, 67, 116, 133
Calatrava 27, 28, 29, 57, 71
Canter 114, 137
Carmann 166
Casciato 71,
CBZ - College Bouw Ziekenhuisvoorzieningen 213, 222, 223, 225,
CEN, normas 103
Centraal Beheer 215, 225,
Channing 220
Charles, Prince of Wales 70
Cheshire 223
Chrest 218
CIAM 32, 33, 35
Clements-Croome 222
Cold 15, 16, 20
Colquhoun 132, 137
Cooper 114, 134, 137
Cotton 117, 137

228 ARQUITETURA SOB O OLHAR DO USUÁRIO

Cox 225
Craik 114, 137
Cross 137, 138, 140
Crouwel 26, 37, 38
CROW 218
Cuperus 220, 221

D
Daish 166
Dam 31, 50, 107
Danford 219
Darke 121, 122, 137
Davis 211, 224, 225, 226
Deasy 221
Deen 71
Dekker 220, 221
Deleuze 65, 70
Delft University of Technology 20, , 69,
  70, 71, 108, , 138, 139, 140, 166, 167, 219,
  220, 221, 222, 223, 225
Derrida 63, 72
Derwig 57, 58, 71
Descartes 28
Devlin 222, 223
Dewulf 157, 168, 218, 225
DHV/AIB 89, 90, 93, 96
Dijkstra 12, 13, 20
Dijk, van 12, 20, 23, 54, 70
DIN, normas 103
Dirken 11, 20
Ditmarsch, van 104, 108, 168, 219, 226
Doesburg, van 57
Donk, van de 225,
Doorn, van 134, 135, 137
Downing 121, 131, 137
Drenth 104, 108, 168, 219, 225, 226
Duerk 103, 107
Duffy 224
Duijvestein 203, 223
Duiker 23, 24, 31, 32, 35
Duin, van 37, 38, 69, 70, 107, 108, , 114,
  116, 126, 137, 138, 219
Durand 28, 30, 131
Dutch Standards Institution - Instituto
  Holandês de Padronização 86, 107,
  108, 173, 219, 220

E
Edwards 167, 219
Eekels 118, 119, 120, 122, 124, 140,
Eekhout 111, 116, 124, 125, 138, 139, 140,
Eisenman 63, 65, 66, 67
Ekambi-Schmidt 20
Eldonk 220
Emmitt 134, 138
Engel 114, 138

Evans 138, 222
Eyck, van 35, 39, 40, 70

F
Fang 131, 138
Fassbinder 220
Feld 208
Fielden 138, 139
Floet 70
Foqué 110, 116, 122, 124, 138
Foster 26, 27, 204
Foucault 63
Fraley 144, 166
Frampton 70
Franck 36, 70, 137, 138, 139, 140
Friedman 41, 149, 166

G
Gans, de 225
Gaudí 55, 57
Gehry 63, 65, 117
Geraedts 220, 221
Gero 128, 140,
Ghirardo 63, 70
Giddings 148, 166
Gifford 221
Goldfinger 59
Goldsmith 203, 223
Gössel 23, 71
Government Buildings Agency 107, 225
Graaf, de 12, 20
Grafe 71, 139
Graham 223
Grassi 45
Graves 61, 62
Gray 134, 138, 165, 166, 224, 225
Greenhough 30
Groot, de 123
Gropius 31, 32
Gunsteren, van 117, 138
Guy 223

H
Haak 101, 103, 107
Haaksma 166
Haan 71
Habraken 42, 70
Hadid 66
Haggard 195, 222
Hall 138, 139, 140, 188, 194, 218, 219, 221
Hamel 116, 119, 138
Handler 69, 70
Häring 31, 60
Harris-Bass 222
Harrison 223
Hashas 224, 225

Índice onomástico 229

Hasking 195, 222
HBQ - Qualidade em Edificações Saudáveis 208, 214
Hedge 195, 222
Heel, van 223, 224
Heintz 117, 138
Helm 220
Herzberger 114
Heuvel, van 26, 30, 39, 52, 70
Hilhorst 217, 225,
Hill 52, 70, 165, 167, 219, 221, 224, 225
Hillier 10, 11, 20, 121, 138
Himmelblau 63, 66, 71
Hitchcock 59, 70
Holden 219
Holness 148, 166
Hooftman 146, 166
Hoogdalem, van 97, 108, 157, 158, 162, 163, 166, 168, 192, 206, 221, 224
Hoogstraten, van 70
Houben 157, 166
Hughes 134, 138
Huijbrechts 85, 108
Huijgen 4, 105
Hume 30
Huut, van 57
Hyde 223

I

Isaacs 165, 224, 225, 226
Ishikawa 136

J

Jacobs 64
Jahn 26, 27, 69
Jansen-Osmann 207, 224
Jencks 52, 55, 61, 65, 66, 67, 70, 71, 137
Joanna 219
Jodidio 71
Johnson 59, 61, 63, 70, 71
Joiner 166
Jones 112, 113, 118, 125, 136, 138, 139, 209
Jong, de 70, 113, 123, 139, 223, 224
Jonge, de 114, 139
Jongert 45, 71

K

Kahn 39
Kasteel, van 39
Kelbaugh 44, 71
Kernohan 165
Keys 149, 166
Kimmins 223
Kipnis 66
Klerk 54

Koolhaas 36, 47, 63, 64
Kopp 26, 71
Korfker 99, 100, 107, 126, 137
Körning 139
Koutamanis 133, 139
Kramer 54
Krier 61
Kroemer 219
Kroemer-Eibert 219
Kroll 114
Krueger 207
Kubba 219
Kupritz 221
Kuzmyak 219

L

Laarschot, van de 82, 83, 85, 86, 108
Labrouste 53
Lampe 71, 139
Lang 209, 221
Langdon 113, 139
Langenhuizen 113, 139
Lans 220
Lasswell 221
Lawrence 139, 140
Lawson 2, 113, 118, 121, 139
lbelings 22, 48, 64, 70
Leaman 10, 11, 20, 157, 165
Le Corbusier 32, 35, 57, 60, 127, 128, 167
Leenheer 215, 225,
Leever van der Burgh 101, 107
Lefaivre 44, 71
Leningrad-Pravda 26
Lepori 36, 70
Leupen 37, 50, 71, 131, 139
Leusen, van 131, 139
Leuthäuser 23, 71
Lévi-Strauss 41, 63
Libeskind 36, 49, 50, 61, 62
licitante 77, 81, 84, 85
Lidwell 219
Lip 195, 222
Lissitzky, El 26
Loghum, van 31, 137, 140
Loon, van 117, 118, 138, 139
Loos 30
Lotze 182
Luchi, de 63
Luckman 113, 118, 126, 139, 140
Luten 223
Lüthi 215, 222
Lynch 185, 186, 221
Lynn 66

M

Macel 53, 71

230   ARQUITETURA SOB O OLHAR DO USUÁRIO

Mackertich 61, 71
Malkin 195, 222
Marans 149, 165, 166, 224
Marmot 219
Mattie 57, 58, 71
McIndoe 165, 224, 225
McLuhan 117
Meadows 203, 223
Mecanoo Architects 38
Meel, van 47, 48, 71
Mees 30, 39, 60, 61, 71
Mendelssohn 54
Mendini 63
Meyer-Ehlers 114, 139
Mey, van der 54
Michel 54, 222
Michelson 224
Ming 64
Ministerie van WVC 20
Miralles 66
Mitchell McCox 222
Molhave 195, 222
Morrow 195, 222
Mumford 31, 71

N
Neufert 103, 105, 108, 132, 133, 139
NHS Estates 212, 213, 225,
Niclaes 222
Nicolai 220, 221
Noever 63, 71
Nolte 225
Norback 195, 222
Norberg-Schulz 10, 20,
NOX 66

O
Oliver 117, 137
Oosterhuis 66, 68, 71, 117
Opbouw, de 31
Osmond 188, 221
Ostroff 173, 219
Oud 31, 33, 34, 57, 59, 60
Ouwerkerk 71, 139

P
Panero 103, 108
Parvin 39
Pasalar 224, 225
Passini 186, 221
Paul 56, 66, 186, 221
Pearson Clifford 49, 71
Pelli 48, 71
Perry 220
Pevsner 72
Poe 157, 165

Polak 99, 108, 126, 139, 220
Pos 139
Powell 138
Poyner 220
Preiser 103, 108, 144, 149, 151, 164, 166,
  167, 168, 218, 219, 224, 225
Priemus 114, 139, , 223
Prigogine 140,
Prins 134, 136
Proshansky 140,
Proveniers 220
Puglisi 140,

Q
Quincy, Quatremère de 131

R
Rabinowitz 167, 224
Radford 223
Randers 223
Reid 223
Reijenga 41
Reijnhoudt 146, 166, 167
Reitzenstein 168,
Renzo Piano 26
Ridder, de 140,
Ridley 220
Rietveld 31, 57, 58, 59
Rijksgebouwendienst 74, 108
Risselada 149, 167
Robinson 140,
Rogers 26, 27, 46, 72,
Rohe, van de 32, 39
Rolloos 208, 209, 225
Roozenburg 118, 119, 120, 122, 123, 127,
  140,
Rosdorff 39, 41
Rosemann 139, 140
Rosenman 140
Rossi 45, 46, 61, 72, 133, 136, 137, 140
Rossum, van 15, 20,
Ryan 195, 222

S
Sanoff 74, 99, 103, 108, 157, 167, 208, 224,
  225,
Säteri 222
Scharoun 57
Scherpenisse 146, 166, 167, 225,
Schneekloth 137, 138, 139, 140
Schön 121, 124, 130, 140,
Schramm 151, 164, 167
Schumacher 203, 223
Scott Brown 61, 72
Semper 20
Seppänen 222

Índice onomástico

Servicepunt Veilig Wonen 220
Shepley 144, 146, 167
Silverstein 136
Sims 212, 224, 226
Singelenberg 225
Smith 72, , 218
Sobek 27, 69
Soeters 61, 62
Sommer 140, , 194, 221
Speaks 44, 72
Spreckelmeyer 149, 166
Spuybroek 66, 67, 117
Stam 31
Stanley 103, 107
Stark 63
Steiner 55
Steinfeld 219
Sterling 222
Stichting 76, 151, 159, 161, 165, 167, 222, 225
Stigt, van 39
Stijl, de 33, 34, 57, 59, 60
Sullivan 23, 68, 69, 72, , 138
Summerson 60, 72
Sunnika 223
Symes 130, 140,
Szigetti 211, 225

T
Talbot 138
Tatlin 26
Taylor 30, 99
Teikari 145, 149, 167
Thompson 223
Thomsen 220
Thornley 112, 136, 138, 139
Tijen, van 31
Tunstall 134, 140
Turpijn 140
Tzonis 44, 71, 127, 140

U
Uhl 39
Ulrich 195, 222, 223
Ungers 64
Utzon 57, 58

V
Valjborn 195, 223
Venema 140
Venturi 61, 64, 72
Verbrugge 26, 30, 52, 70
Versteege 223, 224
Vesnin 26
Vidler 140
Vieira 44
Vijverberg 211, 223, 225

Viollet-le-Duc 30
Vischer 144, 149, 167, 208, 214, 218, 225
Vlugt, van der 23, 31
Vollers 140,
Voordt, van der 4, 5, 6, 18, 20, 97, 98, 105, 108, , 113, 139, 157, 166, 167, 168, 186, 193, 206, 216, 220, 221, 222, 223, 224, 225
Vos 70, 157, 168, 218, 225
Voskamp 221, 223
Vreedenburgh 220
Vrielink 18, 20, 77, 108, , 168, , 224
Vrijling 151, 165, 219

W
Waalwijk 95, 108
Walliman 108, 139
Ward 118, 137
Watson 167, 223
Weber 39
Weeber 12, 20, 35, 36, 42, 116
Wegen, van 4, 5, 6, 108, , 166, 167, 168, , 216, 221, 222, 224, 225
Wener 149, 166, 167, 168
Wesemael 70
Westin 189, 222
White 167, 224
Whittick 72,
Widstrom 222
Wigley 63, 71, 72
Wijk 104, 105, 108, 146, 168, 216, 219, 220, 223, 224, 226
Wildt, de 15, 20,
Williamson 223
Wilson 222
Wooley 223
World Commission on Environment and Development 224
Worthington 75, 94, 96, 99, 103, 107
Wright 30, 55, 56

Y
Yeomans 134, 138
Yin 224

Z
Zajicek 219
Zeeman 20,
Zeeuw 71, 139
Zeinstra 107, 137, 219
Zeisel 168, , 224, 226
Zelnik 103, 108
Zimring 144, 168,
Zube 168,
Zwam, van 166
Zweers 108,

Índice remissivo

A

acessibilidade 12, 73, 88, 90, 93, 95, 103, 104, 146, 152, 156, 170, 172, 173, 174, 175, 176, 179, 183, 184, 185, 199, 209, 216, 217, 218, 219
acústica 19, 90, 95, 147, 201
ADAAG - Lei para Americanos com Deficiência 173
ADE - Avaliação de Desempenho da Edificação 105, 151, 161
adequação dos custos 22
ADM - Gerenciamento de Projeto Arquitetônico 134
AEDET - Ferramentas de Avaliação de Projetos para Obter a Excelência 208, 212, 213
alcance visual 187
alta tecnologia 26, 90, 130
ambientes curativos 195
análise 9, 17, 18, 22, 30, 31, 37, 42, 44, 46, 61, 99, 101, 102, 106, 109, 112, 113, 114, 118, 119, 120, 121, 122, 124, 125, 126, 130, 132, 144, 146, 149, 151, 156, 163, 164, 165, 204, 205, 206, 208, 209, 210, 211, 215
   comparativa de plantas baixas 163
   de funções 99, 102, 126
   de sistemas 113, 120
analogia 30, 64, 119, 127, 128, 134
   com a fantasia 127
ANSI, normas 103
ANSI, padrão 173, 219
antroposofia 55
apropriação do espaço 39
archigram 26
arquinharia (archi-neering) 27, 69
arquitetura
   de bolha 117
   formal 46, 133
   humanista 35
   líquida 66
   orgânica 30, 54, 55, 57
arquitetura e-motiva 66, 68, 71
árvores de decisão 127
associação de arquitetos holandeses 111
avaliação
   do processo 141, 142
   do produto 141
   ex ante 142, 143, 145, 164, 206, 207
   ex post 142, 143, 145, 206, 207
   pós-ocupação (APO) 6, 17, 18, 105, 142, 149, 150, 162, 163, 165

B

banco de dados 144, 146
barroco 52
bauhaus 31, 131
beleza 3, 11, 23, 28, 30, 32, 37, 46, 50, 52, 68, 69, 156, 203
bem-estar físico 152, 170, 176, 195, 222
blobismo 64, 65, 66
blobitetura 65, 66
BOT - Construir Operar Transferir 78, 82, 85
BQA - Avaliação de Qualidade de Edificações 208, 211, 225,
brainstorming 127, 206
brutalismo 59

C

caderno de anotações 94, 95
CAD - Projeto Auxiliado por Computador 65, 67, 116, 133
CBZ - College Bouw Ziekenhuisvoorzieningen 213, 222, 223, 225,
CEN, normas 103
CIAM 32, 33, 35
ciberespaço 66, 137, 207
ciclo empírico 123
clareza 13, 38, 73, 88, 98, 136, 147, 169, 187, 194
classicismo 52, 53, 61
cliente 10, 22, 36, 37, 73, 74, 76, 77, 78, 79, 81, 82, 83, 84, 85, 86, 90, 94, 95, 98, 99, 101, 102, 106, 109, 111, 122, 130, 132, 135, 141, 142, 143, 146, 148, 158, 160, 164, 165, 170, 172, 209
clima 10, 11, 12, 16, 19, 36, 39, 43, 50, 62, 73, 88, 148, 149, 155, 176, 196, 199, 202, 208, 211
cognição 16, 51
complexidade 13, 15, 22, 35, 64, 86, 112, 117, 152, 156, 212
composição 12, 13, 52, 128, 154, 161, 205
conceito de projeto 143

234 ARQUITETURA SOB O OLHAR DO USUÁRIO

concessão 85
condição 76, 196
condições 3, 12, 17, 21, 45, 47, 73, 74, 75,
81, 86, 87, 91, 93, 94, 98, 99, 101, 103,
106, 117, 125, 130, 131, 145, 146, 148,
157, 164, 169, 170, 176, 177, 179, 188,
190, 194, 200, 201, 202, 210
confiabilidade 112, 159, 205
conforto 88, 103, 169, 199, 202, 208, 209,
210, 213
conjectura 121, 122
construção 3, 11, 13, 14, 16, 17, 18, 19,
20, 21, 23, 25, 28, 31, 33, 37, 39, 41, 43,
44, 47, 50, 54, 55, 57, 59, 60, 64, 68, 69,
75, 76, 78, 81, 82, 83, 85, 86, 88, 89, 91,
92, 103, 106, 110, 111, 113, 115, 116, 117,
119, 141, 142, 143, 145, 146, 148, 151,
153, 157, 158, 160, 164, 165, 179, 180,
204, 208, 211, 213, 215, 216, 218
construtivismo 26, 63
contato social 35, 99, 115, 149, 151, 152,
169, 170, 188, 191, 221
contexto 13, 14, 15, 16, 18, 21, 37, 42, 46,
47, 48, 50, 60, 69, 112, 117, 121, 130, 131,
134, 173, 186, 208, 213
contrato 73, 74, 77, 82, 83, 84, 85, 86, 93,
94, 135, 165
conveniência 23, 30, 209
custo 10, 12, 22, 58, 74, 76, 83, 85, 87, 89,
91, 92, 93, 94, 95, 103, 105, 135, 143,
146, 151, 152, 153, 156, 161, 164, 179,
180, 181, 206, 208, 211, 213

D
decomposição 119, 125, 153
desconstrutivismo 63, 64, 132
desempenho 5, 12, 17, 19, 74, 75, 78, 82,
83, 84, 86, 90, 94, 98, 99, 105, 111, 118,
125, 136, 145, 151, 161, 162, 164, 165,
169, 173, 195, 211, 216, 218
DIN, normas 103
diretrizes de projeto 20, 144, 146, 147

E
ecletismo 61, 63
école des beaux arts 30
école polytechnique 28
ecológico 55, 154, 203
eficiência 11, 12, 16, 19, 22, 23, 24, 25,
26, 28, 30, 37, 38, 42, 43, 48, 50, 59, 68,
88, 110, 111, 112, 143, 152, 156, 169, 170,
176, 177, 209, 219
    construtiva 23, 25, 26, 176
elaboração do programa de necessidades
20, 99, 151, 157
empreiteira única 78, 82, 84, 85

entrega de unidades prontas 86
entrevista 102, 106, 135, 158, 163, 205,
215
enunciado dos objetivos 93
equipe de projeto 78, 94, 135
ergonomia 11, 199, 201, 218
escala de classificação 213, 214
escalas
    de avaliação 6, 207, 218, 224
    de extremos 165
escola
    de Amsterdam 24, 54
    de Chicago 23
    de Delft 11, 12, 33, 37, 38, 42, 43, 50, 91,
    112, 133, 149, 157, 184
escritórios não territoriais 193
espaço pessoal 47, 189, 191, 192, 194
especialista 6, 74, 76, 78, 79, 82, 83, 99,
101, 102, 106, 113, 125, 134, 135, 143,
148, 158, 159, 209, 212, 215
especificações 18, 74, 76, 77, 82, 83, 84,
92, 94, 98, 99, 125, 141, 173, 212
espiritual 16, 50, 55, 197
estacionamento 104, 147, 152, 154, 155,
160, 170, 172, 175, 177, 218
estética 3, 5, 11, 12, 16, 18, 19, 22, 23,
33, 51, 52, 57, 59, 60, 69, 73, 90, 91, 93,
94, 98, 101, 105, 119, 134, 142, 143, 146,
152, 156, 162, 208
estilo internacional 32, 48, 59
estratégia de projeto 114
estruturalismo 39, 41
exigências 9, 11, 14, 17, 19, 27, 29, 37, 50,
61, 68, 73, 74, 83, 88, 91, 93, 99, 104,
112, 134, 136, 142, 159, 169, 173, 179,
183, 200, 201, 202, 212, 216, 218
expansão 32, 39, 89, 142, 157, 179
expressionismo 24, 54

F
facilidade de acesso viário 170, 171, 173,
174, 177, 218
ferramenta de projeto 116, 201, 204
flexibilidade 6, 15, 17, 28, 38, 39, 48, 73,
81, 89, 90, 101, 103, 134, 152, 158, 170,
179, 180, 181, 203, 213, 218, 220
forma 3, 6, 9, 10, 11, 13, 14, 15, 17, 18, 20,
21, 22, 23, 25, 26, 27, 28, 29, 30, 31, 33,
36, 37, 38, 39, 41, 42, 43, 44, 45, 46, 47,
48, 50, 51, 52, 53, 54, 55, 57, 59, 60, 61,
62, 63, 64, 65, 66, 67, 68, 69, 73, 74, 78,
79, 81, 82, 84, 85, 89, 90, 96, 101, 109,
111, 114, 115, 116, 119, 121, 122, 123,
125, 127, 128, 130, 131, 132, 133, 134,
135, 136, 142, 146, 148, 149, 151, 161,
162, 163, 164, 165, 173, 179, 182, 184,

185, 186, 187, 188, 189, 192, 193, 200, 206
forum 35, 70
função
  climatológica 11, 18, 22
  cultural 9, 11, 18
  de utilidade 10, 11, 22
  econômica 10, 11, 18
  estética 11, 18
  protetora 9
  simbólica 10, 18, 52, 94
  social 9, 91
  territorial 9
funcional
  análise 9, 17, 37, 42, 99, 126, 132
  eficiência 22, 23, 24, 28, 30, 37, 38, 42, 43, 50, 59, 68, 176
  necessidades 98, 99, 133, 134
  projeto 11, 37, 99
  qualidade 3, 5, 6, 11, 12, 18, 19, 20, 151, 162, 169, 170, 208, 209, 210, 218
funcionalidade 3, 4, 11, 30, 31, 52, 61, 68, 69, 133, 135, 153, 177, 208
funcionalismo 23, 25, 30, 33, 34, 35, 37, 38, 39, 60

G
genius loci 44
gerador primário 122
gerenciamento 10, 18, 50, 73, 78, 79, 82, 85, 95, 96, 105, 114, 134, 135, 136, 141, 142, 145, 147, 148, 157, 183, 184, 185, 189, 206, 212
gestalt 31, 186, 187
globalização 48

H
HBQ - Qualidade em Edificações Saudáveis 208, 214
hipercorpos 66

I
identidade 38, 39, 44, 91, 94, 99, 143, 161, 177, 185, 186, 196
iluminismo 28
imagem 21, 36, 95, 115, 161, 185, 186
interação social 188, 193, 197, 209, 215

L
legibilidade 176, 185
lei holandesa sobre Condições de Trabalho (Arbeidsomstandighedenwet ou Arbo) 48, 92, 200
licitante 77, 81, 84, 85
linguagem de padrões 114
lista de verificação 20, 87, 146, 176, 184, 207, 209, 213, 216, 217, 218, 220, 221,

222, 223, 224
luz 13, 21, 22, 33, 48, 50, 64, 66, 67, 78, 88, 95, 105, 144, 155, 157, 177, 196, 200, 201, 204, 207, 208, 215

M
mapeamento comportamental 205
marca de aprovação da polícia 209, 217
metodologia de projeto 112, 113, 114, 123, 134
métodos criativos 127
métodos de projeto 27, 110, 112, 113, 114, 115, 116, 118, 124, 125, 127, 128, 131, 134, 149
modernismo 61, 116, 132
morfológico 126, 133
movimento modernista 30, 31, 32, 34, 35, 40, 55, 57, 59, 131
multifuncionalidade 6, 38, 158, 180

N
NEN, norma 74, 78, 86, 87, 96, 103, 107, 153, 155, 172, 173, 175, 200, 201, 202, 218, 219, 220
neoestilos 52, 53
neorracionalismo 43, 45
nieuwe bouwen 34, 57, 60
nieuwe zakelijkheid 57
normalização 32, 130
NPRs - Diretrizes Práticas Holandesas 87, 88, 107, 147

O
observação 12, 105, 106, 123, 158, 163, 205, 213
ocupação 6, 17, 18, 88, 102, 105, 142, 150, 157, 158, 162, 163, 165, 181, 205
oferta 22, 145, 153, 156, 210
oficinas 90, 130, 202
ORBIT - Tecnologia de Organizações, Edificações e Informações 208, 211
organização espacial 10, 14, 97, 133
orientação 43, 88, 89, 95, 119, 149, 152, 157, 162, 170, 176, 177, 178, 185, 209, 213, 215, 217, 221
orientação espacial 95, 149, 152, 157, 170, 176, 177, 178, 185, 213, 221

P
padronização 32, 33, 74, 86, 93, 148, 153, 173
padronizada 57, 86, 104, 114, 211
participação 103, 114, 124, 132, 193, 203, 207
percepção 16, 48, 51, 67, 169, 176, 194, 206, 208, 215
personalização 192, 193

236 ARQUITETURA SOB O OLHAR DO USUÁRIO

pesquisa pré-projeto 142
planta
  baixa 31, 47, 52, 55, 113, 142, 150, 158,
    178, 179, 187, 192, 208, 211
pontuação de cidadãos idosos 209, 218
pós-modernismo 61, 64, 132
pós-moderno 65
praxis 122
precedentes 18, 37, 92, 96, 99, 105, 121,
  127, 128, 131, 132, 133, 149
pré-fabricação 32
pré-requisitos 86
princípios de projeto 3, 132, 186, 194
privacidade
  auditiva 189, 201
  territorial 191
  visual 189, 192
procedimento do projeto 6, 87
processo de construção 16, 17, 20, 50, 75,
  106, 110, 142, 145, 146, 148, 165
processo de projeto 6, 78, 79, 81, 82, 83,
  84, 86, 109, 110, 112, 114, 116, 117, 118,
  119, 123, 124, 126, 127, 133, 134, 135,
  141, 142, 143, 144, 148
produtividade 195, 196, 197, 198, 199
programa
  básico 92, 93, 94
  de acabamento 94, 95
  de necessidades 3, 6, 14, 17, 18, 20, 22,
    28, 37, 38, 62, 73, 74, 75, 76, 77, 78, 79,
    80, 81, 82, 83, 86, 87, 88, 89, 90, 91, 92,
    93, 94, 95, 96, 98, 99, 101, 102, 103,
    109, 111, 118, 119, 121, 123, 131, 133,
    136, 141, 142, 143, 145, 148, 151, 153,
    157, 160, 164, 169, 176, 206
  de projeto 94, 95
  definitivo 78, 92
  estratégico 94, 95
  global 92, 93
  informativo 92, 94, 95
projetar e construir 77, 85
projetar para todos 104, 173
projetista 10, 21, 22, 54, 69, 74, 75, 76, 77,
  78, 81, 82, 83, 86, 90, 98, 106, 109, 110,
  111, 112, 114, 117, 119, 121, 122, 124,
  126, 129, 131, 132, 133, 134, 143, 148,
  149, 158
protótipo 121, 125, 133
proxêmica 188
psicologia ambiental 114, 151

Q
QIND – Índice de Qualidade 213, 225,
qualidade
  ambiental 170, 203, 210
  arquitetônica 3, 6, 9, 12, 13, 14, 16, 18,

    19, 84, 142, 143, 207, 208
  do ar 195, 208, 215
  econômica 19, 203
  espacial 11, 14, 208
  estética 12, 16, 19, 90, 91, 93, 94, 98,
    142, 143, 146, 152, 156, 162
  física 11, 19
  funcional 3, 5, 6, 11, 12, 18, 19, 20, 151,
    162, 169, 170, 208, 209, 210, 218
  para o usuário 109, 134, 158
  social 203
  técnica 19, 22, 143, 208, 210
  visual 22, 33, 90, 210
questionário 158, 163, 204, 213, 215

R
racionalismo 28, 33
racionalista 30, 36, 114, 116
realidade virtual 206, 207
regionalismo 43, 44, 45
regionalismo crítico 43, 44
REN - Exame rápido da Norma imobiliária 208, 209, 210, 225,
REN - Norma imobiliária 209, 210, 225,
restrições 21, 111, 125, 130
ruído 90, 95, 99, 152, 155, 177, 189, 195,
  201, 202, 208, 214, 215

S
saúde 9, 30, 33, 48, 88, 92, 97, 142, 150,
  157, 160, 161, 162, 163, 170, 190, 191,
  195, 196, 197, 198, 199, 200, 203, 211,
  212, 214, 215, 220, 222
SBR - Fundação de Pesquisa em
  Edificações 76, 77, 79, 83, 86, 88, 89, 92,
  94, 103, 104, 107, 165, 215, 219, 220
SED - Síndrome do Edifício Doente 103,
  195, 214
segurança
  patrimonial 9, 103, 208, 214
  pessoal 9, 103, 208, 214
selo
  de aprovação 146, 216, 217, 218
  de cidadãos idosos 209, 218
semântica 122
significado 10, 11, 12, 13, 14, 15, 18, 19,
  22, 23, 32, 38, 41, 50, 51, 52, 54, 55, 61,
  62, 64, 69, 122, 185, 186
simbólico 10, 11, 12, 16, 18, 50, 61, 64,
  152, 186
simbolismo 10, 22, 49, 51, 64
simulação 106, 118, 125, 207
sinética 127
sintaxe 122
síntese 3, 15, 18, 22, 33, 37, 81, 111, 114,
  118, 119, 122, 124, 125, 142

SKW, certificação 209, 218, 225,
sobredimensionamento 39, 89
sociofugal 188
sociopetal 188
socioprevenção 185
som 66, 67, 90, 197, 201, 202, 215
STM - Métodos e Ferramentas de Manutenção 208, 211, 212, 225
sustentabilidade 15, 19, 44, 88, 91, 93,
  103, 152, 156, 170, 203, 204, 210, 213,
  223
SWOT - Pontos fortes e fracos, das oportunidades e ameaças 144

T
taller de arquitectura 53
team X 35
tecnologia 3, 11, 12, 22, 26, 30, 32, 33, 37,
  38, 42, 43, 50, 52, 91, 93, 96, 105, 110,
  112, 130, 133, 142, 146, 149, 151, 157,
  184, 211
tecnoprevenção 185
tempo de reverberação 90, 201
tendenza 45
territorialidade 99, 151, 170, 188, 189,
  192, 193, 194, 221
tipologia 14, 38, 61, 113, 123, 128, 130,
  131, 132, 133, 136, 162, 163, 206
tomada de decisões 21, 47, 106, 143, 144,
  145, 193, 212
TOTE - Teste-Operação-Teste-Saída 120
tradição 23, 26, 34, 43, 47, 118
tradicionalismo 43

U
umidade 19, 90, 95, 152, 177, 202, 203
usabilidade 12, 19, 25, 37, 156, 173, 174,
  203, 209
usuário 5, 6, 10, 11, 12, 13, 38, 39, 42, 50,
  54, 61, 68, 69, 73, 74, 75, 76, 77, 78, 81,
  82, 86, 89, 94, 95, 98, 99, 102, 104, 105,
  109, 110, 114, 115, 119, 132, 133, 134,
  141, 142, 143, 147, 148, 149, 150, 151,
  155, 158, 159, 160, 164, 165, 170, 172,
  173, 176, 180, 181, 183, 184, 186, 188,
  193, 200, 201, 204, 206, 209, 210, 212,
  215, 217
utilidade 3, 10, 11, 12, 13, 15, 16, 18, 19,
  22, 23, 30, 35, 52, 60, 68, 74, 88, 112,
  133, 149, 151, 207, 210

V
validade 112, 130, 159
valor
  cultural 11, 15, 16, 18, 52
  de utilidade 3, 11, 12, 13, 15, 16, 18, 19,

  22, 35, 52, 68, 88, 133, 149, 151, 207,
  210
  futuro 15, 101, 151, 179, 203, 213
  histórico 52
  simbólico 12, 152, 186
  vivencial 11, 12, 22, 52, 149, 151, 210
ventilação 48, 95, 147, 155, 202, 204
viabilidade 17, 75, 76, 92, 112, 117, 160